JN110683

共生社会のための ことばの教育

自由・幸福・対話・市民性

編著
稲垣みどり／細川英雄
金泰明／杉本篤史

明石書店

はじめに

——————稲垣みどり

　2019年の4月の入管法の改正、2019年6月には日本語教育推進法の成立、そして2020年のはじめから始まったコロナ禍により、日本語教育の枠組みも中身もかつてないほどダイナミックに変容しつつあります。国境を越えた自由な移動も制限され、日本への留学を望む留学生も日本に入国できない状態が長く続き、2年あまりの間、授業もオンライン授業中心となりました。2022年8月現在、ようやく国境間の移動が再開され、大学やその他の教育機関での対面授業も再開されましたが、コロナ禍はまだだとても収束したとはいえない状況です。日本在住の外国人労働者も含め、多くの人たちがコロナ禍によって職を失い、生活が困窮しています。このような先の見えない昨今の状況の中で、日本語を母語としない人々に、日本語を「どのように」教えたらよいのでしょうか。また、「何のために」日本語を教えるのでしょうか。このような日本語教育の問題から、本書は出発しました。日本語教育の問題を考えるに先立ち、そもそも人に「ことばを教える」ということはどういうことなのか、という根本的な問題を、いま一度深く問い直す必要があると私たち（執筆者たち）は考えています。「ことばの教育は何を目指すか」の問いは、つまるところ、「ことばの教育」の実践を通して、私たちはどのような人間の在り方、またどのような社会の在り方を目指しているのか、という問いにつながります。そのような人と社会の在り方を問う本質的な議論を展開したい、今こそそのような議論が必要だ、という熱い思いから、この本は生まれました。どのような社会を目指して、またどのような人間の在り方を目指して、私たちは「ことばの教育」を実践するべきなのでしょうか。本書では、言語教育の研究者だけでなく、共生論／人権論の専門家、憲法学／言語権の研究者との共

同執筆により、「ことばの教育」とはどのような社会を目指して誰のために行われるどのような営みなのかという、ことばの教育をめぐる本質的な議論を「共生社会のためのことばの教育」というテーマのもとに展開します。本書は「ことばの教育」が目指すべき社会の在り方を「共生社会」とおきました。さまざまな価値観と背景を持つ人々が、対立や分断を乗り越えて共に生きる社会の実現のための「ことばの教育」は、いかに可能か。本書のテーマはここにあります。

　本書は、編者の稲垣みどり、細川英雄、金泰明、杉本篤史が 2020 年 11 月に行った日本語教育学会秋季大会におけるパネル発表「共生社会のための日本語教育」、またこの内容を承けて 2021 年 1 月から 2 月にかけて実施した言語文化教育研究学会（ALCE）の計 4 回の「特別企画」で参加者も交えて行った議論が出発点になっています。本書に収められた論考の著者たちは、パネル発表や ALCE の議論に参加した方々でもあります。当初は日本語教育学会での発表ということもあり、「共生社会のための日本語教育」というタイトルで、日本語教育とその周辺のテーマで発表内容をまとめましたが、その後に続いた言語文化教育研究学会での特別企画での議論（参加者は延べ 400 名を超えました）を経て、テーマを「日本語教育」に限定せず、外国語教育や手話言語といったすべての「ことば」を包括する概念としての「ことばの教育」のテーマで議論を広げることになりました。ゆえに、本書には日本語教育以外のことばの教育に携わる研究者たちの論文をも収め、議論の幅をもたせてあります。

　第 1 章では言語文化教育研究を専門領域とする細川英雄が「ことばの教育は何をめざすのか──共生社会のための well-being」で、ことばの教育は何をめざすかという、本書の根幹となる、ことばの教育の目的論を展開します。1990 年代のポストモダンの流れを受けて急速に流動化し今世紀に入って多様化した言語教育──「ことばの教育」の領域では、とりわけその目的と枠組み概念を規定することが困難でした。このような目的論の不在は何を意味するでしょうか。また、本書の「共生社会のための」という切り口から何が見えるのでしょうか。1960 年代から現在に至るまでのことばの教育の枠組みを振り返りつつ、「共生社会のための日本語教育」

4

のあり方を示し、この分野領域における目的論不在の意味を検討し、当該分野領域の「輪郭」としてのwell-beingの困難性と可能性を論じます。

　第2章では、日本語教育／複言語文化教育を専門領域とする稲垣みどりが、『『共生社会におけることばの教育』の実践としての『本質観取』』において、「共生社会のためのことばの教育」の実践例として、現象学の原理に基づく「本質観取」の対話活動について報告します。様々な国籍の留学生を対象とした大学の日本語教育の現場での「本質観取」の実践の様子を具体的に写真も交えて紹介した後、その実践がどのような思想的な原理のもとになされているのか、現象学の原理を「ことばの教育」に文脈化する対話活動として「本質観取」を紹介します。また、本質観取の対話活動が、本書のテーマである「共生社会」のメンバーシップの形成、つまり市民性形成のための「ことばの教育」そのものであることを論じます。言語や文化の異なる者同士が、信念対立を乗り越えて言葉によって共通了解を創出していく過程を、実践と理論の両面から論じます。

　第3章では、共生論／人権論を専門領域とする金泰明が「詩人金時鐘と母語の復権——言語をめぐる対立と共生」で、言語ゲームとして共生——言語（母語）による「共通了解」と「相互承認」のあり方を考えます。日本に暮らす196ヶ国から約289万人の外国人にとって、「共通語」（＝日本語）を学ぶ必要とともに「母語」での生活は欠かせません。価値観の異なる人々が共生するには、対立や衝突をおそれず「議論と対話」を心がけることが必要です。「母（養育者）－子」関係をとおして成立する母語の存在意義は、自己了解と自他の共通了解および自由の相互承認を為すことにあります。言語（母語）によって、〈私〉は世界を感じ認識しその存在を確信する（世界感受）と同時に、〈私〉が世界の存在を確信するように他者もまた同じ世界を見て感じていると確信するのです（自他の共通了解）。さらに〈私〉は言語（母語）によって他者と渡り合い互いの存在と欲望を認め合うのです（自由の相互承認）。

　第4章では憲法学／言語政策を専門領域とする杉本篤史が「言語権の視点からことばの教育を再考する」において、国際人権条約ではすでに所与の概念となっている言語権（言語的人権）を足掛かりに、日本におけるこ

とばの教育の課題について、人権保障という側面から、日本語教育、手話教育、外国語教育、民族継承語教育を中心に検討します。日本国憲法を頂点とする国内法令においては、言語権に関する直接の規定はなく、また国家語ないし公用語を定める規定もなく、日本国が加盟している国際人権条約中の言語権保障規定を国内法化しようとする気配もありません。そのような中で実施されている（あるいはいない）ことばの教育にはどのような問題があるのか、近年進んでいる言語権の保障とは到底いえない言語関連法令の乱立状況についても触れつつ検討します。

第5章では、日本語学／日本語教育学／国語教育学を専門領域とする森篤嗣が、「学校教育における『共生社会のためのことばの教育』の可能性」において、学校教育における「共生社会のためのことばの教育」を実現するための枠組みについて、国語科と外国語科を中心に検討します。共生社会に関する教育は、学校教育の中でどの教科が担うことができるのか、各教科を含めた学校教育課程全体での位置づけを検討します。とりわけ、国語科については教科書教材内容についての分類をおこない、共生社会も含めてどのような内容が扱われているのか現状を明らかにします。さらに、外国語科については本来は選択科目であるにもかかわらず、英語一択の現状となっている点について、「共生社会のためのことばの教育」という観点から批判的に検討します。

第6章では複言語・複文化主義の思想、ドイツ語教育、言語文化教育を専門領域とする山川智子が「共生社会で活かされる『複言語・複文化主義』的発想——現象学の視点から持続可能な対話のことばを探す」において、ことばの教育が共生社会の構築にどのように貢献ができるか、「複言語・複文化主義」の視点から考え、社会的な課題としてことばの教育の実践と研究を捉え直す視座を提供します。相互理解に欠かせない、誠意あるコミュニケーションや相手をリスペクトする姿勢には、どのようなことばの教育が必要なのか。フッサールの「生活世界」の概念も援用しつつ、当事者同士の尊厳を守り、対話を重ねて共通了解を見出していくための作業を、ことばの教育においてどのように実践するのかを考察します。

第7章では批判的言語分析／民主的シティズンシップ教育を専門領域と

する名嶋義直が「民主的シティズンシップ教育のローカライズを考える——『対話』を積み上げるための『異論』『複数性』『政治性』」において、ドイツの学校教育で展開されている民主的シティズンシップ教育を、どのように日本社会の市民性教育に応用させて展開させていくことができるのかについて考察します。そもそもなぜ民主的シティズンシップ教育が必要なのかという問題も含め、多文化共生社会がはらむリスクや多様性に富むものがお互いに関わり合わずに存在しうることによる分断や孤立をどのように回避し得るのか、複言語・複文化主義に見られる「複数性」の理念の導入も踏まえ、論じます。

　第8章では、批判的応用言語学／クリティカルペダゴジーを専門領域とするオーリ・リチャが、「人・ことば・社会のつながりを考える大学英語教育」において、英語教育の脱植民地化を目指す自身の専門教養の英語の授業「English for specific fields」における学生主体のクリエーティブな授業はいかに可能かについての実践を紹介します。実践の背後にある理念を示しつつ、「英語ができない日本人」という英語教育の現状をどう打破するか、その手がかりを探ります。本授業は、学習者が英語を有機的・生態的なものとして把握し、人・ことば・社会は相合に構築されるものとしてデザインしたものです。ことばの教育の場において支配的になりがちな教師も一学習者という位置付けになることにも触れつつ、自らデザインする授業は学生にとってどのような「場」だったのかについて学生の貴重な「声」を紹介し、大学英語教育の一助になることを期待します。

　第9章では、社会言語学／日本語教育学を専門領域とする岡本能里子が、「評価が育てる学生、教師、日本語教育——デザイン力育成を目指した留学生と日本人学生の協働学習を通して」において、留学生と日本人学生の協働学習を通し、新たな価値を見出し社会を組み替えて行く力を育むための評価のあり方を「評価が学生、教師、日本語教育を育てる」という視点から検討します。学生たちがメディア制作を通して既存のメディアを批判的に分析し、「自律的に」新たな意味や価値を創造していく活動としての授業実践を報告し、そこでの評価は、その都度、学生同士および教師と学生との協働を通して更新されていく必要があったことを授業の実践例から

述べます。学習者主体の授業を目指して実施してきた自己評価、ピア評価など多様な評価の模索が「自律した学習者と教師」を育て、日本語教育を変えていく可能性について論じ、評価から共生社会のための「ことばの教育」の方向性について考察します。

　そして、巻末には、本書の編者の稲垣、細川、金、杉本の4名が、これまでの9本の論考の内容を踏まえて行った座談会の記録を収録します。

　以上、本書は日本語教育／言語教育の領域内の議論から、哲学や法学、共生論のより広い視野のもとに、まずことばの教育はどのような社会の実現を目指すべきなのか、共生社会の理念と原理を考察し、そして、その目指すべき「共生社会」の理念の実現のために、どのような「ことばの教育」が必要なのか、日本語教育や外国語教育、学校教育における国語科教育および外国語教育といったさまざまな側面から、その実践について報告します。我々が「ことばの教育」を通してどのような社会を実現したいのか、社会的な課題として「ことばの教育」の実践と研究を捉え直す視座を読者に提供します。「ことばの教育」に「教える」立場で携わる読者のみでなく、広くことばの教育に関わる様々な層、とりわけ若い世代の人たちやことばの教育の世界に入ってまもない方々に、「共生社会のためのことばの教育」という問題意識で言葉の教育の実践や研究の目指すもの、また言葉の教育を通して社会をどのように創っていくのかというテーマについて気づきを促し、自らの実践や研究を変革する勇気を持っていただくことができれば幸いです。

　本書を刊行するにあたり、最初に直に私に会って下さり、的確な問いを投げかけながら本書の企画アイディアに長時間耳を傾け、出版を快諾していただいた明石書店社長の大江道雅さん、また根気強く丁寧に本書の校正と編集を進めて下さった同社の岡留洋文さんに、執筆者一同心より御礼申し上げます。

第1章
ことばの教育は何をめざすか
共生社会のための well-being ［細川英雄］

第2章
「共生社会におけることばの教育」の実践としての「本質観取」
［稲垣みどり］

第3章
詩人金時鐘と母語の復権
言語をめぐる対立と共生 [金泰明]

第4章
言語権の視点からことばの教育を再考する [杉本篤史]

第5章
学校教育における「共生社会のためのことばの教育」の可能性
[森篤嗣]

第1章

ことばの教育は何をめざすか

共生社会のための well-being

細川英雄

はじめに

　本章では、「ことばの教育は何をめざすか——共生社会のためのwell-being」というタイトルで、「共に生きる」ためのことばの教育の目的論を展開する。1990年代のポストモダンの流れを受けて急速に流動化し今世紀に入って多様化したこの分野領域では、とりわけその目的と枠組み概念を規定することが困難である。では、その多様化と目的論の不在は何を意味するのか。また、「共生社会のための」という切り口から何が見えるのか。1960年代から現在に至るまでのことばの教育の枠組みを振り返りつつ、「共生社会のための日本語教育」のあり方を示しつつ、この分野領域における目的論不在の意味を検討し、当該分野領域の「輪郭」としてのwell-beingの困難性と可能性を論じる。

1. 何のためにことばを学ぶのか ——ことばの教育とその分化の問題性

　私たちは今まで「日本語教育の目的とは何か」というテーマで本格的に議論したことがあっただろうか。

　本来、ことばとその活動は、個人と社会の関係を考える上での基本的な位置づけとして存在するものである。なぜなら、個人は他者とともにあり、この社会において他者とともに生きるからである。他者なくして、「この私」は、この社会で生きることができない。その他者とともに生きるために、ことばが存在するのである。

　では、その教育は、どのような形になっているだろうか。

　はじめに、ことばの教育の種類とその分化について見てみよう。

- 母語教育：社会の構成員となる
- 第二言語教育：①言語習得　②専門的知識を得る　③その社会で仕事につく
- 外国語教育：言語習得（①言語知識　②コミュニケーション能力）

まず、母語教育というものがある。母語というのは、生まれながらのことばということができるだろう。人は、自分の生まれる場所や社会を主体的に選ぶことができないので、その生まれ落ちた場所で自分を生み育ててくれた両親のことばを学ぶことになる。これが母語である。学校教育では、国語教育または国語科教育として学ぶものとなっている。

　次に、第二言語教育というものがある。当該の言語社会にあって、その言語を学ぶ場合である。たとえば、日本語を学ぶために日本に留学する人たち、つまり留学生の学ぶことばがこれにあたる。

　第3番目が、外国語教育で、これは、非当該言語社会にあってその言語を学ぶということである。たとえば、日本で英語を学ぶ事例はこれにあたる。日本人の多くは、英語を外国語として学んでいるわけである。

　次に、それぞれの言語教育において、何のために言語を学ぶのかという目的について考えてみよう。

　母語教育は、社会の構成員となることをめざしている。とくに国民国家的社会では、その国の国民として読み書きが重要であるという発想が基本となる。国家の命令・伝達を周知するためには、文字を獲得させることが必要になるからである。

　第二言語教育では、①言語習得　②専門的知識を得る　③その社会で仕事につくという順番が考えられる。ことばを覚え、そのことによって専門的分野の知識を得て、その言語社会で仕事につくという手順が考えられるだろう。

　最後の外国語教育では、言語習得が当面の目的となる。その中身は、言語知識とコミュニケーション能力である。学習言語に関する知識を得て、コミュニケーション能力を育成するというのが、外国語教育の目的と考えられている。

　このような言語教育の分類と分化は、なぜどのようにして生まれたのだろうか。

　たとえば、日本の国語教育そのものには、社会の構成員としてことばを使うという発想はほとんど欠如している。なぜなら、6、7歳で学校教育に入学する子どもたちは個人差はあるものの基本的な言語構造をすでに体

得しているため、学校教育においては、文字、とくに漢字の読み・書きに限定されるほか、国語科教育としては、読解という形で、主人公の心情や作者の意図が問われることが多い。これが徳目主義的な道徳と一体化する問題についてはすでに指摘があるように（石原 2005）、この日本の国語教育には、社会の中でその構成員としてどのようにことばを使って生きるのかという、いわゆるシティズンシップ形成の発想は皆無であるといってよい。

次に、第二言語としての日本語教育が、国語教育と袂を分かつのは、1960 年代初頭のことである。それまでは、この二つは、さほど明確に区分されていたわけではなく、ある意味では、混然一体としていた。

いわゆる外国人のための日本語教育として、国語教育から分離独立するのは、文学鑑賞的色彩の濃い国語教育から離れ、言語学的な見地から、その教育の方法を独立させて考えようとする方向性によるものだった。すでに戦前から台湾において山口喜一郎らによる直接法が導入されており、70 年代には、木村宗男、長沼直兄らによる直接問答法がほぼ完成を見ており、この方面の技法はかなり先進的な分野であったといえる。

第 3 の、外国語としてのことばの教育は、英語教育としてすでに歴史のあるものだったが、訳読法が中心であり、コミュニケーション能力育成という観点から検討されるようになるのは、やはり 70 年代に入ってからである。

このようなことばの教育の分化は、ある意味では、教育の当事者たちの都合によって生まれたものである。

「はじめに」に述べたように、本来、ことばとその活動は、個人と社会の関係を考える上での基本的な位置づけとして存在するものであるのだが、第二言語としての日本語教育では、言語習得という観点から、語彙・文型等の構造的な知識をどのように体得させるかという点のみが注目され、何のためにことばを学ぶのかという原点を見失っている。さらに、外国語としての教育では、文化的な要素を排して、言語知識とコミュニケーション能力にシフトしたため、それ以上の思考や表現の課題について捨象されてしまったといえる。

以上のような分化の問題性を、さらに第二言語としての日本語教育に即して、よりくわしく見ていくこととしよう。

2.　戦後の日本語教育の枠組みと展開

2-1　日本語教育の3つの流れ
　戦後1960年代から90年代後半に至る日本語教育の流れは、およそ次のように規定できる（細川2002）。

- A）1960～70年代　構造言語学的（語彙・文型リスト、言語の構造・形式に関する知識、教師主導）learning to know（何を学ぶか）
- B）1970～80年代　応用言語学的（言語の機能と場面の関係、コミュニカティブなタスク、コミュニケーション能力育成、学習者中心）learning to do（どう学ぶか）
- C）1990年代後半以降　社会構成主義的（自己・他者・社会、活動型教育、学習者主体）learning to be（なぜ学ぶか）

　70年代から80年代への動きは、AからBへ、つまり、日本語教育の技術的な洗練、「コミュニケーション能力向上」（言語知識＋場面運用）に注目が集まる時代である。ここでは、「学習者中心」主義が唱えられるが、それは、教師が持つ正解を得るために、学習者が中心的に活動するということを意味している。
　90年代後半からのlearning to be（なぜ学ぶか）では、言語習得によるコミュニケーション能力向上の、その次にあるものは何か？という問いが、ことばの教育の中から起こってくる。
　なぜなら、前述のように、個人は他者とともにあり、この社会において他者とともに生きるという課題を解決するために、ことばの教育に何ができるかという問いが生じるからである。
　他者なくして、「この私」は、この社会で生きることができない。その他者とともに生きるために、ことばが存在する——この問いに、ことばの

教育は答えているだろうか。これが、90年代後半以降の、大きな問いである。

2-2　ユネスコの学習論から

　上記で検討した3つの概念、すなわち learning to know（何を学ぶか）／ learning to do（どう学ぶか）／ learning to be（なぜ学ぶか）は、実は、ユネスコ「21世紀教育国際委員会」による報告書『学習：秘められた宝』（*Learning: The Treasure within*、1996年ユネスコ）の学習の5本柱（当初4本柱であったがのちに5本柱に変更）に、次のように見られるものである。

- 知ることを学ぶ（learning to know）
- なすことを学ぶ（learning to do）
- 人間存在を深める学び（learning to be）
- ともに生きるための学び（learning to live together）
- 自身を変容させ、社会を変容させるための学び（Learning to transform oneself and society）

　この項目は、世界の教育のあり方改革へ向けて、ユネスコが提案したもので、とくに、ことばの教育に限られたものではないが、90年代後半からの、教育全体のあるべき姿を示したものだといえよう。
　ことばの教育との関係で注目できるのは、以下の3つの項目である。

- 知ることを学ぶ（learning to know）
- なすことを学ぶ（learning to do）
- 人間存在を深める学び（learning to be）

　60〜70年代では、知ることを学ぶ（learning to know）が中心で、70年代から、なすことを学ぶ（learning to do）がはじまる。そして、90年代後半から、人間存在を深める学び（learning to be）がはじまるという、言語教育の動きは、90年代後半になってはじめて、ことばの教育が、教育全

体の流れの中で、人間について考えるようになったことを示している。

　つまり、言語の形式や構造を取り出し、知識として教える考え方から、それを運用させるための技術という考え方に変わり、90年代の後半になって、ようやく、人間としてのあり方として、ことばの教育を考えるようになったといえるからである。

3.　欧州評議会による言語教育政策から

3-1　CEFRにおける共生の概念——社会的行為主体を中心に

　このことは、欧州評議会によって2001年に公開出版された『ヨーロッパ言語共通参照枠』（Common European Framework of Reference for Languages、以下CEFR）の存在を通してみると、より明確に理解できる。

　CEFRは、言語教育の分野で共生という概念を明確に提示し、人の移動を促進する欧州において言語・文化が異なる人と「共に生きる」ための空間をつくるための言語政策のツールとして作成されたものである。CEFRは、現在40を超える言語に翻訳され、日本においても、2004年の日本語版刊行以来、国際交流基金によるJFスタンダード、英語教育でのCEFR-Jなど、それぞれの言語教育へすでに多大な影響を与えている。近年では日本語教育推進法関連の流れもあり、文化庁を中心とした日本語教育政策に「日本語教育の参照枠」としてCEFRを応用するよう明記されるようになった。

　欧州評議会の言語政策の目的と方法は、社会的結束、民主的市民性形成、相互理解、言語の多様性、複言語主義、教育実践としてのアクション・アプローチ、社会的行為主体（social agent）という手順によって示されている。

　社会的結束は、欧州各国社会の統合にかかわり、移民や少数民族を含む多様な構成員からできた社会の分裂を防ぐことをめざすものであり、民主的市民性形成とは、言語教育が一部のエリートだけのものではなく、すべての市民に開かれたものであるという平等の概念にもとづくものと考えられる。

言語の多様性とは、ヨーロッパに存在する多様な言語それ自体が価値であり、大言語の価値が高く、小言語の価値が劣る、ひいては大言語を話す国民が優れており、小言語話者が劣るといった考えを否定することを意味している。

　CEFRは、言語の使用者（学習者を含む）を「社会的に行動する者・社会的存在」として捉え、最終的には、欧州評議会の理念でもある、民主的な社会の形成という大きな目的に言語教育を収束させている。このような社会的行為主体のあり方は、言語的正解および社会的運用のモデルへの接近とその流暢さを目的としてきた、これまでの外国語教育（日本語教育を含む）にかかわる考え方を明確に乗り越え、言語活動の社会性や市民性形成との関係について注目したものであり、欧州評議会の具体的な諸政策の根本にある最重要概念であるといえる。

　この社会的行為主体の活動は、基本的には、言語使用者が自らの問題関心を出発点とし、他者との価値観の差異・対立を認識しつつ、個人と社会の関係について共生市民意識を持つことをめざす言語活動である。その意味で、従来の言語習得を目的化した言語教育（日本語教育を含む）とは一線を画す教育的試みとして位置づけることができる。

　多くの外国人労働者の流入が想定され、その家族を含む種々の人々を受け入れる日本社会において、共生社会でのさまざまな価値の相違・対立を克服する手段として、「共に生きる」ための対話活動の理念を日本語教育の具体的な方法論として検討することは、今後の言語教育学が取り組むべき姿を構想することでもある。

　それは、「共に生きるための言語教育」（福島 2011）であると指摘することができる。「共に生きる」ための言語教育とは、言い換えれば、人が話す「言語」ではなく言語を話す「人」に注目する教育であり、言語能力の意味を、「人」としての生を十全に営み、社会参加できる力とするところに焦点化するものである。

　ここでの「社会的行為主体」とは、「言語」と「人」をつなぐ概念であり、市民性形成のための教育として捉えることができる。たとえば、「外国人労働者」を単なる「労働力」として捉えるのではなく、「人」として

扱うという点で、きわめて人間的な姿勢を示すものだといえる。したがっ て、「共に生きる」日本語教育の中心的課題は、「社会的行為主体」の探究 と実践研究であるということができるだろう。

近年の教育におけるアクティブ・ラーニングの動きにも見られるように、 個人の学習における「行為者（主体）が課題（客体）にすすんで働きかけ る」主体性（agency）の重要性がさまざまな形で提案され、これを踏まえ て社会における行為者としての主体的な学び（agentic learningあるいは learning agency）という議論がはじまっている。CEFRにおける社会的行 為主体の概念は、世界の外国語教育政策（日本語教育政策を含む）が推し 進めようとしている具体的な諸政策の根本にあるものでもある。

国内の日本語教育においては、今世紀に入って、ようやく市民性形成へ の視点が指摘されるようになった。また、広い意味での社会的行為主体を めざす実践が1990年代後半から構造主義的・応用言語学的方法に対抗す るものとして存在し、思想的には、言語教育学の存在を言語研究から人間 研究へと転換させるものであった。その後、いわゆる活動型の名称で、各 地でさまざまな教育実践が行われるようになっている。

現在、コロナ禍にあり外国人の流入が一時的に停滞しているが、労働力 不足が訴えられた産業の問題は解決されたわけではなく、ポストコロナに は、多くの外国人労働者が日本社会に流入することは明白である。この 「外国人労働者」を「労働力」としてではなく「人」と捉えるには、この 社会における市民性形成と対話活動の実践研究が日本語教育の中心的課題 となることは明らかである。

3-2　文化をどう捉えるか——CEFRにおける複文化主義の立場から

以上のように、CEFRの登場によって、言語と文化の教育が大きな転換 点を迎えることは明白である。しかし、文化に関しては、それほど明確な 切り口が見つかったわけではない。

すでに知られるように、アメリカやオーストラリアの多言語多文化主義 が、一つの社会に多くの言語と文化が存在するという概念であるのに対し、 CEFRにおける複言語複文化主義は、一人の個人の中に複数の言語と文化

が存在することを提案するものである。

　しかし、その場合の複文化とは何だろうか。個人の中に、複数の国の文化が存在するという意味だろうか。否、個人の中に、複数の国の文化が存在するという定義そのものはどう考えてもおかしい。むしろ、さまざまな文化の影響関係によって生じた、一人ひとりの個人の中にある価値観こそが、複文化主義における個人化された文化と考えるのが妥当だろう（不思議なことに、こうした個人化された文化について論じているものは私の知る限りほとんどない）。

　この個人の価値観によって、自己と他者との関係を考え、社会的行為主体として個人と社会とのかかわりを構想していくのが、複文化主義といっていいだろう。もちろん、この価値観は、一つのものではなく、複数のものとして個人の中に存在し、その人の考え方、立場、ポジショニング、スタンス、スタイル、あり方等の基盤をなすものとなっている。そして、この概念は、個人の価値観・考え方・立場を支える個人の精神活動の総体を指す「個の文化」（細川 1999, 2002）と符合する。

　こうした文化と文化の捉え方（文化観）の変容について少し考えてみよう。

　ことばと文化を統合しようとする試みは、日本では、主に 1990 年代に入ってから行われるようになって来た。なぜなら、それまでの文化観（文化に対する考え方）に対して、批判的な立場が生まれてきたからであろう。これはイギリスで起こったカルチュラル・スタディーズの影響によるもので、日本だけではなく、世界的な動きといえるだろう。つまり、文化とは何かという問題をもう一度問い直そうという動きが言語教育の世界に訪れたことを意味している。

　「文化」の定義はそれこそ人の数だけあるといわれるように、実にさまざまな立場が存在する。

　たとえば、「見える文化（culture explicite）」というのは、たとえば、文学・建築・宗教・芸術など、「文明（civilisation）」として目に見える形での作品や構造物を対象とする。

　教育の立場から考えると、その可視的形象に文化の意味を見出そうとす

る立場である。文化本質主義という用語が示すように、その形象としての文化を固定的かつ本質的なものとして捉えるがゆえに、文化の優劣を論じる傾向に陥ることがしばしばある。

　日本では1960、70年代に盛んに行われていた立場で、主にそれぞれの分野の専門家が自らの分野について外国人学習者に知識・情報を与えるという形での「日本事情」として機能してきた。この立場では、学習者のコミュニケーション能力との連携の視点がほとんどないため、その分野の解説に終わってしまう傾向がある。これは日本語教育にもいえることで、日本語の語彙や文法の解説がそのまま日本語教育であると考えられていたところがある。これは、言語や文化そのものを可視的・固定的なものとして捉え、それを教育の対象・目的とする考え方であるといえよう。

　80年代に入る頃から、この「見える文化」に対して、「見えない文化（culture implicite）」が主張されるようになる。「見える文化」が、いわば表層的な形象を指していたのに対し、「見えない文化」は、その表層の内側にあたるもので、いわば日常的なしぐさや行動、ものの考え方等の中に、意識しなければ普段は気づかないものとして潜むとされる。前述の文化本質主義に対して、文化相対主義と呼ばれ、特定の社会・文化に特定の価値を見出すのではなく、人間の生活すべてに文化があり、それはその社会においてそれぞれ固有の価値を持っていると解釈する立場である。これは主に社会の慣習や生活習慣と深い関係があるため、言語教育の立場からは、これを学び取ることによって、その言語を自分のものにできるという考え方が出てくる。

　「見える文化」を教えてきたのは、それぞれの分野の専門家であったのに対し、この「見えない文化」を教えるのは、ことばを教える言語教師の役割であるという主張がこの立場から現れ、この「見えない文化」をどのようにして教室活動に組みこむかが思案された。

　コミュニカティブ・アプローチ以後のロールプレイ等のタスク学習は、タスクの中にこの「見えない文化」を仕組むことによって、ことばと文化の統合を試みた（野田2005）。

　しかし、ここでの大きな問題は、そうした「見えない文化」をタスクと

して仕組むということそれ自体が、本来「見えない」ものを「見える」ようにするという矛盾を生むことであった。そのため、活動自体が目的主義的に一つの正解を求めるものとなってしまい、言語教育そのものを矮小化する結果に陥ってしまった。

3-3 文化とその教育のあり方をめぐって

　80年代の日本語教育における文化の扱いをめぐる一つの代表的な立場である「社会文化能力」（ネウストプニー 1995）がこれにあたるだろう。具体的には、たとえば、日本人（と思われる）の集団を観察し、ある一定のルールが発見できると教師が認定した場合、それを情報として学習者に提供するのが教師の役割であるという立場になる。

　これはやはり80年代にE・D・ハーシュによって提唱された「文化リテラシー（cultural literacy）」という概念ときわめて近いものである。ハーシュは、「教養のあるアメリカ人」が知っていて、その意味が説明できるような用語のリストをあげ、それが、実際にアメリカ人が持っている情報を記述したものだとする（ハーシュ 1989）。

　したがって、80年代の「社会文化能力」の考え方は、「能力」といいつつ、その内実は「日本社会」についての知識・情報を指していることがわかる。つまり、見えない文化を可視化し、それを教育の対象とするという方法自体が、文化能力育成にはつながりにくいという側面を持つことになる。しかも、その文化そのものが、対象とする社会に限定される場合、「文化能力（compétence culturelle）」という考え方そのものが、特定の社会についての知識・情報を得るという方向から出られなくなる危険を持っているといえよう。

　これに対して、今世紀に入って提案されるようになった「相互文化性（interculturality）」の概念は、個人一人ひとりの中にある複数の価値観をともに見直し、ともにつくっていくという相互共構築の作業としての言語活動にもとづいている。

　その意味で、個人化された「文化」（価値観）をもとに、自己と他者との関係を考え、「社会」とのかかわりを構想していく市民性の基礎とする

「相互文化能力（intercultural competence）」（バイラム 2015）の解釈は妥当だろう。「異文化間」という用語では、この意味を解釈することはできない。

　では、ことばの教育における文化の能力とは、どのようなものだろうか。もはや地域・社会に限定した知識・情報を「文化」とすることが困難であることはすでに明らかだろう。

　それならば、文化とは、ことばによって表される個人の価値観の総体であるともいえるだろう。

　たとえば、日本語を学ぶ際に、その学んだ日本語で表現しようとするときに重要なのは、ことばをどのように習得するかではなく、そのことばで〈何を〉語るか、ということ。その何かとは、学習者自身の自分のテーマ（好き・興味・関心）であり、もはや日本文化に限定されないことが明らかである。

　つまり、文化というものを「日本文化」というような集団的な枠組みで捉えるのではなく、一人ひとりのことばのやりとりの中にすでに文化は価値観として組みこまれていると捉えることができる。その価値観としての文化は、ことばと別々にあるものではなく、一人ひとりの意識や認識とともにあるものだということになる。

　そう考えると、そもそも文化とは、モノとして存在するのではなく、私たち一人ひとりの意識・認識であり、それはきわめて動態的・流動的なものであることがわかる。

　このように考えると、ことばと文化の教育がめざすものは、行為者自身の言語と文化による活動がどのように活性化するかであり、〈文化を教える〉という発想そのものを根本的に捉え直していくことが不可欠であることがわかるだろう。

　日本語教育では、どのように日本語を学ぶかという点に注目し、訳読法、直接法、そして自然習得といった教育／習得方法を検討してきたが、考えてみると、これらは決して対立する概念ではないことがわかる。ことばの学びは、すべての影響関係の中で、学び手が自ら選び取るものだからである。従来の教授法概念の陥穽は、どれが一番優れているかという目的主義化にあったというべきだろう。

4. 文化観・言語観の変容とことばの教育

4-1 教育実践と研究活動の一体化へ

　私が上記のように考えるようになったのは、この20年ほどのことであり、それまでは、日本語教育とは、まさに「日本語を教える」ことだと考えていた。ちょうどINALCO（フランス国立東洋言語文化学院）の仕事を終えて日本に帰国し、新しい「日本語・日本事情」というポストについた頃までのことだ。もちろん、言語教育では、知識としてではなく、能力として体得することを第一に考えなければならないということは、この仕事についたときから自分に言い聞かせてきたことだったが、当時の私にとって「日本語を教える」とは、日本語の文構造や語彙あるいは音声上の特色などをどのように体系的にかつ効率的に教えるかということだった。

　しかし、「日本事情」という科目担当の仕事を続けながら、コミュニケーション活動と文化の関係について考えるようになってから、こうした考えが少しずつ変化した。なぜなら、言語教育の目的をコミュニケーション能力育成と捉えると、必然的に教育目標としては、その対象言語を用いて、どのようなコミュニケーションが可能なのかということが課題となるからである。それは、言語活動が、具体的な目的があってはじめて成立するものであることを意味するし、当然のこととして自己以外の他者の存在の重要性も浮かび上がってくる。

　このように、言語によるコミュニケーションの力を、現実の社会において、ある具体的な目的のために、ことばによって自己以外の他者とやりとりを行うものとして捉えると、それを体系的にあるいは効率的に「教える」ということが果たして可能なのかという疑問が生じてくる。

　ことばや文化の構造や体系を支える原理・システムを解明することが言語学・文化人類学等の人文社会科学だとするならば、言語教育という教育行為は、その科学の研究成果を過不足なく「教える」ことなのだろうか。たしかに言語活動の根底には、そのことばや文化の原理や体系のようなものが潜んでいるような気はする。しかし、その部分だけを切り取って提示できるような種類のものではない。なぜなら、そうした体系は、きわめて

流動的であり、その場の状況から切り取って示そうとすると、とたんに生命を失ってしまうからである。その意味では、「体系性」という言い方をするしかないだろう。

　ここで付言すれば、私は従来の諸科学（たとえば、言語学・社会学・文化人類学など）の研究プロセスや成果を否定するものではない。私が批判するのは、それらを安易に教育に横滑りさせてそれで事足れりとする姿勢である。これは人間の主体的な行為およびその形成についての無知から来るものである。私はむしろ諸科学の諸成果を十分に踏まえつつ、言語文化教育学は、ことばと文化と人間形成を結ぶ、新しい分野を切り拓かねばならないと宣言する。

　このように考えることは、ことばと文化の教育がめざすのは、そうした潜在的な原理やシステムを取り出して「教える」ことなのではなく、そのような行為者本人の言語による活動が活性化するような場を設定することではないか、という視点を得ることにつながる。

　つまり、ことば・文化の構造の体系や運用の原理・システムの発見・解明を目的とし、それを教育内容とすることから、行為者自身の言語活動の場のための環境設計の確立というように、私自身の教育実践と研究対象の方向性が変容したのである。

　そうすると、教育と研究の関係についての考え方も大きく変わってくる。この環境を設計し実施すること自体がすでに日本語教育という教育行為そのものであり、その環境、つまり、行為者一人ひとりがそれぞれの思考と表現を、自らの固有のテーマにもとづき、さまざまな他者との協働によって活性化していけるような環境について考えることがことばと文化の教育の研究、すなわち言語文化教育学であると規定できるようになった。しかも、この環境の設計と実施は、絶えず振り返りつつ更新していく私自身の活動行為であるから、これこそ、教育実践と研究活動はまったく一つのものとなったのである。

　行為者一人ひとりのアイデンティティをともに考えるための環境をいかに設計するかという方向性が生まれたのも、それがこうした教育実践と研究活動の一体化のめざすものだったからである。これが私のいう「実践研

究」の姿である（細川 2005, 2007）。

4-2 理論と実践を結ぶために
——関連分野・諸領域との連携から実践研究へ

　さまざまな言語や文化を背負う個人を指していうことばを「複言語」とするならば、それぞれの個人と個人が民族・国境を超えて自分の考えていることを表現しあうための対話の活動に対して、言語教育のできることとは何か。これを考えることが、日本語教育を日本語・日本人・日本社会という狭い枠の中に閉じこめず、さまざまな言語教育や諸科学との連携において積極的に開いていこうとする姿勢と方向性である。

　そして、この問題は、日本語教育のみならず世界の言語教育のすべての課題であるといえるだろう。たとえば、CEFRの基本的な考え方は、言語を学ぶことはその言語を話す社会を学ぶことであるという前提に立っている。したがって、学習者がその社会の多面性や複雑性を理解し、表層的なステレオタイプ的な見方を超えるためには、さまざまなテーマの中でその社会の問題を深く取り扱うことが必要だとする。

　また、日本においても、大学入試には、従来の「日本語能力試験」に代わって、この数年にかけて「日本留学試験」が採用されるようになってきた。これは、外国人に日本語の文型や語彙を限定的に理解させる言語教育の発想から、アカデミック・ライティングと呼ばれる知的な思考と表現の方法を身につけることを言語教育の目的とする方向へと言語教育全体が動きつつあることを示すものであろう。このことは、ザラト、クラムシュ、ロ・ビアンコといった世界の第一線で活躍するメンバーと対等に議論ができる環境をめざすリテラシーズ研究会を中心とした新しい動きとも連動している（佐々木ほか 2007）。

　このように、世界の言語教育が少しずつではあるが、ことばと文化の統合をめざして動き出しているのである。日本語教育が日本語の世界だけに閉じこもっている時代はもう終わったといえるだろう。少なくとも関連分野・領域でのさまざまな連携をさまざまに取りつつ、それを「実践研究」の形で提示していくことが、これからの言語教育の姿であることは間違い

ない。

この場合の「実践研究」とは、教師自身が自分の実践を内省的に振り返りつつ、その意味を確認し、他者とのインターアクションを積極的に受け入れ、より高次の自己表現をめざそうとする活動であると定義することができよう。「実践研究」とは、「実践に関する研究」でもなければ、「実践を通じて何かを研究すること」でもない。「実践」それ自体が「研究」であるという思想である。この「実践研究」とは、教師自身の問題意識の発見とその解決のための自己表現であると同時に、その自己を他者に向けて開き、他者との協働において新しい教室を創造する行為であり、その結果として、またプロセスとして、それぞれの行為者にとってのよりよい実践を拓く行為である（細川 2005）。

そこでは、「私はどのような教育をめざすのか」という問題意識に根ざした発見と解釈から固有の実践が生み出され、その実践が軸となってさらに新しい実践へと展開する教師自身の自己表現こそ、「実践研究」の原動力といえるものだろう。だからこそ、ことばの教師にとって、自らの日々の教育実践をよりよいものとするために、何よりも自らの実践そのものを他者に向けて開く公開性・公共性の理念が不可欠なのである。それらが関係諸分野・領域との連携と対話によって支えられることはいうまでもない。

5. ことばの教育実践とは何か

5-1 ことばの教育実践の具体的な姿

では、ことばの教育実践の具体的な姿とは何か。

それは、基本的には、行為者acteurとしての学習者の、次のような活動であるといえる。

- 自分の考えを表現する。
- 他者の考えを聞く。
- 自分の考えを更新する。
- 複数の他者と自分、社会との関係について考える。

このような活動は、他者との交流によって活性化することが自明であろう。

筆者は、これまで「ことばの教育実践とは何か」というテーマで、総合活動型日本語教育というタイトルでさまざまな活動を行ってきた。

「考えるための日本語――問題を発見・解決する力とは何か」もその一つである。

　　教室活動の手順
　　　1　興味関心のあるテーマを選ぶ
　　　2　対話活動
　　　3　話し合い（グループ活動）
　　　4　結論を出す（グループ活動）
　　　5　相互自己評価

ここでは、「なぜ私は日本語を学ぶのか？」という問いのもと、「私はことばを使って何がしたいのか？」というやりとりを繰り返し、学び手それぞれがことばによって活動する場をつくることの重要性について論じてきた。

「この私」のテーマ形成によって、自分の中のテーマに向き合うことが、ここでの主題である。

その意味で、すべては課題設定からはじめるともいえるだろう。

ここでは、常に以下のようなことが話題になってきた。

- 教材とは何か――何のための教材か――教える内容とは何か――正解はどこにあるのか？
- 教室の内外という発想――準備主義のワナ――初級者には困難か？ [1]
- 評価とは何か――成績と評価の違い――序列化はなぜ必要なのか？

では、前述の「自らの固有のテーマにもとづき、さまざまな他者との協働によって活性化していけるような環境」(p.27) とはどのような場なのか。

　重要なことは、「この私」が自ら仕組む環境をつくりだすことであり、自分の問いの答えを自分で見つけ出すことでもある。さらに、それを参加者と共にことばの学びを育む教育実践として位置づけることになる。ここでは、言語能力向上は目的ではなく結果として存在する。

　このようなことばによる社会的言語文化活動実践は、次のようにその手順を示すことになるだろう。

- 日常のあらゆる出来事と「この私」とのかかわりにテーマを見出す
- 教室は一つの社会であって、訓練・練習の場ではない
- 話すことから書くことへ──書くというプロセス
- 自分の「考えていること」の発信とテーマの共有

　ここでの、ことばによる社会的言語文化活動実践では、「教室は一つの社会」というコンセプトが重要になる。それは、行為者acteurとしての言語学習ということだ。

　2001 年のCEFRの公開出版以後、言語学習者を社会的行為者と捉える動きが、言語教育の分野において次第に活性化しはじめた。

　それは、ことばの教育において、市民性を持った個人と民主的な社会のあり方を考えようとする動きでもある。これは、個人と社会の循環を示唆しているともいえよう。

5-2　思考と対話の教育実践──総合活動型日本語教育

　こうしたことばによる社会的言語文化活動実践では、言語習得のための学習／教育を目的化しないということが指摘されている。

　ここでは、自己発信と相手の理解、相互メッセージを聞き、考えるということが課題となる。それは、充実した言語活動主体となるためのテーマの意味を考えることであり、そのことは、コミュニティとしての共同体を

ともにつくるために何ができるかを考えることにつながる。

これまで、「社会をつくる」（社会形成）は政治・政治学の分野で、「個人をつくる」（個人形成）は教育・教育学の分野でのこととして区別されてきた感がある。

しかし、ことばの教育という意味では、ことばを使って社会で活動する個人をつくるという目的が注目されるだろう。これまでの日本語教育では、日本語を教える方法・技術が取りざたされるが、これは、この分野のほんの一部分であることが了解されるだろう。

重要なことは、この社会で「この私」はどう生きるか、他者と共に生きるために何が必要か、「どのような社会をつくるのか」という政治意識の形成へという方向性が必要だということである。

このようなことばの教育は何をめざすかという方向性をまとめると、およそ次のようになるだろう。

- どのような個人になるのか——個人形成の観点
- 自分の考えを他者に発信する——主張のテーマ性
- 他者の価値観を受け止める——文化の仲介性
- どのような社会をつくるのか——一人ひとりがしあわせに暮らせる環境
- 自己・他者・社会をつなぐ対話のできる個人形成へ

さらに、このような個人形成に立ち会う教師の役割としては、次のようになる。

- 「この私」一人ひとりの言語活動の充実をめざす
- 与えられた正答を得るのではなく、常に「なぜ」という問いを持つ
- 教師自身の「この私」の実践を公開し協働する

ここでは、「この私はどのような教育実践をめざすのか」という問いが

不可欠であり、その公開と協働から自律的市民性・公共性へと発展する可能性を持っている。これは、市民性形成という思想であり、他者と共に考える活動環境の中で可能なことである。

　そのような教師のあり方としては、毎日の実践こそ、すなわち研究という「実践研究」（実践＝研究）の姿勢が求められよう。

　教育実践を通してどのように社会参加できるのかと考える教師は、必ずや「教室」を、人と社会をつくるための発信基地とすることとなろう。

6. 改めて「言語習得」とは何か
——ことばの教育の目的論を問う

6-1　知識と運用

　ここまで論じてきて、改めて、「言語習得」とは何か、ということが課題となろう。

　まず、「言語に関する知識を得る」ことだろう。学校での言語学習のほとんどはこのタイプであろう。しかし、言語に関する知識を得るだけでは、言語が使えるようにはならない。

　つまり、その言語を身につけることが必要になる。こういうときに、やはり話題になるのは、「外国語を一番効率的に学べる方法って何だ」ということである。

　この言語を身につける最良の方法が存在するという幻想は、一般の人だけでなく、教育の世界でもかなり幅を利かせている。たとえば、「英語ができる」というときの「できる」というのは、何をもって「できる」というのだろうか。TOEICで何点取るということが目的なのか、それとも実際にそのことばを使ってある程度中身のある話ができるようになることが目的なのか、あるいは中身はなくてもいいから、その場でペラペラ話せればいいのか、それは人によってかなり異なるものだろう。言語を身につける最良の方法、つまり万人に共通する魔法の杖が存在するというイメージが、いかにつくられたものであるかということがわかると思う。

　それでも、とにかくその言語を使いたい、その社会で使えるようになり

たいのだったら、その社会に行ってその言語に浸りこむ（イマージョン）しかないことはすでに、いろいろなところで指摘されている。

　浸りこむといっても、ただ生活するだけでは駄目で、本当に浸りこまないと効果がない。たとえば、外国人の相撲の力士がとても上手な日本語を話すのは、学校で日本語を学んだからではなく、毎日朝から晩まで相撲部屋で親方や女将さんにバシバシ言われながら稽古をして生活しているからだ（宮崎 2016）。つまり、日本語で暮らさなければならない場がつくられているからである。この場合の、日本語で暮らさなければならない場とは、日本語で人の言うことを理解し、自分の考えていることを表現して、その社会で十全に生きていくという場のことである。

　このように、その言語を使えるようになるという意味だったら、1、2年そのことばを使う社会に浸りこんで暮らせばいいわけである。しかもそれは若ければ若い程良い。なぜなら母語の干渉が少ないからだ。学校に行く必要はほとんどない。世界中には、学校に行かずとも、いくつかの言語を生活とともに習得し、それを使い分けている人たちが大勢いる、いやむしろそのように生きている人が大半なのかもしれない。

6-2　教育の場の役割

　では、学校＝教室は何のためにあるのだろうか。

　学校で勉強するのは、単に正解を求めて練習をしたりするのではなくて、「自分が何を考えているのか、何を言いたいのか、目の前の他者にそれをどうやって伝えるのか」ということを目的とするためだろう。他者と意見のやりとりをする、つまり対話をするためには、一つのテーマが必要である。ただ、おしゃべりをすればいいというわけではない。私は、おしゃべりと対話を分けて考えている（細川 2019）。

　おしゃべりは、単なる情報交換であったり、自らの感覚や心情をモノローグ的に語ったりするものであるのに対し、対話は、自分のテーマにもとづく他者とのやりとり、ダイアローグである。

　この対話のテーマというのは、思考の軸とでもいうべきものだ。それが展開できるような場こそが本来の教育の場あるいは学校と言い換えてもい

いだろう。学校は社会の準備のためにあるわけでもなく、受験のためにあるわけでもない。その人が人間として、個人として、他者と交わり、社会を考えていくための場でなければならない。学校そのものが一つの社会なのである。

外国語という言語学習も本来、そうあるべきではないだろうか。なぜなら、外国語教育には「コミュニケーション能力をつけてどうするの？」という問いが存在しなかったからだ。コミュニケーション能力やそのスキルだけが先行して目的化してしまい、何のために外国語を学ぶのかということが見えにくくなってしまったのだ。いわゆるコミュニケーション能力をつけるだけだったら、前述のように、その言語を使う社会に浸りこむだけで十分である。

だから、学校で重要なことは、コミュニケーション能力のもう少し向こうを見ることだ。それは、自分が今まで育って使ってきた母語とは違う構造の言語で、あるいは違う認識の仕方で、その言語を使うことによって、いわば自分を相対化することができるということである。相対化という作業は、実際は母語でもやっているのだが、なかなか意識的になりにくいものである。それをあえて外国語で行うというところに意識化、自覚化の意味があると私は思っている。そうした意識化の成果として、自分の中にある経験をどのようにして第三者に伝えていくか、という経験がまた必要になる。こうしたことを考えさせることが学校、つまり教育の場の役割であろう。

7. ことばの市民の教育へ
——共生社会のためのWell-beingへ

以上のような考え方に立って、グローバル社会における「共に生きる」ことについて考えてみよう。グローバル、すなわち地球に生きる人間としてどのような地球であってほしいか、その地球という社会にあって、個人として何ができるのかと考えることになるだろう。そういう意味では、この地球での人の生きざまというものは、70億ピースのジグソーパズルの

ようなものかもしれない。

　その中で個人は、それぞれのピースという役割を果たしている。

　しかし、そのピースは決して固定化した役割としてではなく、むしろ動的に変容しつづける、かけがえのない存在として承認されることが必要だろう。

　だとすれば、個人の存在のオリジナリティを自覚できるような環境というものをどうやってつくっていくか。これが人間としての権利でもあると同時に義務でもあるだろう。

　ことばによって自律的に考え、他者との対話を通して、社会を形成していく個人、これを私は「ことばの市民」と呼ぶ（細川 2012）。なぜなら、ことばの学びというのは、言語を習得するということではなく、むしろことばによって活動することでアイデンティティを自ら形成していくことだからだ。しかも、私たちは、アイデンティティの複合的な危機というものをさまざまに抱えている。それを克服するためには自己を発信し同時に他者を認め、それから社会へ参加していく、こういうことから自分をつくっていくしかない。その上でこの地球でさまざまな人たちと共に生きていくための社会をつくっていくという、そういう活動の場をつくっていく必要がある。

　これが、本章の前半で述べた社会的行為主体という概念であり、この概念は「言語」と「人間」をつなぎ、「人」としての生を十全に営み、社会に主体として参加することを象徴するものだといえよう。社会的行為主体の活動は、基本的には、言語使用者が自らの問題関心を出発点とし、他者との価値観の差異・対立を認識しつつ、個人と社会の関係について共生市民意識を持つことをめざす言語活動だからである。

　共生社会のための日本語教育とは、ことばの活動の自由が発揮できる環境をつくることからはじまるといえよう。そのためには、個人一人ひとりの個別の学び、他者との協働が必要となろう。

　そこには、他者とともに共生する社会においてそれぞれが「善く生きること Well-being」であることを共有する喜びが必要である。

　こうした共通する概念として、かつてウェルフェア・リングイスティク

スというものが提案されたことがあり（徳川 1999）、そのことについての言及も行われている（平高 2013, 川上 2017）。

　あえていうならば、「ことばの活動は何のためにあるのか」という問いこそが、「共に生きる」社会には必要であるが、この答えこそ、Well-beingにあるのではないか。これは私自身が、ことばと文化の統合、言語文化教育の実践研究、市民性形成のためのことばの教育、と少しずつ視野を広げつつ、やっとたどり着いた地点である。

　ギリシャの哲学者ソクラテスの「善く生きること」という概念こそ、社会的行為主体としての言語活動の充実という課題とつながっている。

　対話によって自己を知り他者とかかわることで社会について考えるようになるとは、まさにWell-beingを体現することではないか。このWell-beingの感覚を個人一人ひとりが持ち、これを保障する社会をつくることこそことばの活動の究極的な目標といえるのではないか。

　本書でいうならば、自由と自由の相互承認という概念への言及や、社会契約としての法のあり方、さらに、理念と活動実践の統合と遂行が問われることになる。

　自由と自由の相互承認という概念は、言語使用者（学習者を含む）の自由――「この私」の表現したいことの自由、その自由の相互承認であり、他者にもまた同じ自由があることを指摘するものだ。

　これは、他者とともに共生する社会に不可欠のものであり、自由とその相互承認のためには、社会契約としての法の必要性が説かれることになる。しかも、その根底には、言語とは何かという問いが存在する。たとえば、ろう者の手話をどう考えるか。言語＝音声言語という無意識の枠組みの中に私たちはいないだろうか。そうしたろう者を含みうる社会的行為主体のあり方として、私たちは、インクルーシブな共生社会のwell-beingを考えなければならない。

　今、日本の内外の状況に目を向けてみても、言語や文化の違いを理由に、人種や民族・宗教など、さまざまな差異によって人々を分断する力が強くなっている。だからこそ、自分にとっての価値を相手に伝える対話が必要だろう。お互いに何が起きているのかを確認し、思いや立場を伝え、相手

のことばに耳を傾ける寛容のプロセスが大切だろう。

　相手は最後まで、自分の意見に賛成しないかもしれない。それでも、その他者に向けての対話という行為のプロセスこそが、この社会で生をともにする覚悟と希望なのではないだろうか。とくに電子空間でのコミュニケーションが増えている社会で、不要な争いを回避し、かつ泣き寝入りしないために、あえていえば、私たち一人ひとりがしあわせ bien-être であり、社会そのものが well-being であるためには、ことばによる対話と寛容の精神こそ重要なのではなかろうか。

　言語使用者の自由と相互の Well-being をめざす共生社会のための日本語教育は、言語能力向上の目的化を超えて、日本語教育の内実を革新する、社会変革としての言語教育学として位置づけることができる。究極的な目的として「人間とは何か」をめざす人間の学としての回復、新しい市民社会を構想することで、その Well-being への使命は果たされるといえよう。

付　記

　本章執筆にあたり、以下の既出論考をもとにした。一部記述の重複をお許しいただきたい。

　　・細川英雄「相互文化性と対話のダイナミズム──ことばと文化の
　　　統合のために」『フランス日本語教育』5：19-31，フランス日本
　　　語教師会，2011 年 2 月
　　・細川 英雄「『ことばの市民』になる教育へ──自己・他者そして
　　　社会の外国語学習」『総合政策研究』52：87-89，関西学院大学総
　　　合政策学部，2016 年 9 月

注
1）こうしたことばの教育の理念には賛同するが、教育実践ではコミュニケーション能力も伸ばしていくことが必要であるとし、その具体的な方法を問う質問が数多く寄せられる。とくに、こうした実践は、日本語レベルの低い初級クラスでも可能なのか、また実践する際にどのような工夫が必要なのか、という質問が寄せられる。

こうした問いの多くは、理念はわかるが、具体的なやり方がわからないというものであり、まさにことばの教育の目的論を失った象徴的な現象だといえる。理念はわかったとするが、理論的枠組みをあたまで理解したというだけにすぎず、自分の問題としてこの課題を捉えていないために生じる課題だといえよう。方法という目の前の課題にのみ目を向けてしまうこと自体が、まさに目的論を失った技術方法主義に陥った状態だといえる。

　コミュニケーション能力とは何かという自らへの問いを持たぬまま、その実践の方法を問うこと自体に深い問題性をはらんでいるからである。言語そのものにではなく人間のあり方に注目した活動では、自己・他者・社会との関係を考えることが目的となる。コミュニケーション能力をいわゆる言語運用能力と解釈すると、そうした能力自体の獲得が目的ではなくなる。ただ、対話的活動の中では、そうした言語運用能力が必要となるため、対話的活動を重ねることで、能力は必然的につくことになる。したがって、自己・他者・社会との関係を考える対話的な活動を徹底的に行うことしか方法はないことになる。言語の構造や機能だけを取り出して訓練する発想ではないからである。むしろ、なぜコミュニケーション能力なのかという問いを質問者自らが考えるようになることが重要だろう。自らの教育観を持たぬまま、実践の方法だけを志向する教師のあり方そのものが問われているといえよう。

　それでも、どうしたらいいかわからない、という教師には、人に注目した活動型教育である以上、上級にはできて初級にはできないということはありえないことを示すしかないだろう。世界的には、1800 年代半ばに起こった直接法の流れは、現在に至るまで続いていて、日本語教育にも多大な影響を及ぼしている（細川 2022）。この中では、たとえ初級者であっても、対話的活動を重ねることで、いわゆる 4 技能能力は必然的に身につき、自分の考えていることを表現できるようになることはすでに実証されている。近年の複言語やトランスランゲージングの立場は、これを加速させるものである。質問者は、まずそうした活動型の実践を自ら実施し、その試行の中で、どのような気づきがあるかを振り返り、自らの問いの意味を考えることからはじめてほしい。

参考文献

石原千秋（2005）『国語教科書の思想』ちくま新書.

川上郁雄（編）（2017）『公共日本語教育学——社会をつくる日本語教育』くろしお出版

金龍男／武一美／古屋憲章（2010）「人と人の間にことばが生まれるとき——教師自身による実践研究の意義」『早稲田日本語教育学』7：25-42. http://hdl.handle.net/2065/29805

佐々木倫子ほか（編）（2007）『変貌する言語教育——多言語・多文化社会のリテラシーズとは何か』くろしお出版.

崔允釋／張珍華（2004）「ゼロビギナーへの試み」細川英雄／NPO 法人「言語文化教育研究所」スタッフ『考えるための日本語』192-216，明石書店.

徳川宗賢（1999）「ウェルフェア・リングイスティクスの出発」（対談者：ネウストプ
　ニー，J・V）『社会言語科学』2(1)：89-100.

ネウストプニー，J・V（1982）『外国人とのコミュニケーション』岩波新書.

ネウストプニー，J・V（1995）『新しい日本語教育のために』大修館書店.

野田尚史（編）（2005）『コミュニケーションのための日本語教育文法』くろしお出版.

ハーシュ，E・D（1989）『教養が、国をつくる。――アメリカ建て直し教育論』TBS
　ブリタニカ.

バイラム（2015）『相互文化的能力を育む外国語教育』大修館書店.

平高史也（2013）「ウエルフェア・リングイスティクスから見た言語教育」『社会言語科
　学』16(1)：6-21.

福島青史（2011）「『共に生きる』社会のための言語教育――欧州評議会の活動を例とし
　て」『リテラシーズ』8：1-9.

細川英雄（1999）『日本語教育と日本事情』明石書店.

細川英雄（2002）『日本語教育は何をめざすか』明石書店.

細川英雄（2005）「実践研究とは何か――『私はどのような教室をめざすのか』という
　問い」『日本語教育』126：4-14.

細川英雄（2007）「日本語教育学のめざすもの――言語活動環境設計論による教育パラ
　ダイムの転換とその意味」『日本語教育』132：79-88.

細川英雄（監修）（2022）『「活動型」日本語教育の実践――教える／教わる関係からの
　解放』スリーエーネットワーク.

細川英雄／武一美（2013）『初級からはじまる「活動型クラス」――ことばの学びは学
　習者がつくる』スリーエーネットワーク.

細川英雄／三代純平（編）（2014）『実践研究は何をめざすか』ココ出版.

宮崎里司（2016）『外国人力士はなぜ日本語がうまいのか』SMART GATE.

森元桂子／金龍男／武一美／坂田麗子（2009）「学習者が主体的に参加するとき――総
　合活動型日本語教育の初級クラスの実践から」『言語文化教育研究』8-2：100-123.
　http://alce.jp/journal/dat/gbkkv08n02morimoto.pdf

第2章

「共生社会におけることばの教育」の実践としての「本質観取」

稲垣みどり

1. はじめに

　「ことばの教育」のめざすべきものはいったい何だろうか。中学／高校の国語の教員としてはじめて教壇に立ち、その後、ヨーロッパの一角のアイルランドに渡って現地で高校生や大学生に外国語としての日本語を教え、日本に戻ってきてからは研究者／実践者として英語教育や日本語教育に関わってきた私は、既にかれこれ30年近くも「ことばの教育」に携わっていることになる。「国語」「日本語」「英語」「継承（日本）語」など、さまざまな括り方で線を引かれた「ことば」を教える仕事をしながら、私自身も英語をはじめとするさまざまな言語を外国語として学んできた。同時に、日本語と英語の複数言語環境で自分の子どもたちを育てながら、異なる言語文化背景の中で生きる子どもが、言葉をどのように身につけていくのか、間近で見る機会にも恵まれた。

　日本語教育の研究の領域で、私の最初の研究関心となったのは、自分の子どもたちと同じように複数の言語文化環境の中で生きる子どもたちの「ことばの教育」の問題だった。親として、教師として、子どもたちに言葉を教えることの先には、結局、その子どもに、将来どのような人間になってほしいのか、というめざすべき人間の在り方がビジョンとしてないことには、何を教えるべきなのか、どう教えるべきなのか、という「教えるべき内容」も「教え方」も決まらない。この当たり前すぎる事柄に、親としての立場で気づいた時、教師としての自らの「ことばを教える」仕事の現場に、決定的に足りない視点に思いが至った。その視点とは、言葉を教えることの「意味」と「価値」を問う視点である。親と教師の立ち位置はもちろん異なるけれども、「人を育てる」という一点において、めざすべきゴールを立てなくては「子育て」も「教育」もおよそ成り立たないことは共通しているのではないだろうか。では、このコロナ禍に覆われた先の見えない混沌とした世の中で、いったい何を目指して「ことばの教育」はなされるべきなのか。本書はそのめざすべきものを「共生社会のための」とおき、私を含めて9人の論者が「共生社会のためのことばの教育」について、それぞれの立場から論じている。私も、私自身の「ことばの教

育」の実践例を紹介しながら、なぜ「ことばの教育」のめざすべきものに「共生社会」をおくのか。また、その理念の実現のためには、どのような「ことばの教育」の実践があり得るのか。自分の「ことばの教育」の実践の現場に根差した実践から、私なりの解を提示してみようと思う。

1-1　哲学対話としての「本質観取」

本章で、私は「共生社会のためのことばの教育」の実践例として、大学における多国籍の留学生を対象にした日本語教育の現場での「本質観取（ほんしつかんしゅ）」の哲学対話の実践について報告する。昨今、さまざまな場で「対話」の大切さが説かれ、学校教育や企業の研修などの場でも「哲学対話」や「哲学カフェ」等が多く開催されている。双方向の対話が重視される流れそのものは、大変喜ばしいことだ。ただ、その「対話」はともすれば特に目的を持たず、自由に発言し、意見を交換し、なんとなく終わる、という流れになりがちではないだろうか。もちろんそれが悪いわけではなく、一定の時間そこで参加者が楽しく和気藹々と「対話」によって交流ができたのならば、その体験自体が有意義だと言えるだろう。本章では、そのような「対話」の実践を、「何のための対話か」という観点から思想的に一歩掘り下げ、「共生社会のためのことばの教育」としての「対話」の実践を、哲学の原理に根差した思想的な背景も含めて紹介しようと思う。

「本質観取」という語を、読者は耳にしたことがあるだろうか。見てのとおり、「本質観取」とは、ものごとの「本質」を「観取」つまり、「観て取る」ことである。もともとはドイツの哲学者のエトムント・フッサールが創始した現象学の認識論（私たち人間は、ものごとや周りにあるものをどのように「認識」するのか、というその認識の在り方を追究する学）に端を発する。少々難しい言い方をすれば、現象学は認識の内側から一人一人異なる人間の「生」の在り方の根源に迫る学の体系であり、本質観取は、その現象学の原理の方法化である。言語教育における本質観取とは、私の考えでは、言葉（＝概念）の本質（＝意味）を、自分の体験や内省によって取り出し、対話によって他者と検証し合うことにより、間主観的な共通了解

を形成していこうとする試みである。「間主観的な共通了解」というのは、後で詳しく説明するが、簡単に言えば「私」と「あなた」や「他の人たち」が、それぞれの主観的な物の見え方や考え方を共有し、そこにお互いに納得し合える共通のものを見出していくことである。対話の実践で言えば、たとえば「子育て」や「自由」など、ものごとや言葉の本質を、自分の経験を振り返って深く考え、それを言葉にして「私」の確信として取り出し、他者と共有することによって検証し、共通の理解を深めていこうとする対話の方法である。わかりやすく言えば、本質観取とは「○○とは何か」という語の概念の意味の本質を、言葉にして取り出す試みである。

　私が身を置いている日本語教育の現場で言えば、私たち日本語教師はつねに、日本語の言葉の「意味」を多様な文化言語背景の学習者たちとやりとりしつつ、日本語の使い方を学習者に「教える」存在である。しかし、学習者がその語を自分のものとして内面化し、自分の現実の生活の文脈の中で使いこなすためには、その語の意味本質に対する深い納得と了解がなければならない。これまで「本質観取」の実践を積み重ね、さまざまな教育現場で「本質観取」の対話実践をしてきた哲学者の西研は、本質観取の「本質」は、「私たちの日々の体験に根拠をもち、そこから生み出されてくるものとして捉えられるべき」と述べ、「人間の体験一般に共通するものであるからこそ、言葉で取り出された本質諸契機には、普遍性が認められる」とする（西 2019）。多様な言語文化的背景の違い、価値観の違いを超えて、なおかつ共通するもの、私たち人間が普遍的に共有できる概念、つまり言語の共通の意味本質を共有しようとする試み、それが私の考える言語教育における本質観取の活動の意義であり、目的である。つまり、「本質観取」とは、言語や文化の異なる者同士が、一つの言語の普遍的な意味本質めがけて共通の了解を作り上げていこうとする試みであり、その過程で「私」と「あなた」に共通する感情や倫理観、価値観などを共有してわかり合っていく過程である。だからこそ、日本語教育の現場で、異なる言語文化と異なる価値観を有した者たちが、「○○とは何か」と日本語の意味本質をめぐって、なんとか共通了解を創り出そうとする「本質観取」の試みは、それ自体が言語教育そのものとも言えるものである。そしてその

実践は、教師の側が正しい正解を「教える」言葉の教育から、学習者と教師が同じ立場で、ある一つの日本語の意味本質を自分の経験に即して捉え直し、共通了解を創出しようとする哲学対話の実践として、共生社会のための日本語教育の実践の一つのモデルとなり得る実践である。そしてそれは、細川英雄が本書で述べるWell-beingの言葉の活動とも重なる。本質観取の対話活動は、細川が述べる一人一人が個別である人間同士が、その個性を活性化させながら他者と協働し、他者に対して自己を表す喜びと他者と言葉によって関わる喜びを味わう、つまり他者と共生するWell-beingの言語教育の在り方でもある。また、細川が対話において何よりも大切だと論じる「自分のことばで語る」（細川 2021）ことそのものの活動と言ってもよい。そして本質観取の実践には、先立つものとして、金泰明が「共生社会」の原理としておく「相互承認の原理」（稲垣／金 2019）が必要不可欠な態度として必要となる。

　私はこれまで、13年間自分が「生活者としての外国人」として暮らしたアイルランド共和国を調査フィールドに設定し、複数言語で子どもを育てる親たちを対象に「複言語育児」[1]を研究テーマとしたインタビュー調査と本質観取のワークショップを実践してきた。現在は、日本国内の大学で多国籍の留学生を対象とした日本語教育の実践においても本質観取の手法を取り入れて対話実践の授業を展開している。本章では、そうした本質観取の哲学対話の授業実践の概要をまずは報告する。授業の実践の報告の後で、この「本質観取」の活動の哲学の原理についてさらに詳しく述べる。

2. 哲学対話としての言語教育における本質観取の実践

　本節では、私が「本質観取」の対話実践を、実際の日本語教育の現場においてどのように実践しているのか、その概要を紹介する。

2-1　多国籍の留学生を対象とした本質観取の実践の概要

【実践の背景】

　本実践は、以前の勤務先である埼玉県川越市の東京国際大学の多国籍の留学生を対象とした日本語の授業の中で実践した。本稿は、コロナ禍の始まる直前の、2019年秋学期に行った実践について述べる。東京国際大学は英語学位プログラムで留学生を受け入れ、留学生たちはそれぞれ初級2レベル、中級2レベル、上級2レベルの全6レベルの日本語の授業を履修する日本語教育プログラムであった。当時は、初級の二つのレベルは必修であり、中級から上のクラスは選択式であった。私が担当したレベルは初級1および上級1、2のレベルであり、本質観取の実践は上級1、2のクラスで実施した。英語学位プログラムということで、学生は共通言語として英語を理解し、日本語のコース全体を通して、英語を用いて日本語の授業を行うことが奨励されていたこともあり、時に英語を使用しながら日本語の授業を行っていた。

　1コマの時間は90分間であり、上級1、2のコースは、週4回4コマの日本語の授業がある。2名の教員による分業スタイルによるカリキュラムを組んでおり、4コマ中2コマはJLPTの受験を想定したインプット中心の文法の授業、残り2コマはアウトプット中心の対話および読解、対話の授業であり、私は上級の二つのレベルの読解、対話の授業を主に担当していた。

【本質観取の手順】（90分1コマの場合）

①「本質観取」とは何か——現象学の原理の説明。この実践を授業でする
　意味（15分）

　学生に現象学の原理的な説明をする。クラスのレベルに合わせた語彙および文法を使用した日本語を使って説明する。先述したとおり、英語が共通語として使用できた背景もあり、私はクラスのレベルに応じて、時に英語を交えながら、簡単に現象学の原理の解説をした。現象学の原理の中でも、特に現象学的還元による視線変更、「エポケー」の概念に力を入れて解説した。このあたりは言葉で説明してもわかりにくいので、リンゴや

ペットボトルなど、身の回りの物を駆使して、具体的にわかりやすく解説した。たとえば、本物そっくりのリンゴの模型を見せて、これは何に見える？と学生に問いかけ、「リンゴ」と答えたら、なぜそう思うのか、その「確信」のありかを一人ずつ聞いてみる。「赤くて丸いから」「自分が知っている『リンゴ』と同じ形態をしているから」など学生は答える。次は視覚だけでなく、実際に手に取って触ったり嗅いだりしながら、それが本物の「リンゴ」かどうか確かめてみる。「模型のリンゴ」だ、ということがここでわかるのだが、そういったやりとりを通して、学生が自らの知覚による認識の「確からしさ」、自分の認識の構造を内省的に振り返る機会を作る。「リンゴ」の本質（すべてのリンゴに共通する性質）とは何か、ということも考えてみる。ひとしきり物を使って現象学の原理を説明した後、今度は「物」から言葉の「概念」の本質を考える「本質観取」の活動について説明した。既知の言語知識としてインプットされている言葉の意味を、いったん「　」（括弧）の中に入れ、判断保留し、自分の経験を内省する中からその言葉の意味（本質）を考えること、そしてその考えを、対話によってクラスの他の学生とシェアすることによって、どこが違って、どこが共通するのか。その「違い」と「同じ」を見出していこうとすることが、この対話実践の肝であることを伝えた。

②トピック選び──テーマを決める（10分）

　クラスの学生の共通の関心に基づくトピックをみなで一緒に選ぶ。その際、今までの日本語の学習を振り返り、学習した抽象語彙の中から、自分の関心のある語彙や、理解が不十分だと自分が感じる語彙を学生から挙げさせても興味深い実践となる。今までの実践の中では、「先入観」「命」「家族」などの語が学生から挙がった。この「トピック選び」では、クラスを構成する学生のもっとも共通関心を惹き得るトピックを選ぶことがこの実践の肝であるので、できれば授業の前の週などで予告し、学生各自に考えてきてもらうとよい。前回の授業などであらかじめトピック選びだけでもしておくと、当日スムーズに、時間を無駄にすることなく対話実践に入ることができる。私は前の回の授業で次回の準備として時間をとり、ト

ピック決めを行うことが多かった。たいてい、三つか四つ、学生から候補が挙がるので、多数決で一つ決め、残りのトピックは次の回に回す、などとした。トピックが決まったら、次回の「本質観取」の対話に備えて、学生は自分で「○○とは何か」と考えを深めることもできる。学生が「本質観取」の対話活動に慣れてきたら、学生自身の中から、次はこの言葉、このテーマについて考えたい、とリクエストがどんどん出てくるようになるので、トピック決めそのものが大変面白い話し合いになる。

③グループセッション（20分ほど）

　クラスを3〜4人のグループに分ける。グループ分けで適正な人数は特にないが、5人以内だと学生同士、かなり密な話し合いができる。少人数のクラスなら、1グループ2〜3人でも十分可能である。グループごとに、選んだ語の「意味」、与えられた知識としての「意味」をいったん判断保留（エポケー）し、自分の経験を振り返るところから言語化する。たとえば、「先入観」という語であれば、学習者たちは、日本で自分たちが外国人として体験した日本人からの「先入観」で捉えられた体験を話し始めた。また、自分が人やものごとについていだいた「先入観」について話した学習者もいた。グループで20分ほど話し合い、そのグループでのその言葉の定義を一文でまとめる。グループセッションの際には、できれば一つのグループに一つ可動式のホワイトボードを用意する。ない場合は、大きな模造紙など、グループでの対話を可視化できるものを用意する。グループで話し合いながら、話し合いの過程をホワイトボードに自由に書いていく。グループディスカッションの最後に、「○○とは何か」とその語の定義を一文でまとめるようにする。スマホでもPCでもどんなリソースを使ってもよしとし、もちろん日本語以外のどんな言語を使ってもOKとする。学生はホワイトボードに日本語以外の言語を書くこともあるし、イラストを描くこともある。何色もマーカーを用意し、ビジュアル的にも面白いホワイトボードがグループごとに、ここで出来上がる。

④全体シェア（15分）

　全体で各グループの語の定義をシェアする。グループの代表者を決め、なぜその定義に至ったか、ホワイトボードや模造紙を見せながら説明する。グループの代表者以外の者は、後から補足の説明をする。たいてい、代表者を決めはするが、たいていはグループの他の者も自分なりの説明を加え、この全体シェアはかなり盛り上がる。他のグループの者は、説明を聞きながら自由に質問をする。

⑤共通了解の成立を目指して、クラス全体で話し合い（30分）

　複数のグループの定義を教師が板書し、最後にクラス全体で話し合いを重ね、もっともクラス全員の共通の了解を得る解を考える。各グループから出たその語の「本質定義」を比べながら、共通するところ、違っているところを比較し、その違いはどこから出てくるのか考える。この最後の部分は、ファシリテーターの技量が試される部分である。一つのコースで「本質観取」を何度かやる場合は、最初の1、2回は教員がファシリテーター役をつとめるが、慣れてくると学生が自らできるようになる。ファシリテーター役をやりたい学生に自由に議論の司会進行役を任せてみるのもよい。教員がファシリテーターとして介入しなくても、共通了解の成立を目指して学生だけで議論が盛り上がる時も大いにある。教室の後ろに下がって、学生だけで進行する活発な本質観取の議論を眺める時間が、私にとってはこの授業実践の醍醐味であり、もっとも幸せな時間である。付け加えるなら、たいていの場合時間どおりに「共通了解」は成立しない。議論が盛り上がれば盛り上がるほど、90分の時間内に「共通了解」がきれいにまとまることは少ない。「共通了解」を一文にまとめることがこの対話の目的ではない。大切なのは、一人一人の学生が、それぞれ違う語の意味概念を共有し、共通するところや違いを話し合い、よりみなが納得できるような定義を目指して話し合いを重ねること、そのものである。ゴールにたどり着くことそのものよりも、たどり着こうという目的を共有して対話を重ねることが、この本質観取の対話活動のもっとも大切な部分である。

2-2　多国籍の留学生を対象とした本質観取の実践の概要

　本項では、多国籍の留学生を対象とした「本質観取」の対話実践の実践の様子を写真などのデータに基づき、紹介する。

【ディベートと「本質観取」の違い】

　苫野一徳は『はじめての哲学的思考』で、「本質観取」の対話を「共通了解志向型」の対話と位置づけ、いわゆる競技ディベートなどの「勝ち負けのための対話」と一線を画するものとしている（苫野 2017）。この対比は、大学の語学教育において本質観取を実践する際には大変有効で、私はいつも、本質観取の前にディベートを行うようにしている。高校などのそれまでの教育課程において、競技ディベートを体験したことのある学生は比較的多い。テクニックを使って議論において相手に「勝つ」ことを目的にしたディベートと、対話に参加する者の「共通了解」の成立を目指して対話を重ねる本質観取は、対話の目的からしてまるで異なるものだということを学生はディベートと本質観取の対話を同時にやってみることで理解する。

　ディベートと本質観取の違いについて説明する時は、「リアルな人生において、これから社会人になった時に、どちらのタイプの対話が必要にな

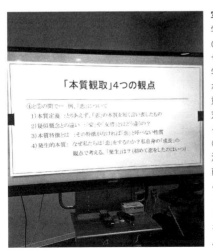

写真1
学生にパワーポイントを使って「本質観取」の説明をする。学生の日本語のレベルに合わせて、日本語のみで説明することもあれば、学生が共通言語として英語が使える状況であれば、英語を使って説明することもある。留意したのは、学生がなるべく「本質観取」の対話の目的を理解してから対話活動に参加することである。なんのために「対話」をするのか、共通了解を成立させるための「対話」活動であることをいつも最初に説明している。前節で述べた現象学の原理について、それほど詳しくは説明しないけれど、「本質観取」の「エポケー」によって既定の知識を一度「　」（括弧）に入れ、自分にとっての「当たり前」を問い直そうという姿勢は、いつも説明するようにしている。

写真2
10人1クラスの授業の場合、5人ずつの2つのグループをつくって、まずはグループディスカッションをした。1つのグループに1つホワイトボードを用意し、グループでのディスカッションを書記役の学生がホワイトボードに可視化しながら対話をすすめた。

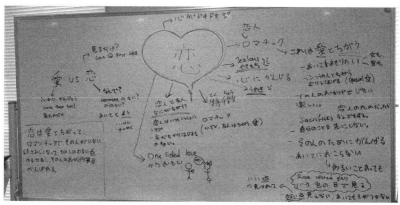

写真3

るだろう？」という問いかけをするようにしている。論理的に相手を打ち負かして論破し、自己の主張を通さねばならない対話と、自分の考えと相手の考えをすり合わせ、時間をかけて相手を理解しようと努め、話し合う過程でお互いの違いをあらためて認識しながら、それでもどこかにお互いに共通する部分、重なり合う部分があるに違いないと信じて対話をし、その結果、双方に納得できるような「共通了解」を生み出す対話と。私の人生では、仕事においても、家族や友人たちとのプライベートな関係においても、圧倒的に後者の対話、つまり「共通了解志向型」の対話が必要な場面が多かったことを学生に話している。学生たちの大半はまだ社会人として働いた経験はないが、このような私の語りには真摯に耳を傾ける学生が多いのである。

　写真3は、「恋」について本質観取を重ねた際のホワイトボードの例。ご覧のとおり、学生は日本語だけでなく英語を使いながら日本語を探し当

てている様子がわかる。教師の私は、ファシリテーターとして複数のグループ間を往還しながら、学生が探し当てようとしている日本語を探す手伝いをする。たとえば、一方的な恋について話している学生たちは「one side love」と英語でそれを思いつき、板書し、イラストも描いていたが、日本語でなかなか出てこない。私の授業では、スマホやパソコン等、自分の使えるリソースはすべて使って対話するように促しているので、学生はスマホでいろいろ調べたり他の学生に聞いたりしながら、徐々に言葉を探し当てていく。この時は、たしか私が「かたおもい」と語彙を提示して足場がけを試みた。板書のうち、左下に枠でかこっている部分が、このグループの「恋」のとりあえずの「共通了解」である。曰く「恋は愛とちがって、ロマンチックでその人がいないときさみしくなって、そのひとのわるい点をゆるせるし、その人のおかげで毎日がんばれる。」とまとめていた。時間的な制約もあるため、グループ内の対話も、「〇〇とは」と一文で表される文章にならないことも多い。あたりさわりのない文章を作って無理やり終わらせるのではなく、十分な対話を重ねて、ゆっくりと、ある語の概念を考えていく。その過程こそが大切だと私は考えている。

　写真5は、上級の違うクラス、「上級2」で本質観取を行った際の板書である。この時は9名のクラスで、3人×三つのグループを作って本質観取を試みた。活動に入る前に、私が現象学の原理について学生に説明した。その際に使った語「先入観」をめぐり、学生たちが「本質観取」をやりたいと言い始めたので、「先入観とは何か」の本質観取を行った。日本語の習熟度の高い学生たちであることもあり、議論は極めて盛り上がった。外国人として日本に住むことで感じる、自分に対しての「先入観」にみちた言動を、自分の経験の振り返りとして話す学生も見られた。たとえば、「日本人は白人の外国人を見るとみなアメリカ人だと思って英語を話しかけてくる」ことを日本人が外国人に対していだく「先入観」として挙げた学生もいた。また自分自身が特定の「国」や「民族」などにどのような「先入観」をいだいているか、内省的に語る学生も見られた。たとえば「アメリカ人」について、「うるさい」「アメリカファースト」などの「ステレオタイプ」を自分はいだきがちである等、グループでの対話の後の全

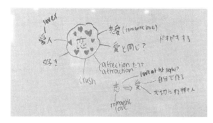

写真4
こちらの学生たちのグループは、議論は盛り上がっていたものの、あまり板書はすすまなかった模様。こちらも英語と日本語を往還しながら議論が進んでいたことが、板書からよくわかる。

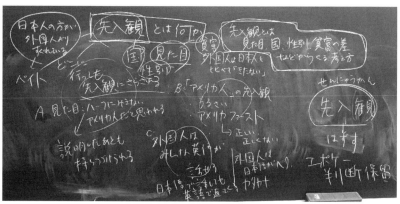

写真5

体のシェアのディスカッションの際には、「ステレオタイプ」をめぐる議論にも発展した。全体シェアでまとまった「先入観」の共通了解は、板書の右上にある「先入観とは、見た目、国、性別、貧富の差などからくる考え方」という形にまとまった。

2-3 実践の考察、まとめ

　以上が、日本語の授業で実践した「本質観取」の実践の概要である。学習者は、一つの日本語の語の意味を徹底的に自分の体験を内省するところから取り出し、その過程で自分の母語その他の言語を参照したりしながら、クラス内の他の学習者にとってのその語の「意味」も参照して、その概念の本質について、理解を深める。同時に、対話に参加した者同士の人間理解も対話を通して深めることができた。日本語の授業でありがちな「自己紹介」などしなくても、たとえば「恋」について、90分間小さなグルー

プに分かれて対話すること、自分にとって「恋」とは何か、どんな「恋」を自分はこれまでしてきたのか、そういうことを語っているうちに、その学生の「人となり」はくっきりと浮かび上がってきた。「恋とは何か」その本質について日本語で対話する中で、国籍や人種の違いなど無に帰してしまうような、その学生の人としての価値観や生き方などが垣間見える瞬間があり、それがこの対話実践のもっともエキサイティングかつ面白い部分であると私は感じたものである。ことほどさように、言葉の意味本質を考えつつ、自己と他者の理解も同時に深めることのできる本質観取の活動は、価値観の異なる人々が信念対立を乗り越えて共に生きるための日本語教育の実践例として、大いに意義のある実践であると私は考えている。次節以降で、本授業の対話実践のめざすもの、またこの実践を支える哲学原理について詳しく述べたい。

3. 現象学の原理と本質観取
——何のための「対話」か

3-1 現象学における認識の謎と明証

　本章で取り上げている対話実践である「本質観取」は、先述したとおり、現象学の原理を方法化したものである。フッサールの生きた19世紀半ばのヨーロッパは、天文学や物理学、医療などの自然科学の領域において、実証主義的な科学主義の方法による自然界の解明が飛躍的に進んできた時代であった。「客観的」かつ「実証的」であること。数字によって実証し得る「客観的」なデータこそが信頼できる。そのように客観的かつ実証的であることこそが学問の条件である、といった風潮が進んできた時代であり、そういう意味では現代も同じだろう。そういった中にあって、「主観」とは何か、「客観」とは何か——そもそも「客観的であること」とはどのようなことなのか、といった認識論の始まりに戻って、ものごとの本質を洞察しようとする哲学、人文学の領域は対立した状況になった。人文科学の領域においても、たとえばオーギュスト・コントは、『実証的精神論』において、人間が作り出した「社会」もまた、天文学や他の自然科学の方

法を適用し、しかるべき実証主義的方法によってその法則が解明できるとして、実証主義的人間科学の始まりたる「社会学」を創始した。フッサールは、当時のこのような人文科学の混乱の原因を「認識の謎」が解明されていないゆえだとし、あらためてデカルト以来の「認識の謎」を解明しようとした。

ヨーロッパの近代哲学における認識論の系譜は、デカルトに遡ることができる。デカルトは、「私」の認識（主観）は外部の世界（客観）に一致するかという問いを立てた。「あらゆるものは疑い得るが「私は在る、私は存在する」という命題だけは、私がそれについて考えたり疑ったりしている間は真である」とする。ここには、一切の認識を意識の内側から打ち立てようとするという点で、デカルトの懐疑論には現象学につながる認識論の端緒がある。フッサールはデカルトの立てたこの「私の意識」の不可疑性から出発し、その根拠となる意識の明証性について論じる。

フッサールは、まずデカルトの立てた認識の難問を引き継ぎ、認識の可能性について「どのようにして認識は自己の本質をあくまでそれ自身のうちに保有する客観性に的中し得るのであろうか」との問いを立てる（『現象学の理念』講義p.41）。

フッサールは、デカルトの明証性について「明証とはすべて、存在するものあるいは或る様態で存在するものを、『それ自身』という様相において、それゆえ、どのような疑いも排除するような完全な確実性において、そのもの自身を捉えること」（2001：38）と述べ、哲学における最初に立てられるべき問いは「（その明証が）それ自体で最初のものとしてあらゆる考えられる明証に先行する、という洞察を疑いの余地なく伴っていて、しかも同時にそれ自身疑いの余地がないことが洞察されるような、そういう明証であるかどうか」、であると述べる。そしてこのような「明証」は、「たとえ十全ではないとしても」「疑いの余地がないがゆえに断固として絶対的に確実な存在内容を、持っているはず」であるとする（2001：41）。この自分の内なる意識の中にある「確信」、それをフッサールは「自分は確信している自我」とする。

主観は客観に一致するか否かというデカルトの問いを超え、一切を

「私」の意識の中に還元し、その意識の中にある「確信」を確かめる——つまり「自己解明」を通して徹底的に己の知覚作用を明らかにすることにより、この「明証」は明らかになり、そこにある本質的な普遍構造が確かめられるとする考えである。ここでフッサールの言う「明証」こそが、人文学領域におけるエヴィデンスとなるべきものとも呼べるものである。「主観」は「客観」に一致することで「真理」になるのではなく、自己の「主観」の不可疑性を検証することで自分にとっての確実性を担保しようとする立場である。わかりやすい例を挙げると、自分は目の前にある「果物のリンゴ」を「リンゴ」だと認識する。しかしこの「リンゴである」という「私の認識」は、どのように確かめられるだろうか。自分で触って、味わって、自分が「リンゴ」を知った体験に戻って「確かめる」という方法もあるだろう。また、そこに誰か他の人がいれば、その人に目の前の事物が何に見えるのか、尋ねる方法もあるだろう。そのようにして人は自分の「認識」の確からしさを確かめるほかはない。このような考え方は、自然科学の主観−客観の図式に則り、主観と客観が一致したところにエヴィデンスがあるという実証主義とは一線を画する立場である。竹田青嗣によれば、現象学の「明証性」の概念は、認識の不可疑性を基礎づけるためのものであり、それまでの形而上学の難問であった「主観」と「客観」をめぐる認識の謎を解くものであったとする。「主観」と「客観」が一致するかという問いをめぐり、主−客が一致する、とすればそれは独我論に陥り、主−客は一致しない、とするならば、普遍的な真理など存在しないとする相対主義に陥る。主−客があるという前提を超えたところで、そして「絶対的な客観存在」というものが背理であり、絶対的な「真理」という概念自体がはらむ「本体論」[2]を解体したところに、現象学の認識の謎の解明の大きな意義があるとする（竹田 2015）。このような現象学の解釈は、人文科学における学問的妥当性にとって、大いに示唆を与えるものである。特に、これからの時代にあり得るべき日本語教育とはどのようなものなのか、そのめざすべき言語教育の本質への問いが必要な一方、相対主義的ポストモダン思想に根強く支えられた日本語教育を再考するための視座を与える。日本語教育や言語教育の人文領域は、基本的にさまざまな多様な考

え、価値観、考え方が存在する領域であるが、そこから妥当な合意を形成する必要があるような分野であるからだ。ではどのようにして、現象学は認識問題を解明し得るのか、またどのようにしてその自己の主観の不可疑性は検証可能なのか。

3-2　間主観性の現象学

　フッサールはこの認識問題を解決するためにはいったんすべての認識を主観のうちに還元（現象学的還元）して、その確信の構造を確かめるしかないと考えた。これを竹田青嗣は、現象学的還元による「確信成立の条件の解明」という言い方で表す（竹田 1989）。主観－客観という従来の対立図式を取り払ったところで、すべての対象を「主観」の内側の確信と捉え、確信成立の構造を取り出す方法をとるのである。この時に客観存在の観念については方法的にいったん判断停止をする。これを「エポケー」（判断保留）と呼ぶ。そして、「我」の主観の確信が「他」によって検証され得る、つまり間主観的な確信の成立の可能性について論じる。

　フッサールは、この「間主観的な世界」「万人にとって存在し、その客観において万人に近づくことのできる世界」は自分と他者の確信の成立の構成を確かめることで存在し得ると考えた。つまり、まず、超越論的主観の還元（超越論的還元）によって、自分自身の主観の確信の不可疑的な確実性の条件を確かめる。しかし、この確信の条件の確かめが、より客観的な意味をもつには、自分に生じている確信が、他者にもまた生じているといういわば「共通確信」の必然性の条件が必要であり、それがフッサールの間主観性の概念の中心的な核心である。フッサールは、「共現前」[3]（アプレゼンタチオン）という概念を用いて、外的に身体として現れる他者の心も間接的に知覚し得るものだとする。

　この「間主観性」の哲学は、質的研究や異文化理解や他者理解などに通じる人文科学全体の学問としての意義を支える重要な概念である。目の前に「椅子」があるとして、そこに「椅子」が存在していると「私」が知覚し、確信する。そしてその場にいる他者もまた、そこに「椅子」が知覚され、「椅子」の存在が確信されている時、「私」とその他者の間で「椅子」

の存在が「共通確信」として成立する。

　この現象学における我の意識における確信の構造の取り出し、それを他の我、つまり他者との間主観性によって検証し得るというフッサールの「他我論」の考えは、しばしば独我論として批判されることもある[4]。竹田青嗣によれば、フッサールは独我論を打ち破るために方法的独我論をとり、まず一切の認識は「確信」であるとした。確信には3種類、①方法的確信、②共同的確信、③普遍的確信があり、三つ目の普遍的確信が、客観認識と呼んでよい認識であると述べる。つまり、主観的な確信が間主観的な確信に進み、その間主観的な確信が共通確信から普遍的確信に進んではじめて認識の客観性や普遍性の基礎づけになるとする。そして、この認識の解明により、はじめて人文学の領域で善悪や正義などの価値の問題、つまり物事の「本質」の問題を探究する道が開かれるとする（竹田2015）。人文学における「明証」、つまりエヴィデンスは、自然科学の客観的実証主義とは異なる、間主観的な確信成立の条件の共有による、人文科学の領域の学問ならではの普遍認識の立て方であると言える。そして、その普遍認識はどのようにして立てられるのか。それは、言語による「本質観取」の対話によってはじめて可能となる。

3-3　本質観取とは何か

　「本質観取」は、先述したように、自己解明によって「確信成立の条件」を解明し、明証の確信を通して、ものごとの本質、つまり普遍的な認識、意味に迫ろうとする方法のことである。私たちが世界をどのように認識するのか、その認識の構造をはっきり確かめよう、それを言葉にして取り出そうとする営為のことである。さらには、本質観取は「我」の確信に基づく明証を「他」の確信においても確かめ得る、という意味で、間主観的な他我に共有し得る了解、つまり共通了解を成立させるものだと言える。

　そのような自己と他者の間、また複数のメンバーの間で間主観的に共有され得る概念をどのように捉え、どのように意味づけるか。その確信成立の条件を言葉として取り出すことは、時にコミュニティのルールを形成する際に不可欠の営みとなる。「本質観取」でめざすところの「共通了解の

成立」であり、そのためには言語による各人の内省からの「確信成立の構造」の条件の確かめが必要である。あらゆる概念には外部にあらかじめ前提されるような本質的な「真理」は存在しない。あるのは、できるだけ多くの人の間主観的な、確信成立の条件であり、それを各人が言語の公共のテーブルに出すことで、確かめ合い、誰もが納得し得る「共通了解」を創り出していく。この営みが、つまり現象学で言うところの「本質観取」である。「本質観取」とは、事柄の最終的な認識、真理を把握するための方法ではなく、多様な見解や価値観の相違から、新しい共通了解を創り出す方法であることが、このことによって明らかだろう。たとえば、先述したように「私」と「あなた（他者）」に見えている「椅子」の存在といった、「物」である時は、その「見え方」や「確信」の内容はさほど問題にはならない。しかし、マテリアルな「物」ではなく、たとえば「正義」や「愛」「平和」といった概念について、私たちは共同でコミュニティを形成し、共に生活していくにあたって、誰にでも共有できる概念を共有しなければならない。「平和」の概念がそれぞれ食い違う共同体Aと共同体Bの間で、「平和」についての条約や取り決めはなし得ない。共同体、市民社会のルールを決めるに際しては、いくつかの市民社会の重要な概念について、その共同体の成員の全員が納得し得る「共通了解」が成立していないことには、市民社会のルールは成り立たないだろう。古代からどのコミュニティにおいても、共同体のルール作りにあたってもっとも重要なのは、何を善とし、何を悪とするのかといった善悪の審級についての本質観取であり、ギリシア時代より哲学の主題として議論されてきた。近代市民社会においては、「人権」や「自由」「正義」といった概念の本質観取が重要となるだろう。つまり、民主主義を基盤原理とする近代市民社会は、善とは何か、悪とは何か、から始まる本質観取による間主観的な確信成立による普遍的な概念規定なしには成立し得ない。まさに市民社会の原理を基礎づけるための重要な思考および対話の方法が、「本質観取」なのである。

　以上、本質観取は、正義とは何か、自由とは何か、といった私たちの社会の基盤となる重要な概念の共通了解を成立させることを可能にする。客観存在をいったん「エポケー」（判断保留）することによって。ある概念

の核心的な「意味」を、各人が自らの経験を内省することによって取り出す。そして各人の主観的な内省による「言葉」が、他者との相互的な批評によって徐々に普遍性を獲得していく可能性を持つ。この言葉の相互交換によって、いかに間主観的な確証を生み出していくかが、「本質観取」という言語の了解ゲームの目的となるのである（Iwauchi 2016）。

4. 日本語教育は何をめざすか
——共生社会のための日本語教育

4-1 「目的論不在」かつ「規範欠如」の「ことばの教育学」

　前節まで、本質観取の対話実践と、それを支える現象学の原理について述べた。そして、共通了解志向型の本質観取の対話により、間主観的な普遍的な確信が成立し得ることを論じた。本節ではいよいよ、私が本質観取の対話実践を通じてめざすもの、つまり「ことばの教育」はどのような社会の実現を目指して行われるべきなのか、という問題について論じる。以下、私なりの「共生社会」の像を描いてみたい。

　細川も述べるように、私も、現在の日本語教育の最大の課題は、「目的論不在」（細川 2021）であること、つまり何のための「ことばの教育」なのかという問いが不在であることだと考えている。どのように日本語を教えるのかという方法論に先立ち、母語や文化的背景の異なる他者と、どのように共に生きていくのか（生きていけるのか）——そのために、私たちは言語教育を通じて、どのような社会を構想するのか、という社会構想としての日本語教育の公準[5]を立てることが大切だと考えている。つまり言葉の教育の本質は何か。「ことばの教育」にとってもっとも大切なもの、これだけは譲れないという「本質」とは何か、という本質を問う問いである。これは言い換えると、「ことばの教育」の「意味」と「価値」を問う視点である。しかし、日本語教育のこれまでの研究と実践の状況を概観すると、その底流に流れるのはポストモダン的相対主義の構えによる社会構成主義が主流を占めている。ポストモダン的相対主義、というのは、簡単に言えば、この世の中には「絶対」に価値のあるものなどなく、すべての

「価値」は相対的で、「どれがいいとも悪いとも言えない」「みんな違ってみんないい」というような立場である。とりあえず、あらゆる「権威」を相対化して、脱構築してみる。社会構成主義や構築主義は、この世のあらゆるものを社会的に構成されたものとみなし、「真理」などない、と普遍的な価値を否定する。権力が生み出す不平等や差別に拮抗する言説として、それらの相対主義的な思想には意義があったし、日本語教育の領域を見ても、「正しい日本語」イデオロギーへの批判や、教師は「正解」を握っており、学習者に対して文法積み上げ的な「知識」を注入していくものといった「銀行型教育」（フレイレ 2011）といった教師像への批判においては有効であったろう。ポストモダンの相対主義は、いつだって反権力的、反体制である。しかし、ひとたびあらゆる「権威」を否定し、すべての「価値」が相対化された後で、いったい何を目指して私たちは生きていったらよいのだろう。日本語教育「学」の研究と実践の底流を流れるポストモダン的相対主義の構えによる社会構成主義には、そこから何らかの「価値」つまり「公準」を設定する原理がない。これは日本語教育や言語教育の領域にとどまらず、教育学の領域においても同様であると言う。教育学の領域で現象学の原理を文脈化する苫野一徳は、相対主義の隘路に陥り混迷を極める教育学のありさまを、教育学における「規範欠如」の問題であるとした。教育とは何なのか。何のためにあるのか。どうあれば「よい」と言えるのか。問いに対する答えを教育学は見失っていると述べる（苫野 2020）。日本語教育や英語教育などの言語教育の領域でも、同様のことが言えるのではないか。その現状を乗り越え、言語教育の「あり得べき未来」の見取り図を描くために、現象学的な思考によって「ものごとの本質」を徹底的に考えなくてはならない。つまり言語教育の本質、「ことばの教育」の本質は何か、という問いが今必要とされているということである。「何のためのことばの教育」を問うためには、教えるもの、教わるもの、また周りを取り巻く社会全体にとって、「どのようなことばの教育がよい教育か」という問いが立てられなくてはならない。みんな（この社会の構成員すべて）にとって、どのような「ことばの教育」なら「よい」と言えるのか。その条件を考えた時、私は冒頭に書いたように「共生」の概

念を「ことばの教育」の目的に設定した。これからは共生社会のための日本語教育の構想が価値定立の基礎として必要となる。では、日本語教育を通じて実現するべき共生社会とは、具体的にどのようなものだろうか。以下、私なりの、日本語教育のめざすべき共生社会の在り方について述べる。

4-2　私たちの生きる社会

　私たちの生きる現代日本の社会が拠って立つシステムは、政治的には民主主義を基盤とし、経済的には資本主義の自由競争を基盤とする市民社会である。日本国憲法の前文は、「主権は国民に存する」こと、また国民は「自由のもたらす恵沢」の確保と、「恒久の平和」のうちに生存することを高らかに宣言する。特に、国民主権について「そもそも国政は、国民の厳粛な信託によるものであって、その権威は国民に由来し、その権力は国民の代表者がこれを行使し、その福利は国民がこれを享受する」とし、それを「人類普遍の原理」だとし、日本の法体系はすべてこの原理に拠って立つと明記されている。「普遍」という語は短い文章中に二度出てきている。二度目は、日本自国のみならず、世界各国においてもこれらの原理は「政治道徳の法則は普遍的」と規定し、日本国も世界各国共通のこの普遍的な政治原理の原則のもとに在る、と宣言している。

　先述したように、現代思想の主流をなし、近年の言語教育／日本語教育の研究の底流にもなっているポストモダン思想は、暗黙のうちに近代市民社会の普遍的な諸価値への否定を前提としてきた。個人の「自由」の実現をめざす一形態である資本主義によって、社会的格差は拡大し、多くの社会的弱者やマイノリティが生まれた。ポストモダン思想は脱構築によって、このような弱者、マイノリティからの異議申し立てを表現し、社会構造の問い直しを行ってきた。このこと自体は評価されるべきである。しかし、このような相対主義的な基本的な否定は、市民社会のうちで教育の基礎的な公準を構想することを可能にした。それは言語教育／日本語教育においても同様である。このような方向性を転換することが今、求められている。

　これら私たちの社会の礎を作り、なおかつ世界各国普遍だとされる政治道徳の普遍的な原理が、近代社会のどのような流れの中から作られてきた

のか、日本国憲法にも二度出てきた「普遍」という語を一つの手がかりに、西洋近代哲学の流れを追って概観してみたい。

4-3　市民社会の原理とは

　日本語教育においても市民性形成は言語教育のめざす価値理念として、既に多くの先行研究[6]はあるし、実践に根差した研究もある。ハンナ・アーレント等の公共性の概念に依拠した研究も多いが、しかし、市民とは何なのか、そもそも市民社会の原理とはいかなるものなのか、その根本原理にまで遡って考究した論考は私の知るかぎり、あまり多くはない。本節では、日本語教育における共生社会の実現のための市民社会の原理として、「自由」の普遍化を論じ、他者との関係性の中で個の「自由」の実現の可能性を論じた哲学者、ヘーゲルの市民社会の原理を概観してみようと思う。ヘーゲルは『精神現象学』においては個人の内的な「意識」が、さまざまな試練を経て、自らの自由を実現させながら「絶対精神」へと成長していく様子を、自己と他者とのダイナミックな関係のうちに描き出した。『法の哲学』においては、同じモチーフを、個人、家族、市民社会、国家と個人から共同体へ枠を広げて順を追いつつ、個人の、自己の欲求に基づく「自由」が、他者の欲求と、どのように関わり合いながら市民社会や国家といった共同体を形成し、そこでどのような社会システムとして実現され得るかを社会原理として描き出した。共生社会をめざす日本語教育のための社会原理の基盤として、人間的な自由の条件を、他者との関係において徹底的に考究したヘーゲルの自由の思想を概観する。

4-4　ヘーゲルにおける「相互承認」の原理

　ヘーゲルは『精神の現象学』の「自己意識」の章において、人間の自己意識が他者の承認なくして存在し得ないことをまず述べる。自己の意識は、最初は非本質的な存在として「他」を排除するが、他者を「撤廃」すると、他のうちに存在する自己をも撤廃せざるを得なくなると述べる。つまり、他者は自己にとっては否定的なもので抹消したいが、でも他者を抹消してしまっては、他者に承認されてこその自己そのものが消えてしまう。こう

いうジレンマを通ることによって、自己確信（承認）には他者が必要、また己の生命も必要、ということに自己意識は気づく、と述べる。『精神の現象学』における「承認のための生死を賭する戦い」において、自己意識は、自己を確立するため、そして各人は固有の欲求を持つ自己自身の自由の証を立てるため、承認を求めて他者と生死を賭する戦いを繰り広げる。「各人にとって他者は自分自身より以上の意義をもつものではない」がゆえに「各人は己れの生命を賭けるのと全く同じように、他者の死を目指しても行かねばならない」が、他者を撤廃してしまうと、他者のうちにある自己をも撤廃することになる。自己を確信し、確立するためには、必ず「他者」からの承認が必要であるからだ。このヘーゲルの相互承認の原理を、竹田青嗣は「自由の相互承認」（竹田 2004）として、市民社会の成熟の条件としてさらに概念化するのだが、ヘーゲルがこのような、自と他の相互依存的な在り方を、後年、社会原理として展開したのが『法の哲学』だ。

　『法の哲学』において、ヘーゲルは、市民社会における「法」の在り方を通じて、そのあり得べき社会構想を描いた。ヘーゲルは、『法の哲学』における市民社会の章において、「もろもろの欲求のかたまり」としての個人を「特殊的人格としての自分が自分にとっての具体的人格」とし、それぞれ固有の欲求を持つ個人が、同じように個人的な欲求を持った他者と普遍性の原理において、自己と他者の欲求を一致させた時に満足がおとずれる、とする。

　ヘーゲルは市民社会を「欲求の体系」として理解した。ヘーゲルの言う「市民社会」とは、個人が自分に固有の欲求を他の人々との関係性の中で普遍性（一般性）の形式を獲得していくことだ。つまり市民社会の欲求の体系の中で、「私」と他者が相互承認の関係を通して、お互いの相互承認を保障する社会の諸制度と法律を形成していくこと、それが普遍性（一般性）の「形式」（この場合の「形式」とは制度や法のこと）を獲得するということである。言い換えれば「私」と他者が、自分の福祉と同時に他人の福祉を満足させる、そのためのシステムを作り上げることであり、それをまずは市民性の原理として規定した。人間が持つ普遍的な自由への欲求を社

会システムとしてどのように実質化するか。それがヘーゲルが『法の哲学』で追求した市民社会の原理である。

　ヘーゲルが『法の哲学』の市民社会の章の中で繰り返し用いる概念は「特殊性」と「普遍性」である。個人は、自分の欲求を自分一人では実現することはできない。共同体においては、すべての人間は網の目のように張りめぐらされた相互依存的な関係性の中に生きており、相互に全面的に依存し合っている。それをヘーゲルは「全面的依存性の体系」と呼ぶのだが、その中で重要なのは、人は職業的身分を持つことにより、社会の一員として「ひとかどの人間」となり、自分自身を実現させていくと述べる部分である。たとえば、

　　身分に属さない人間はたんなる私的人格であり、現実的普遍のなかに位置を占めていない。それなのに個人は、おのれの特殊性のうちにありながらおのれを普遍的なものと考え、かりにも一つの身分に属することはいっそう卑しいものに身を委ねることだと思い込むことがある。これは、あるものがそれに必要な現存在を獲得すると、それによってそれは おのれを制限し放棄することになる、と考える謬見である。
　　　　　　　　　　　　　　　　　　　　　　　（ヘーゲル 1968）

このようなヘーゲルの「全面的依存の体系」としての市民社会の捉え方、個別な欲求や自由意志を有した特殊的人格が、他者の承認（検証）のもとに「公」に存在してはじめて「ひとかどの人物」になることを述べる。個人が市民社会の一員としてメンバーシップを得ることによって、私的および特殊的存在から、現実的普遍の中に位置を占める。ヘーゲルのこの市民社会の原理は、成熟した市民社会のための、原理を言い当てたものであり、本書でも名嶋義直が提唱する民主的シティズンシップ教育（名嶋 2019）、また細川らによる社会参加によるシティズンシップの獲得といった日本語教育の市民性形成の言説（細川 2016）にも重なるものだと私は考えている。

4-5　公教育の原理との重なり

　苫野一徳は、以上のヘーゲルの「相互承認の原理」の思想に基づいて竹田青嗣が展開した「自由の相互承認」の原理を、公教育の文脈において展開した。苫野は、「公教育の本質は、子どもたちが『自由の相互承認』の感度を育むことを土台に、『自由』になるための『教養＝力能』を育むことにある」（苫野 2014）とする。苫野は社会における「自由」の実質化のためには「法」と同時に「教育」が根本条件として必要になるとし、さらにまた「福祉」が必要となるとする。日本語教育の対象となる学習者は、公教育の文脈よりも多様かつ拡がりがあり、必ずしも学習者がみな、教育機関に属するわけではない。就労のため、たとえば技能実習生や介護職につくために来日した外国人に対して日本語教育を行う機関もある。その場合には、実社会で役に立つ日本語のコミュニケーション能力をスキルとして身につけることが、日本語教育のめざすゴールとなることも多い。しかし、国内外の日本語教育の対象は、成人の学習者のみでなく、日本の学校教育の課程や海外の教育機関で日本語を学ぶ子どもたちも多数存在すること、また、日本語学校や高校や大学、大学院において日本語を学ぶ学生、特に大学等の高等教育機関で日本語を学ぶ学生に対する日本語教育の場合は、日本語教育はやはり日本語のスキル習得のみをめざすべきものではなく、日本語を教える教員も教育課程の最後の過程を担う教育者としての自覚を持つべきではないだろうか。

　さらにまた、外国人労働者や留学生たちを日本の社会に受け入れていくための最前線に立ち、彼らの日本社会への参画の鍵となる日本語の力を養成する日本国内の日本語教育関係者にとっては、彼らをつねに対等な人格として扱い、異なる文化背景と言語の違いを認めていくという、自らが市民社会の一員である自覚が求められる。公教育における文脈とはまた違う文脈において、自由の相互承認の感度と、その実質化が、日本語教育の領域でも求められるのである。

5. おわりに

　以上、本稿では「本質観取」の対話実践の実践とその実践を支える哲学原理について述べた。また、「本質観取」の対話実践がめざすべき社会の在り方として、自由の相互承認の感度に基づく市民性の原理について述べ、それを「共生社会」の像としておいた。実践と、それを支える私の言語観、哲学が一体になっているという意味で、「本質観取」の実践は、細川英雄の述べる「実践研究」そのものであるし、言語教育そのものだとも言えるだろう。先に挙げた本質観取の「多くの人の間主観的な、確信成立の条件であり、それを各人が言語の公共のテーブルに出すことで、確かめ合い、誰もが納得し得る『共通了解』を創り出していく」プロセスは、各人が言葉の意味を相互に取り出し合い、間主観的に検証し、相互的にその後の意味を検証し合うという、まさに言語ゲーム[7]であるということもできる。人間の生活そのものが、生まれ落ちて以来人々が暗黙のうちに言葉の意味を間主観的に検証しつつ学び合い、そのルールを本質観取しつつ学び合う、独自の言語ゲームであるということもできる。もっと言えば、人はそのような言語ゲームを通じてどのような場でどのような言葉を使うことが適切なのか、非言語コミュニケーション（＝ふるまい）も含めて、身につけていくのだと言える。

　それでは、日本語教育の文脈において、現象学の本質学的思考、および言語ゲームとしての本質観取は、どのような意義を持つだろうか。ここでは二つ述べる。第一に、「確信の成立条件を検証する方法」に立脚することである。日本語教育学における質的研究の領域のように、社会構成主義、相対主義的な立場に留まる日本語教育に、主観－客観の一致をめざす実証主義的なアプローチとは異なる立場、つまり他我の確信の成立条件を検証する立場から、日本語教育のめざすべき公準を立てる道を拓くことである。「みんな違ってみんないい」でもなく、「これこそが絶対」という恣意的な価値設定でもない、普遍認識に基づいた共通了解をめざす社会として、私は「異なる価値観を持つ人々が共に生きる社会」、つまり「共生社会」の像をおくことを試みた。異なる価値観を持つ人々が共に生きるためには、

お互いの信念対立を言語ゲームによって乗り越えていく必要がある。つまり日本語教育のめざす共生社会、それを支える市民社会を基礎づける原理として、現象学の本質観取の対話の営みは不可欠である。

　第二に、本章で紹介したように、本質観取の日本語の授業実践へ応用することである。筆者は大学で多国籍の留学生を対象とした日本語教育の実践においても本質観取の手法を取り入れて授業を展開している。学生は、「自由」や「愛」などの日本語の語彙の意味を徹底的に自分の体験を内省するところから取り出し、その過程で自分の母語その他の言語を参照したりしながら、クラス内の他の学生にとってのその語の「意味」も参照して、その概念の本質について、理解を深める。同時に、対話に参加した者同士の人間理解も深めることができる。

　以上、日本語教育学における公準の設定、そして日本語教育における具体的な授業実践の二つの側面から、現象学の原理とその方法である本質観取は言語教育／日本語教育の実践と研究の両面に、大きな示唆を与える。現象学の原理である現象学還元と、その手法である「本質観取」の原理を日本語教育の文脈で授業実践に文脈化することにより、各教育機関やコミュニティにおける言葉による「共通了解の成立」をめざすことによって、日本語教育のめざすべき「価値」は創り出すことができる。言葉によって概念を自由に創り出し、その概念を実現すべく「社会」のルールやシステムを考案し、言葉によって共に働き、実践していく。外国人／日本人の境界を越えて共に生きる者同士が言葉によって「私」と「あなた」の確信の信憑をいったん「括弧」に入れることで自分の「当たり前」を問い直すこと。そして次にはその確信の構造を言葉にして取り出して検証し合うこと。そして、「私」にも「あなた」にも、納得し合える共通了解をあくまで求めていくこと。これを共生社会のための日本語教育のめざすべき理念として提言して本稿を終える。

付　記

　本稿の第3〜5節は、「日本語教育学の本質学的転回——日本語教育における質的研究の見地から」（『本質学研究』第9号，2021年8月）および「現

象学的日本語教育の可能性——日本語教育における質的研究の見地から」
（大阪経済法科大学 21 世紀社会総合研究センター，2021 年 3 月）の内容を一部
改稿したものである。

注
1) 複数言語環境で子どもを育てる育児の営みを捉えるために稲垣が提唱した分析概念。
「複言語育児」とは、複言語能力を有した者が、複雑に入り組んだ不均質な寄せ集め
の目録（レパートリー）としての言語の複合能力を時に応じて駆使して実践する言語
実践としての「育児」の営為を指す（稲垣 2015）。
2)「本体論」はドイツ語 ontologie、英語 ontology の訳。「存在論」と訳されることもあ
る。哲学では、存在そのものの概念や根拠を探究していこうとする立場。物の存在、
概念など、人間の認識の「外側」に、客観的な存在として、事物が「存在する」とい
う立場。西洋哲学では長いこと「神」の存在、実在をめぐって形而上的な議論が展開
されてきた。竹田がここで「本体論の解体」と述べるのは、現象学による「認識の
謎」の解明によって、「本体論」の立場、つまり絶対的な客観存在や絶対的な「真理」
を前提とする考え方そのものが「解体」された、という意味である。
3) アプレゼンタチオン（Appräsentation）。フッサールは『デカルト的省察』の中で、
共現前を「Als-mitgegenwärtig-bewußt-machen」、ともに現前するものとして意識さ
せること（浜渦訳）としている（現前＝プレゼンタチオン、Präsentation）。共現前
は、他者の心がどのように現れるのかを説明する概念である。他者の身体は、物理的
に存在するものとして現前する（目の前に現れる）ので知覚可能だが、他者の心は目
に見えないので直接的には知覚することができない。しかし、私たちは自分の心と身
体の連関を知っているので、他者の身体に現れる事象を通して間接的に他者の心を知
覚することができる。たとえば、悲しそうに涙を流す人（身体）を見て、その人が悲
しんでいること（心）を確信する場合など。こういった場合に、涙を流すことが「現
前」、心の中の悲しみが「共現前」として説明される。つまり共現前とは、他者の心
が知覚として現前されるもの（身体）と共に現れ、間接的に確信されることを指す。
4)『デカルト的省察』の岩波文庫版の訳者である浜渦辰二によれば、フッサールの「如
何にして我の《内在》を超えて他者という《超越》に至るのか」という問いの立て方
そのものが誤っており、初めに与えられているのは我ではなく、我と他者が無差別に
存在することであるからして、そこから如何にして我と他者の区別が生じるのかとい
うことを検討せねばならない、という批判が繰り返しなされていると言う。こうした
批判を軸に、浜渦は他者経験の「構造」と他者認識の「発生」という視座からフッ
サールの他我論について論じている（浜渦 1987）。
5)「公準」とは、理論を立てる時に前提になる概念のこと。「公理」とも呼べる。
6) 言語文化教育研究学会は第五回年次大会（2019 年 3 月　於早稲田大学）にて「市民

性形成と言語文化教育」をテーマに包括的な言語文化教育の大会を主催した。その大会における多くの研究発表は『言語文化教育研究』第 17（2019）にまとめられている。

7）言語ゲーム（language game）はオーストリアの哲学者、L・ヴィトゲンシュタインが後期の主著『哲学探究』において提唱した理論。人間の言語によるコミュニケーション行為を、意味を生成する言語だけでなく、言語にまつわる行動や非言語メッセージも含めて、包括的に「言語ゲーム」と捉える考え方。橋爪大三郎は「言語ゲームとは、規則（ルール）に従った、人びとのふるまい」と表している（橋爪 2009）。

参考文献

稲垣みどり（2015）「『移動する女性』の『複言語育児』——在アイルランドの在留邦人の母親達のライフストーリーより」『リテラシー』19 号，くろしお出版．

稲垣みどり／金泰明（2019）「異なる価値観を持つ人々が共に生きる『開かれた共生社会』の原理——アイルランドで子どもを育てる親たちの『複言語育児』の事例から」『言語文化教育研究』17 号．

ヴィトゲンシュタイン，L（2013）丘沢静也訳『哲学探究 ルートヴィッヒ・ヴィトゲンシュタイン』岩波書店．（Wittgenstein, L. (2003) Philosophische Untersuchugen. Suhrkamp Verlag Frankfurt am Main）

小林隆児／西研編著（2015）『人間科学におけるエヴィデンスとは何か』新曜社

コント，A（1970）『実証精神論』霧生和夫訳『世界の名著 36 コント・スペンサー』中央公論社．

竹田青嗣（1989）『現象学入門』NHK 出版．

竹田青嗣（2004）『人間的自由の条件』講談社学術文庫．

竹田青嗣（2015）「人文科学の本質学的展開」小林隆児・西研編著『人間科学におけるエヴィデンスとは何か』新曜社．

デカルト，R（1997）谷川多佳子訳『方法序説』岩波文庫．

徳川宗賢／J・V・ネウストプニー（1999）「ウェルフェア・リングイスティクスの出発」『社会言語科学』二巻一号．

苫野一徳（2014）『自由はいかに可能か 社会構想のための哲学』NHK ブックス．

苫野一徳（2017）『はじめての哲学的思考』ちくまプリマー新書．

苫野一徳（2020）「教育の本質学——教育学の指針原理の解明」竹田青嗣／西研（編）『現象学とは何か——哲学と学問を刷新する』河出書房新社．

名嶋義直（2019）『民主的シティズンシップの育て方』ひつじ書房．

西研（2019）『哲学は対話する——プラトン、フッサールの〈共通了解をつくる方法〉』筑摩選書．

西研（2020）「本質観取をどのように行うか——現象学の方法と哲学的人間論」竹田青嗣／西研編著『現象学とは何か——哲学と学問を刷新する』河出書房新社．

橋爪大三郎（2009）『はじめての言語ゲーム』講談社現代新書．

浜渦辰二（1987）「他者経験の構造と発生——フッサール『デカルト的省察』を読み直す」『哲学論文集』第 23 輯，九州大学哲学会.

福吉勝男（2006）「現代の公共哲学とヘーゲル（1）　市民団体、協会組織、公共性」『人間文化研究』7：19-34，名古屋市立大学.

フッサール（1965）立松弘孝訳『現象学の理念』みすず書房.

フッサール（2001）『イデーンI-1　純粋現象学と現象学的哲学のための諸構想　第 1 巻　純粋現象学への全般的序論』渡辺二郎訳　みすず書房.

フッサール（2001）浜渦辰二訳『デカルト的省察』岩波文庫.

フッサール（2004）谷徹訳『ブリタニカ草稿』ちくま学芸文庫.

フッサール（2016）細谷恒夫・木田元訳『ヨーロッパ諸学の危機と超越論的現象学』中公文庫.

フレイレ（2011）三砂ちづる訳『被抑圧者のための教育学—新訳』亜紀書房.

ヘーゲル（1968）藤野渉／赤澤正敏訳『世界の名著　35　ヘーゲル』中央公論社.

ヘーゲル（2002）金子武蔵訳『精神の現象学　上巻』岩波書店.

ヘーゲル（2002）金子武蔵訳『精神の現象学　下巻』岩波書店.

細川英雄（2012）『日本語教育学研究 3 「ことばの市民」になる言語文化教育学の思想と実践』ココ出版.

細川英雄（2016）「市民性形成をめざす言語教育とは何か」『リテラシーズ』18 号，くろしお出版.

細川英雄（2019）『対話をデザインする——伝わるとはどういうことか』ちくま新書.

細川英雄（2021）『自分の〈ことば〉を作る——あなたにしか語れないことを表現する技術』ディスカヴァー携書.

Iwauchi, S.（2016）The Phenomenological Language Game, The Original Contract of Goodness, *Journal of Eidetic Science III*, pp.1-17.

第 3 章

詩人金時鐘と母語の復権

言語をめぐる対立と共生 [1]

金泰明

はじめに——母語か、母国語か

　言語学者の田中克彦は、母語にこだわる。母語は《ただひたすらに、言葉の伝え手である母と受け手である子どもとの関係で捉えたところに、この語の存在意義がある》。母語はいかなる政治権力や文化や民族からも自由である。それに対して母国語は、母国の言葉（国語）に母のイメージを乗せた「煽情的でいかがわしい造語」であり、それゆえ、言語の意義を考える際、《国家、民族、言語、この三つの項目のつながりを断ち切って、言語を純粋に個人との関係で捉える》べきであり、《その話す個人と言葉との関係を示すには、どうしても母語がもっともふさわしいのである》[2]と、田中は主張する。田中は「国語」の本来のニュアンスを見落とさないために、「国家語」を使うべしと主張する。

　　　国家語のイデオロギーとは、手段としての言語の共通、共有という国民的平等という理念によって、現実の言語的不平等をおおいかくし、こうして生まれた単一独占言語を神聖化することによって、単に言語的な多様性を許さないだけではなく、やがては文化の多様性にも敵対するものである。[3]

　歴史的には、近代国民国家のほとんどは多民族国家として誕生した。そこでは多種多様な文化や異なる宗教をもつ諸民族が「国民」の名で統合された。諸民族を「国民」として統合するカギは「共通語＝国家語」の創設とそれによる国民教育である。たいていは、支配民族の言語が「共通語＝国家語」として打ち立てられ、その下に強制的な多民族の「同化」が推し進められた。公的な場所では被支配民族の人びとの母語（＝固有語・民族語）は抑圧されるか排除される。よって支配される多民族の人びとは母語の継承権をはじめ自らのエスニック・アイデンティティ（同一化）の保全＝「異化」を求める。「同化」は〈私〉が他の何ものかになることであるが、「同一化」「異化」は、〈私〉が私のままでいることである。

　田中が批判し苛立つのは、国家語が他の母語（＝固有語・民族語）を抑

74

圧し母語にとって代わろうとするからである。この点に関して、明治国家の誕生以来久しく「単一民族国家」と思われている日本では、母語（日本語）と国家語（日本語）とが一つのものとして成立し、大方の日本人がアイヌをはじめ異民族の国民の「母語」に無頓着であった。アイヌやオロッコのような日本国民でありながら非日本語を話す人たちの言語を呼ぶのに、「アイヌを母国語として自在に話す」とか、「オロッコの母国語による訴え」[4] という表現を新聞紙面でしばしば見受ける（傍点強調は田中[5]）。田中が嘆くのは、ほとんどの日本人がそうした「表現」に潜む「矛盾」に気づいていないことである。アイヌ語やオロッコ語を母国語といってはまずいのである。むしろアイヌやオロッコの人たちは自らの「母語」（＝固有語・民族語）を国家によって強制的に滅ぼされて、日本語（国家語）の使用を強制されてきた。彼ら／彼女らにとって母国語（日本語）は、母語とは対極にある支配民族の言語＝国家語なのである。

　さて、ある日の朝、私は「私の意識は日本語で作り上げられた」という新聞記事[6] のなかの「表現」に目が釘付けになった。それは在日朝鮮人の詩人・金時鐘（キム・シジョン）にまつわる話である。金時鐘は1929年に釜山で生まれ、1949年に済州島から日本へ渡航して以来、日本で暮らす。日本語による数多くの詩作や批評がある。2015年に『朝鮮と日本に生きる』で大佛次郎賞を受けた。その新聞記事は、金時鐘（92歳）が学園長を務めるインターナショナルスクール「コリア国際学園」（大阪府茨木市）で、自らの人生を語る特別授業の様子を報じた。そこにはつぎのように書かれてある（抜粋）。

　　植民地で生まれ育った金さんは、日本語を「母語」として習った少年期を振り返った。　朝鮮人が通っていた済州島の小学校での話。途中から朝鮮語の科目が消え、会話も禁じられた。「普段はとても優しい」日本人の教師は朝鮮語を使った子供を竹のムチでたたいたという。金さん自身も日本語の使い方を誤ったことで校長から激しく殴られたことがある。「でも、私は一つも恨みがましいとは思いませんでした。『天皇の赤子（せきし）になるためのお仕置きをい

ま私は受けたんだ』と思ったくらいです。教育というものは本当に怖いものでね」。創始改名についても、「日本名を持たない朝鮮人の子は廊下に立たされ、親たちはしぶしぶ日本名をつけた」と振り返った。45年の終戦で植民地支配から解放された。「死にものぐるいで自分の国の言葉、ハングルを習った」と振り返りつつ、「だからと言って私が朝鮮人になったとはいえない」と語った。「なぜなら私の意識は日本語で作り上げられていた。言葉は意識であり、文化です」。渡日して72年になるいまも、ものを書く時はまず日本語で考える。「私はずっと『何から解放されたんだろう』と思っている。私は本当に朝鮮人に立ち返っているのか。いつもそれを反芻している」（宮崎亮）（下線強調は筆者）

　植民地統治下の朝鮮済州島の小学校で習った「日本語」は、はたして金時鐘にとって「母語」といえるものなのか？　たとえ植民地下朝鮮であっても「母国語」は朝鮮語であり、しかも朝鮮人の父母の下で育った金時鐘にとっての「母語」はまぎれもなく朝鮮語であるはずだ。田中克彦が嘆息するまでもなく、詩人金時鐘の母語は朝鮮語であり、彼の話す日本語は宗主国日本の「国家語」であるはずだ。それなのに、なぜ、件の新聞記事は「金さんは、日本語を『母語』として習った」というのだろうか？　その答えを知る近道は、金時鐘本人が日本語をどのように学び、使い、感じているのか尋ねることだ。さいわい金時鐘は、自らと日本語との関係について多く語り思いや考えを著している。それらを手がかりに、本稿の最後に金時鐘にとっての「母語」の意味と意義を明らかにしたい。
　さて、考察を進めるために前もって確認しておくべき事柄がいくつかある。それは「対立」と「共生」の概念であり、「母語」の意義である。「アイヌ語を母国語として自在に話す」や「オロッコの母国語による訴え」、あるいは「金さんは、日本語を『母語』として習った」という言い方それ自体のなかに、母語と母国語の矛盾——葛藤と対立——が隠されている。言語をめぐる対立は、すぐれて市民社会のマジョリティとマイノリティの人権に関わる対立である。いいかえれば、市民社会におけるマイノリティ

の言語の権利——とりわけ母語習得の権利——は、マイノリティの人権
——人間として人間らしく生きる権利——に関わる中心的課題の一つと
いってもいい過ぎることはないのである。それゆえ、まず母語をめぐる
「対立」の様相を訪ね、「対立」と「共生」の意義を探る。そのうえでさら
に、言語とりわけ「母語」の意味と役割についても立ちどまって考えを深
めたい。こうした予備的作業を踏まえて、詩人金時鐘にとっての「母語」
の意義が明らかになるであろう。

1.「母語」をめぐる対立と共生

　コロナ禍のなか日本には196ヶ国・地域から約289万人の外国人が暮ら
すという。40人に1人が外国人である。本国への帰国もままならない状
況で彼ら／彼女らは、コロナ禍をどのように過ごしているのか気になって
いた。おりしもあれ「外国人にワクチン情報 正しく」という新聞記事が
目に留まった[7]。ざっとつぎのような内容だ。

　　　京都府保険医協会は全国の在日ベトナム人を対象に「ワクチン接
　　種情報」に関する調査をおこなった。9割のベトナム人がワクチン
　　接種を希望するなか、約6割にのぼる人が「無料で接種できること
　　を知らない」と答えた。調査に加わったベトナム人医師のファム・
　　グェン・クィーさんは、「ワクチンの情報が届かないのは、言葉の
　　壁がある在日外国人全体に共通する課題だ」と語る。一方、調査結
　　果を受けて、協会は国や府内の自治体に、①接種券配布時の多言語
　　説明書の添付、②多言語対応のホットライン、窓口の設置、③SNS
　　を活用した情報発信などを要請した。さらに、順天堂大学大学院の
　　武田裕子教授（医学教育学）は、外国人にも「やさしい日本語」を
　　医療者に広げる活動をしていて、約2分半のYouTube動画「やさ
　　しい日本語」を公開した。「医療現場は耳慣れない言葉も多い。『や
　　さしい日本語』を使うと、日本人でも『聞こえ』や理解に困難を抱
　　える人、高齢者にも伝わりやすくなります」と武田教授は語る。

感心したのは、YouTube動画「やさしい日本語」だ。在日外国人にも高齢者や障碍者にも「やさしい」。気がかりなのは、在日外国人向けの多言語の取り組みである。ベトナム人をはじめ196ヶ国からの外国人がいるということは、最大で196の異なる「母語」で生活する人びとがいる。多言語説明書や多言語対応のホットラインとは、いったいいくつの「母語」での対応を準備しているのだろうか。もし、仮に、196ヶ国からの外国人それぞれが自分の「母語」での説明を求めたら、はたして実現可能なのか。

　この記事を見て、私はあらためて「母語」と「共通語」（あるいは国家語）について考え込んでしまった。一口に「文化的多様性の受容」というが、その根底には言語（母語）をめぐる切実な「要請」に対する「無関心」や「無視」といった問題が横たわっている。それは、いうならば多言語の受容をめぐる「対立」というべきものである。日本語（という国家語）を「共通語」として教育する必要はもちろんとして、それとともに多くの定住外国人が「母語」での生活を求める現実がある。「母語」で暮らすことは、日々営まれる「生の世界」を活き活きと生きることにほかならない。人間として人間らしく生きるには「母語」は欠かせないのである。それゆえ文化や宗教をはじめ価値観の異なる数多くの民族・人種の人びとが、互いに人間として人間らしく共生するためには、言葉による「自己了解」と互いの「共通了解」を進め、互いの「違い」を「相互に承認」することがとても大切である。そのとき「言語」、とりわけ「母語」はいかなる存在意義と可能性をもつのか。ここでは言語ゲームとして共生——言語（母語）による「共通了解」と「相互承認」のあり方を考えたい。

1-1　対立をとおして共生へ
向き合い、議論すること

　映画『かば』（川本貴弘原作・脚本・監督、2021年）を観た。時は1985年、大阪西成にある通称「鶴中」（鶴見橋中学校）を舞台に、実在した中学教師の「蒲さん」が生徒たちと衝突しながら向き合い対話する姿が描かれる。当時の関係者たちの実話を基に7年がかりで制作された、一見、ヒューマン・ドキュメンタリーのような雰囲気を醸し出す映画だ。そこには、ヒー

ローもはらはらどきどきする物語もない。

映画の冒頭、鶴中の学生が新任の女性教師に向かって、「ここは在日、部落、沖縄しかおれへんで」と吐き捨てるようにいう。教師をまったく無視する教室の生徒たち、生徒同士の喧嘩、教師同士の意見の衝突、親子の葛藤…さまざまな衝突や対立が交差する。映画『かば』が描くのは、生徒たちが貧困や差別のなかで非行や暴力に走ってもなお、けっして、彼ら／彼女らと「向き合う」ことを忘れない「かばさん」をはじめとする先生たちの粘り強い姿だ。激しい言葉や冷ややかな視線——侮蔑や無視——が交差するなかで、人と人が「言葉」をとおして互いに理解し分かりあうことを諦めない姿がある（以下、下線強調は筆者）。

川本監督によれば、『かば』のテーマは色んな人たちが「向き合い」、現実の問題を「議論すること」だ[8]。それは、人びとが「共に生きる」こと、すなわち「共生」の条件と可能性を議論と対話によって探し求めることである。

黒川紀章の「共棲」としての「聖域論的共生論」

いまではすっかり当たり前のように世間で見られるようになった「共生」の二文字。とりわけグローバリゼーションと少子高齢化が進むにつれて、「共生」はもてはやされるようになった。新聞や雑誌の紙面をかざる「共生」、共生の名がついたNGO・NPOの活躍、政府や自治体の政策や計画としての「共生」……。実に多種多様な「共生」が社会で掲げられ、あまねく用いられるようになった。

戦前の政治指導者たちは盛んに「共栄」や「共生同死」「同生共死」をスローガンとして使った。戦後、「共生」という言葉が使われ始めたのは1970年代からである。その嚆矢は建築家の黒川紀章らしい。「共生」という言葉の創始者を自認する黒川は、1970年代後半からしきりに「共生」という言葉を使いつづけ、1987年に『共生の思想』を出版、1996年には改訂版『新共生の思想』を世に出した。そのなかで黒川は、《〈共生〉という言葉は、仏教の〈ともいき〉と生物学の『共棲（きょうせい）』を重ねて私がつくった概念である》と述べている[9]。

仏教思想のいう「共生（ともいき）」では、「いのち」は過去から未来へと一筋の軸でつながっていて、「いのち」を失うことは過去と未来のすべての「いのち」が絶たれることを意味するという。「共生（ともいき）」は、〈私〉の生につながるいわば「縦軸の」＝「通時的な」関係の人びととの絆を大切に思うことだ。先祖を敬うことによって〈私〉は心豊かに安心して生きられるという思いがそこにある。死後仏教といわれて久しい日本社会では、私たちが「仏さま」や僧侶を目にするのは、だいたいが葬式や法事の場面である。先祖を敬い大事に思うのに越したことはない。が、それ以上に大切なことは、「いま、ここ」で共に生きている人びととの関係である。それは人びとの「横軸の」＝「共時的な」生を共に自由によりよく生きることだ。

　黒川は《共生は本来、激しく対立し、本質的に相いれない要素の中で成立する》という[10]。注意せねばならないのは、黒川が関心をもつ「対立」は1980年代の日米経済摩擦の問題、すなわち「コメの自由化」をめぐる日米の「国家間の対立」であることだ。黒川が議長として参加した1979年のアスペン会議において、「『日本と日本人』をメインテーマに、アメリカと日本の共生の道を探ってみることにした」と述べている。黒川は、カリフォルニア米は食料としてすぐれていても文化ではないが日本のコメは文化であるといい、「コメ聖域論」「コメ文化論」「コメの輸入完全自由化反対運動」を主張した[11]。「コメ聖域論」は、《コメづくりは日本の聖域で、貿易摩擦の対象となるのにはなじまない》とし、《聖域があればこそ、国同士の尊敬に基づく共生が可能となる》と強弁する[12]。

　黒川の共生論は、文化の「聖域論」にもとづく異なる文化をもつ国家間の共生論である。いうならば日本とアメリカという先進国同士の文化的な「棲み分け」を意図したものである。黒川は、「共生の思想は、お互い（国家）の聖域を認めようとする思想」として、各国が、それぞれのぎりぎりの聖域について宣言すべきだ、という。

　私は、黒川の「国家間の共棲」にもとづく共生の主張を「聖域論的共生論」と名づけた[13]。黒川のいう「聖域」の中心にあるのは「天皇制」である。天皇制は日本の歴史であり文化である。戦後の象徴天皇も「聖域」

である。「聖域」とは、触れることも、語ることも、はいることも許されない領域のことである。こんな風に黒川は思いこんでいる。

　しかし、ちょっと考えれば分かることだが、自国・自民族の文化・価値観を「聖域」として囲い込むのは、他の異なる文化・価値観からの一切の批判を受け付けないことにつながりはしないか。さらにまた、「聖域」とは相手からの自分への批判を封じる代わりに、相手に対する批判も封印することを求める。結局、それは「外」からの批判を拒絶するどころか、「内」なる批判、つまり日本に住むさまざまな人びとの声をも封殺することになる。したがって、「聖域論的共生論」は、人びとの「いま、ここ」の生をよくする共生論といえないばかりか、ややもすれば、人びとを抑圧する思想になりかねない。私はこのように危惧するのである。

1-2　「共棲」から「共生」の哲学へ

　さて、ここで私たちがもっとも関心を寄せ探究すべきは、国家と国家との「共棲」ではなく、人間と人間との「共生」である。歴史が始まって以来、生きるために人と人は対立と闘争をくり返してきた。人間の歴史は自由と生存をめぐる闘いといっても過言ではない。時代を超えていたるところに戦争と暴力の痕跡を見出すことができるからだ。それゆえ、人間と人間との共生を考える際、人間同士の対立や暴力の問題を避けてとおることはできない。私たちが対峙するのは対立一般ではなく、市民社会 14) における対立である。市民社会は個人の自由と権利を基盤とする社会である。いいかえれば、誰にでも自分の欲望を叶えるチャンスがあり自由に生きる権利がある。だから、そこには必ず人間の欲望や自由をめぐって対立や衝突がくり返されるのである。

　人びとが対立を克服し共に生きるには、大きく二つの道がある。第一の道は、〈私〉が自分の欲望を抑え、困っている他者のことをいつも先に思い行動できる「よい」人間になることだ。誰もがよい人間になり相手を気遣い譲り合えば、そもそも「対立」は起こりようもない。対立や諍いを避けて仲良く暮らすべし。教師が子どもたちに「よい子になりなさい」と仕向けるのもそのためである。そのために求められるのは理性と道徳である。

「よい人」をめざす共生の哲学は、カントの道徳的自由論に由来する。みなが知っている「他者を人格（＝目的）として扱え」（定言命法）はカントの言葉である。人間は動物と違って「意志の自由」をもつ。意志の自由は悪にも善にも向かおうとするが、人間は、意志の力で欲望や感性を抑制しひたすら理性の力で「善」に向かわねばならない。人間的自由は理性の力によって互いの人格を尊重し「最高善」に向かうべし。ここに、カントの道徳的自由論の本義がある。

　第二の道は、〈私〉が自分の欲望と自由を大切にすると同時に、他者の自由と価値観も認めることだ。自分の欲望と自由に配慮しつつ、つねに「みなの利益」や「共通の事柄」（＝公共的なもの）に関心をもち、考え、判断し、行動することだ。自分の欲望と自由から出発し（自己了解）、議論と対話をとおして他者の自由と折り合いをつけて相互に認めあうことだ（自由の相互承認）。対話による互いの自由を承認する営みはしばしば困難をともない、それゆえ粘り強さを求められるが、楽しい道でもある。なぜならそこには義務感や外からの押しつけではなく自ら進んで得た深い納得感がともなうからであり、それ以上に互いに助け合い「よく生きよう」という共通の意志・共通了解が生まれるからである。

　欲望と自由の相互承認による共生の哲学は、ルソーとヘーゲルの哲学に根ざした、いうならば市民社会の共生論として理に適うものである。市民社会で人びとに求められるのは、個人の自由と市民的義務（＝コミットメントとしての自由）をあわせもって生活することだ。市民社会の自由は、「個人と市民」という一枚のコインのようなものだ。それぞれの〈私〉が互いに自分の自由を優先すれば必ず他者との対立や衝突が起きる。不断に生まれる対立を避けずに向き合い、共に考え議論や対話をとおして対立が和解し共存に至る可能性と条件をつくり出す努力をしつづけること、これが肝要である。

　共生に向かう道程で求められるのは、対立を避けて互いに譲り合いの精神で仲良く生きることではなく、対立や衝突を恐れず「向き合い」、「議論と対話」を心がけることだ。それは大阪西成鶴中の「かば先生」が腐心し挑戦しつづけた日々の姿である。その道程をとおして権利や正義、平等や

共生といった諸々の「言葉」が生まれ、それらが〈私〉の思想となり生活の物指しとなる。それを物語るのが、つぎのルソーの言葉だ。

欲望の対立から共生の観念は生まれる

ルソーは、『社会契約論』のなかでつぎのように語っている。

権利の平等、およびこれから生ずる正義の観念は、それぞれの人が自分のことを先にするということから、したがってまた人間の本性から出てくる[15]。

誰もが生きるために「自分のことを先にする」という自己愛と自己中心性をもつ。人間の本性は、自分自身への配慮＝自己中心性にある。自己中心性の根底にあるものは、〈私〉は「欲する」、つまりそれぞれの欲望にほかならない。ルソーは、〈私〉の「生への欲望」が権利や平等・正義という観念を求めることを看破している。

それぞれの人が自分の欲望や自由を第一に配慮するならば、必ず、他人のそれとぶつかり競争や対立が生まれる。そのときどきに生じる「対立」は他人事でなく自分自身に関係する事柄であるから、〈私〉は「対立」を緩和したり解消したりする動機をもつ。他者もそれぞれ同じように自分の欲望を大切に思い譲らない。そのとき互いに傷つけたり殺したりせずに生きてゆくためには、人間は、結局、互いの欲望を認めあい、共に生きるために「約束」するしかない。こうして権利の平等や正義などの観念が導き出される、とルソーは直観している。権利の平等や正義、あるいは共生の観念は、人間の外側に「あらかじめある」ものではなく、自己愛と自己中心性という内なる「人間の本性から」もたらされる。いいかえれば、共に生きるための諸々の観念は、人間がめざすべき「超越的価値」ではなく、人間同士が暴力を排して「共に生きる」ために交わした「約束」なのである。

人間同士の対立の特徴は、動物とは違って文化や歴史観、宗教・思想・イデオロギーなどの価値観をめぐる対立である（価値対立）。形や数量の

あるものの「利益対立」は分けることができる（分配可能性）16)。が、し
かし、「価値対立」のように形のないものは分けることができない（分配
不可能性）。したがって、それぞれの価値観の違いを互いに認めあい受け
入れる道しか、その対立の解決の可能性はないのである。価値観の違う人
間同士が共生するためには、対立の根本原因と意味（本質）を解明し、対
立が和解に至る現実的な条件と可能性を探求するほかない。そうするため
にいったん対立が生じた地点にまで立ち返って根っこから——原理的かつ
根本的に——対立を洞察することが求められる。

　ヘーゲルのつぎの言葉が、価値観＝文化をめぐる人間的対立の意味の核
心を突いている。

　　　一般の文化がそのように矛盾に巻き込まれたとなったら、その対
　　立を解消するのが哲学の課題です。…（略）…対立の本質を洞察す
　　る哲学的思考の課題は、対立の解消こそ真理そのものであること、
　　しかも、対立や対立する両極が根拠のないものだというのではなく、
　　対立があって、それが和解に達するのだということを示すところに
　　あります。17)

　共生の哲学もまた、さまざまな「価値対立」の根拠を探究解明し、それ
ぞれが「和解」に至る可能性と条件を指し示さねばならない。共生の哲学
は、人間の活動が生み出す対立や衝突・争いを抑止・緩和し、和解と共存
のシステムを構想する「言語ゲーム」＝言葉の営みである。それはとりも
なおさず、言語による「共通了解」と「相互承認」の条件と可能性を探り
示すことだ。

2.　和解と共存の「言語ゲーム」としての共生

　では、そもそもいつから人間は「言語」を手に入れたのか？　動物世界
では、生きるために相手を殺して食べる。生存のためには「力」がすべて
である。「弱肉強食」といっても、動物が生きるために頼りにする「力」

84

はけっして暴力といったものではない。動物が生きる自然の掟は「生き死に」を定めるものであって、そこには殺人も窃盗も良し悪しもない。そもそも動物世界には法や道徳といった諸々の「観念」が存在しないのである。

　かたや、人間社会では、力づくで相手の物を奪ったり傷つけたりすることは「暴力」として禁じ手とされ罰せられる。「力」による支配ではなく、「言葉」による対立の調停・解消が目論まれる。人間は、「言葉」によって暴力原理を縮減しようと試行錯誤を積み重ねてきた。では、そもそも人間はいつどのようにして他者の存在を認め互いに了解するために「言語」を獲得したのか？

　この問題をもっともラディカルに考察した哲学者が、ルソーである。

2-1　ルソーの当惑と回心——言語が先か、関係が先か

　ルソーは、『人間不平等起源論』において言語や社会の起源という難問と格闘した。そのために準備したのが、「純粋自然状態」と「野性の人」というアイデア（分析概念）である。

　まず「純粋自然状態」について見てみよう。ホッブズ、ロック、ルソーら「社会契約論」者はニュアンスの違いはあれみな同じく「自然状態」から出発する。そこでは、道徳や倫理、法や権利といった一切の規範も共通の権力も「無」いから、誰が何をしても咎められることも罰せられることもないのである。いわば自然状態は一切の「規範の無」である。

　ルソーはさらに「純粋」な自然状態という。「純粋」とは「歴史的な真実ではなく、ただ仮説的で条件的な推論」[18]をおこなうという意味である。つまり、「純粋自然状態」とは、実際に存在したであろう事実としての自然状態ではなく、あくまで問題を考察するためにルソーの頭（意識）のなかで「純粋」に描いたイメージである。社会の「真の起源」つまり事実の証明ではなく社会の事態の本性を解明しよう、「事実は問題の核心に触れない」というルソーは、社会の始まりを考えるのに、自分の頭のなかで一切の「規範の無」から出発して「規範の有」を洞察しようとした。それは、「無」から「有」が生まれる可能性と条件を考えることだ。

　つぎに「野性の人」もまた一切の「関係の無」のなかで生きる孤独な人

である。滅多に他者と出会うことはない。野性の人が唯一知っている道具は自分の「身体」である。早くから動物たちと競いあって生きているので力よりも器用さの点で動物に勝っている。動物と野性の人の違いは、二つある。第一に野性の人は「自由な行為者」である。本能に従うだけではなく、意欲し選ぶ力をもつ。第二に「自己を完成する能力」である。動物はいつも本能とともにとどまっているのに、野性の人は「完成能力」によって「もっともっと」得ようとし、事故や老いによって得たものを失うのである。動物は死とは何か知らないが、野性の人は死とその恐怖を認識している。

　動物も野性の人も世界を知覚し感じて生きているが、動物と違って野性の人は、意欲することと意欲しないこと、欲することと恐れることを知っている。動物に交わって森のなかに散在して生きる野性の人は、決まった住居もなく、お互いを必要とせず、知り合いも話し合うこともない。だから《最初の難点は、言語がどうして必要になりえたかを想像することである》[19]。野性の人が必要とした《唯一の言語活動は、自然の叫び声である》[20]。それは切迫した危険に援助を求め激しい苦痛の軽減を頼むためにとっさに出たものにすぎない。

　このようにルソーは、言語や社会の起源を考えるのに、一切の「規範の無」と「関係の無」から出発しあれこれと考察したのであるが、行きついた地点で待ち受けていたのは「言語の起源に関わる当惑」であった。それは、言語が先か関係（社会）が先かという問題である。「無」から「有」は生じない。一方の「言語」は、〈私〉と他者をつなぐものだ。〈私〉と他者が「関係」するとき「言語」は必要とされる。他方、〈私〉と他者が「関係」するには「言語」がなければならない。関係は言語を前提する。「いったい、言語が先か、社会が先か、どっちだ！」とルソーの頭はパンクしそうになるのである。

　　言語の制定によってすでに結合した社会が必要なのか、それとも
　　社会の成立にとってすでに発明された言語が必要なのか[21]。

ルソーの「当惑」とは、言語が先か社会が先かをめぐって議論が循環してしまうことだ。もし《言語が父親と母親と子どもの家庭での交流》のなかで生まれたとすると《それは反論を解決しないどころか、自然状態について推論しながら、社会のなかで得た観念をそこにもち込》むという誤りを犯すことになってしまう[22]。《それ（母語）はすでに形成された言語をいかに教えるかを巧みに示してくれてはいても、いかにして形成されるかは教えてくれないのである》[23]。こうしてルソーは、『人間不平等起源論』では言語の起源として「母語」の存在意義を却下するのである。

　私が思うには、言語と社会（関係）はどちらが先か、といくら考えても答えは出ない。言語と社会（関係）は、いわば一枚のコインの裏表のようなもので、見方を変えれば表裏のどちらにも取れるのである。なんらかの「関係」のなかで「言語」が生じるといえるし、あるいは、なんらかの「言語」を媒介に〈私〉と他者の「関係」が可能になるともいえる。両者は、互いに前提しあって成り立っている。一方がなければ他方の存在意義を失うような関係にある。だから、言語と社会（関係）は、はじめから共にあるものとして考えるほかないのである。「言語」を考えるには、「関係」から出発するほかないのである。それはつまり、親子関係＝母語から考えることである。ところが、ルソーは『人間不平等起源論』においては、母語（家庭での親子の交流のなかで生まれた言語）を最初の「言葉」とみなさないのである。

　『人間不平等起源論』で言語が先か社会が先かをめぐって議論が循環して錯綜し当惑してしまったルソーは、《この困難な議論はそれを企てようとする人に任せておくことにする》[24]といって思索半ばに放棄してしまう。

2-2　ルソーの『言語起源論』——北の言語（コミュニケーション）と南の言語（情念）

　ところがどっこい、後に著された『言語起源論』の冒頭で「言葉は最初の社会的な制度である」と気を取り直して探究を再開するのである[25]。再び息を吹き返した「言語の起源に関わる問題」への答えのはじめの一歩

として、ルソーは「言語＝社会的な制度」から議論を開始する。紆余曲折を経て著した『言語起源論』は深い思索にもとづいた含蓄に富む言語論で、これがなかなかとても面白い。

　さて、これからルソーの『言語起源論』の世界を訪ねてみよう。言語の始まりや成り立ちについて、ルソーがどのように思いめぐらせたのか、私なりに言葉を添えながら要点を取りだしてみたい（要約中の小見出しは筆者による）。

　　もし私たちに身体的な欲求しかなかったとすれば、ひと言も発することなく、ただ身振り言語だけで十分理解しあうことができていただろう。

　　一方の動物は自然の本能にしばられて身体的な欲求のまま生きる（環境規定存在）。たとえば、社会生活を営む動物たち——ビーバーや蜂や蟻——の言語は生まれながらの同一のものである。動物の言語は変化も進歩もしない。

　　他方、人間は自分と他者との関係の世界を生きる（関係規定存在）。人間は「約束事としての言語[26]」を駆使し進歩する。「約束事としての言語」とは、身体的欲求にとどまらない、諸々の情念がもたらす「意味の世界」である。

　　最初の人間の言葉は、詩人の言語であった。「人ははじめから考えたのではなく、まず感じたのだ」[27]。言語の起源は、精神的な欲求、つまり情念である。あらゆる情念が離れ離れに暮らしていた人びとを近づける。《飢えや渇きではなく、愛や憎しみが、憐れみや怒りが、人びとに初めて声を出させたのである》[28]。最初の言語は、歌うような、情熱的なものだったのである。

南の言語——情熱から生まれる言語
　暖かい南の乾燥地では水を求めて力を合わせて井戸を掘り、井戸の使い方をめぐって互いに折り合う必要があった。そのために暖かい地方では社会と言語が生まれた。井戸端で初めて男女が出会った。

互いに少しずつ慣れ親しみ、自分を分かってもらおうと思いを述べようとした。こうして泉の澄み切った水のなかから最初の恋の炎が燃え上がる。自然が気前のよい南の風土では、情熱から言語が生じてくるのである。最初の言葉は、「愛して」であった。そこでは人びとは、幸せに生きることを考える。南の言語は、「情念としての言語」であった。

北の言語──必要から生まれる言語

さて、自然が厳しくけちくさい寒い北の地方では、必要から言葉が生じる。一年のうち九か月はすべてが死に絶え、太陽はわずか数週間しか大気を温めるだけの恐ろしい風土のなかでは、人びとは何よりもまず生きつづけることを考えねばならなかった。「生きる」ための必要が人びとを結びつけ、社会は勤勉さによって形成されていた。つねに死の危険にさらされていたので、身振りの言語だけではすますことができなかった。彼らの間での最初の言葉は、「愛して」ではなく「手伝って」という叫びであった。北の言語は、生きるために人びとをつなぐ「コミュニケーションとしての言語」であった。

愛と情念の言語（＝南の言語）と、生存のためのコミュニケーション言語（北の言語）。それらはいずれも「約束事としての言語」である。いいかえれば「ルールとしての言語」である。人間だけが「ルールとしての言語」、すなわち「言語ゲーム」の世界を生きるのである。たしかに動物の言語にも一定の「ルール」はあるが、それは本能がもたらした「生きるため」の互いのコミュニケーション手段にすぎない。

人間の言語はただ「生きる」ための意思疎通の手段にとどまらない。死の観念をもつ人間（時間存在としての人間）は、限られた人生をより「よく生きよう」と願う。喜びや悲しみ、愛や憎しみ、尊敬や卑下……さまざまな情念のなかで人間は「生の意味」をつかみとろうとしてやまない。ルソーのいう「情念としての言語」は、人間がつねに生きる「意味」を求め

る存在であることを語っている。どんなにひどい扱いを受けても、辛い人生であっても、そのなかにたった一度でもいい、「生きていてよかった」と思える瞬間があれば、人は苦しみに耐えて希望をもってまた生きることができる。

　ところで、ルソーが、「南の言語」と「北の言語」に類型化して説明したのは、ややもすれば型通りで現実味に欠ける感がしないでもないが、そこで述べられた「南の言語」＝愛と情念の言語、「北の言語」＝生存のためのコミュニケーション言語といった捉え方は、人間的言語の本質を捉えていて魅力的で説得力をもつ、と私は考える。

　もし難点をあげるならば、やはりルソーの言語論は「親子関係（母語）」という「事実」を退けて考察を進めた点にある。言語や社会の起源を探究するにあたって、ルソーはあえて「事実」ではなく「事態の本性」に着目した。「関係」の起源を問うのに、親子「関係」から始めるのは、問いのなかにあらかじめ「答え」をもちこむことになるからだ。循環論を禁じ手にしたルソーは、当時の膨大な知見——旅行記や医学・生物学、哲学や文学、言語学など——を基にただただ「純粋」に思索によって「言語の本性」を探究する方法をとったのである。

　しかし、やはり言語の起源を考察するならば、「事実」としての最初の人間同士の関係＝親子関係、つまり「母語」の考察から出発すべきであろう。それは、言語の起源の問いを「事実」の発生論＝「親子関係」から生まれる「母語」を考察することにほかならない。

2-3　竹田「欲望論」の言語発生論

　哲学者竹田青嗣は主著『欲望論』[29]の第三部「幻想的身体」において「身体性」や「言語ゲーム」をとりあげ深く考察している。そのなかで、言語の起源の問題を「母‐子」の間主観的感情世界の時間的発生性として本質観取している。竹田青嗣の言語の起源論に進む前に、竹田欲望論の中心思想・概念を概観しておきたい。

竹田欲望論──エロス存在と情動性

　竹田欲望論の中心概念は、「エロス存在」と「情動所与」である。竹田欲望論は、人間を「エロス存在」（さまざまな情動や欲望をもつ存在）と見る。

　　　欲望論とは、人間を「意識存在」ではなく、「エロス的存在」（さまざまな情動や欲望をもった存在）としたうえで、世界は「欲望＝身体」によって分節される（＝欲望相関性）と考える立場である[30]。

　「エロス存在」とは、人間を「認識する」主体ではなく、「欲望する」主体と捉えることだ。「エロス存在」としての人間にとって、世界の意味は「欲望＝身体」の相関性としてのみ生成する。〈私〉にそのつど到来する「欲望」に応じて世界は分節されるのである。そもそも人間が何かを「認識」するのは、〈私〉の「欲望－身体（＝力）」と相関的に生成される「世界分節」にほかならない。欲望相関性としての世界は、価値と意味が生成し連関する世界である。

　たとえば「食」のエロス。ハイエナ（動物）は空腹を満たせるなら腐った死肉でも貪り食う。動物は空腹が満たされたらそれまで。動物の欲求は満足で終わる。しかし、人間は空腹からだけではなく、「味わう」ために食べる。人は「生きる」ためでなく、「生きることを味わう」ために食べるのである。美味しそうなメロン（＝意味）を見つけたら、手で触り、色合いを楽しみ、匂いを嗅いだりして……五感で味わい食べるのである。そして美味しいものを腹いっぱい食べた〈私〉は幸福感（＝価値）に浸る。人間の欲望は、満足とともに幸福（＝意味と価値）を求めるのである。

　つぎに「情動所与」について。たとえば、〈私〉がりんごや桜の花を「見る」とき、〈私〉には《知覚像、対象意味、そしていわば情動所与が一瞥のうちに所与されるといえる》[31]。美しいと感じ、音楽に聴き入り、匂いを嗅いだり食べ物を味わう……五感で世界を感じるときは、むしろ情動所与こそ中心的契機である。《あらゆる場面において「情動所与」は、人間の対象認識において不可欠な本質契機である》[32]。

「エロス存在」としての〈私〉は、五感を使って世界に触れ「感じ」、何かを「欲し」、何かを「為し」ながら「生の世界」を生きる実存的な身体（主権的身体）をもつ。

実存の主権性としての「身体」の本質として竹田はつぎの三つをあげる。

第一に、〈私〉にとってのエロス的世界感受。それは世界を<u>感知し認識する</u>ことだ。第二に、エロス的力動によるたえざる新しい実存目標の創成＝「存在可能」（ありうる）の源泉。それは世界のうちに<u>「欲する」</u>ものを見つけることだ。第三に、この存在可能へと企投する力能としての「能う」。それは<u>「何かをなしうる」</u>ことだ。

実存的な身体は、エロス的世界感受をもち、つねに「存在可能（ありうる）」をめがけて「生の世界」を生きている。人間の「生の世界」は、養育者（以下「母」とする）との「言語ゲーム」を始発点とする。

竹田欲望論の言語起源論——母子の関係感情

あらかじめ竹田欲望論の言語起源論のキーワードを述べておこう。それは「関係感情」である。竹田によれば、<u>「関係感情」とは、母（養育者）と子の関係においてそれとなく共有されている情動−気分</u>をいう。まだ「言葉」にはならない「言葉」以前の感情である。それは、後に成長するにつれて他者との人間関係から生じる関係的な諸感情——愛や憎しみ、怒りや嫉妬等——の原型といえるものだ。「関係感情」はさまざまな「感情」の言葉に含まれる「関係化された情動」を意味する。

先に述べたように、自然環境に規定されて生きている動物は孤独な単独世界を生きる。対して、人間は「関係感情」の世界を生きる。「関係感情」は動物には見られない、人間に特有のものである。この点をおさえて、竹田欲望論の言語起源論の要点を辿ろう [33]（要約中の小見出しは筆者による）。

人間における生世界は、母（養育者）の子に対する一方的な「言語ゲーム」として始まる。動物と違って人間の生世界は、母と子との間の「要求−応答関係」という「関係的世界」として存在する。

人間の「関係世界」が始まる中心的な契機は、つぎの二つ。まず

母と子との言語を介した「要求－応答関係」であり、また情動的交感（笑い、あやしなど）として生成される「関係感情」の世界である。

　「要求－応答関係」と「関係感情」という二つの関係的契機こそが、人間の生世界と動物のそれとの最初の決定的な違いを生み出す。母子の間の「要求－応答関係」は、「子」のそれ以降の人生＝関係世界を根本的に規定する。母との「要求－応答関係」を基礎として「子」はやがて人間的「自我」を形成し、他者との承認と相克の関係世界を生きる。それとともに人間は、他者との情動的交感の世界を生きる。動物は孤独な単独世界を生きるが、人間は「関係感情」の世界を生きるのである。

「母」と「子」の関係世界の始まり──身体－情動的エロス性

　乳児が「泣く」にはどのような意味があるだろうか。まず、「泣く」ことは、「母」を呼ぶ手段である（企投的手段）。「泣く」のは「子」にとってはじめの「能う」となる。こうして「子」は母のおっぱいに与ることができる。つぎに満足した「子」はすぐに眠るわけではなく、退屈する。退屈をまぎらわせようと「子」は盛んに手足を伸ばしたり指を口にあてたり、何かを見ようとしたりする。こうした身体の動き自体が一つのエロスとなる（身体－情動的エロス性）。

「母」による「子」のあやしの意味──「関係感情」のエロス性

　さて、「子（乳児）」ははじめのうちは反射的に母に対して微笑む。反射的な「笑み」はやがて「母」にも作用する。「母」は「子」の「笑み」をもっと見たくて「あやし」つづける。すると、やがて「子」の「笑み」は自発的なものとなる。「子」は「母」のあやしに反応し、微笑み「笑う」のである。こうして「子」の「笑み」は、一つの企投的「能う」の実感となるのである。

　ここで注目すべきは、「子」の「笑み」と「母」のあやしの交互

作用は、動物では見られない人間特有の関係的現象であることだ。その意義は、両者の間に「関係感情」のエロスという独自のエロス審級（段階）を生成する点にある。

　「関係感情」のエロスは、人間（母－子）がもつ特別の情動的相互作用である。その意義は、まず第一に、「子」の要求に応える「母」にさまざまな感情的表現とそれにともなう「言葉」が発せられることだ。つまり感情性が絶えまなく言語化されるのである。第二に、「子」の「笑み」に対する「母」の「あやし」の応答関係によってやがて「子」のうちに「関係的情動性」が生じることだ。これを私たちは「感情」と呼ぶ。「感情」とは、単なる身体的な「快－不快」のエロス性ではなく、関係的な情動の「快－不快」を表現する。関係感情のエロスは、さらに分節され「子」の諸感情の世界を生み出すのである。

「母－子」の言語ゲーム——人間的自我のエロス性

　「母－子」の間の初期的な「要求－応答」関係は必ず情動的相互交換がともなう言語ゲームである。はじめのうちは、「母」による「子」に対する一方的言語ゲームとしてくり返されるが、やがて次第に相互的な言語ゲームへと進みゆく。

　「母－子」の言語ゲームは、さまざまな「もの」や対象を名指すことによって周囲の世界を「母－子」の共有世界とする。「美味しい」「あぶない」「いたい」「かなしい」「うれしい」といった情動的－感情的世界をも「母－子」の間で共有された世界、共同世界として打ち立てられる。

　こうして「母－子」関係をとおして相互的「関係感情」の世界が生まれる。私たちが共有する「生の世界」は、「母－子」関係という「共同世界発生的構成」が根本的な契機となっていることが理解される。私たちが自分という存在を理解し（自己了解）、この世界に他者（母）がいて、他者と共有する世界があると確信できるのは、本質的に発生性として、すなわち「母－子」の間主観的感情世界の

時間的発生性として把握することができる。

　もう一つ忘れてはならないことがある。それは、自己意識をもつ人間（自我）は必ず他者（他我）との相互関係の対立や承認を生きるように、「母－子」関係においても「自他の相克」が潜在的に存在することだ。が、しかし「母－子」関係においては多くの場合「子」の一方的要求は成功し、この関係は「子」の初期的な自己万能感の土台となるのである。

　ここまで竹田欲望論において、言語の起源の問いを「事実」の発生論、すなわち現実の「親子関係」から生まれる「母語」を考察してきた。竹田によれば実際の育児の体験をとおして、「子」のエロス性は、身体－情動的エロス性➡関係感情のエロス性➡人間的自我エロス性の形成という変化が見出される。こうして「子」は自己中心性をもつ〈私〉になりゆく。〈私〉は世界を単なる「事物の連関」ではなく「意味や価値」の世界と感じ認識する。「生の世界」のなかに私は生きている（自己了解）し、「母（他者）」もまた私と同じように世界を感じ認識していること（共通了解）を知るのである。

　「母－子」関係をとおして成立する母語（言語）の存在意義は、自己了解と自他の共通了解および自由の相互承認を為すことにある。言語（母語）によって、〈私〉は世界を感じ認識しその存在を確信する（自己了解）。と同時に〈私〉が世界の存在を確信するように他者もまた同じ世界を見て感じていると確信する（自他の共通了解）。さらにまた〈私〉は言語（母語）をとおしてさまざまな他者と渡り合い互いの存在と欲望を認めあう（自由の相互承認）。

3. 母語の復権――言語による「共通了解」と「相互承認」

　これまでの作業をとおして明らかになったことをあらためて確認しておこう。まず、共生の哲学は、人間の活動が生み出す対立や衝突・争いを抑

止・緩和し、和解と共存のシステムを構想する「言語ゲーム」＝言葉の営みであることだ。換言すれば、共生を哲学するとは、言語による「共通了解」と「相互承認」の条件と可能性を取りだす道にほかならない。

　つぎに「母－子」関係をとおして成立する母語（言語）のもつ三つの存在意義を明確にした。第一に自己了解（＝「生の世界」のなかに私は生きている）。第二に共通了解（＝他者もまた私と同じように世界を感じ認識している）。第三に自由の相互承認（〈私〉は言語（母語）をとおしてさまざまな他者と渡り合い互いの存在と欲望を認めあう）。

　「言語ゲーム」としての市民社会において、人は言語（母語）をとおして自他の「共通了解」と「相互承認」を可能にするのである。

3-1　詩人・金時鐘における母語と国家語

　さて、ここまでの作業によってわれわれが手にした共生と言語（母語）の概念と意義を手がかりに、最初の問いである「金時鐘にとっての『母語』の意味」の答えに迫っていこう。この問題に関して、金時鐘はいくつかの自著において多くを語っている。日本語をどのように学び、使い、感じたのか。金時鐘は、自らと日本語との関係について多く語り思いや考えを著している [34]。それらをも手元にこの問題を考えたい。

宗主国の「日本語」──意識を紡ぐ言葉の始まり

　朝鮮半島の南端の済州島で生まれ育った金時鐘の母語は朝鮮語（厳密には済州島の方言）である。《言葉も土着語の済州弁しか話せず、文字もアイウエオの一つ、ハングルは読み書き取れない私だった》[35]。金時鐘がハングルを身につけたのは、16歳のとき、朝鮮が日本の植民地支配から解放された1945年8月15日直後に開設された「国語学習所」においてである。

　国民学校（小学校）では、少年金時鐘（日本名は光原時鐘）は日々、ただただ立派な日本人になるための勉強ばかりで、自分の国については何も知ろうとしなかった。「ハングル」（朝鮮語）の授業はどうでもよく、天皇の赤子になるのがもっとも大事で、皇国少年として戦車兵になるのが夢で、

96

天皇のためなら特攻隊員になる覚悟もあった。実際、卒業後、栃木県の戦車兵学校へ入学しようとした。が父は頑として入学願書に署名捺印を拒否し、直接学校に出向いて「一人息子を死なすわけにはいかない」と言い放ち願書を学校へつきかえしてしまった。

　小学校校長の宮本不可止は、朝鮮の生徒たちを天皇の赤子にするのが「子どもたちの幸福」であり朝鮮をよくすると信じていた。宮本校長は、朝礼の運動場で質問に答えられない生徒たちを立たせて「答えられるまで頬面を張る」。金時鐘も宮本校長から鼓膜を破られ耳から鼻から血を出すほどのびんたを受けた。それでも金時鐘は校長の仕打ちをうらめしく思うどころか、《立派な日本人になるためのお仕置きなのだと、むしろ自己反省したくらいでした。このようにして日本語は皇国少年の私を造っていきました》[36]。日米開戦の12月8日を記念する毎月8日の式典で、東方遥拝、皇国臣民の誓い斉唱、「海行かば」「君が代」の合唱をして感動した。12月8日は金時鐘の誕生日で《私は、何かに選ばれた人間になったような気さえした》。

　「日本人になることが生きることのすべて」と純粋に信じ切っていた皇国少年光原（金時鐘）にとって、《自分の意識を紡ぎだすそもそもの言葉の始まりが宗主国の「日本語」であった》。が、しかし、金時鐘にとって日本語はただ「日本人になる」、「天皇の赤子」になるためのものではなかった。少年金時鐘は日本語をとおしてさまざまな世界を知り、日本語によって自分の思いと彩りのある世界を表現するようになる。

母語としての日本語——情感と理性を育む言葉、自己了解と共通了解

　少年金時鐘は、小学4年生のころから日本語で詩を書き始める。授業で学んだ短歌や俳句を好み親しんだ。教員になるために進んだ師範学校では、有島武郎の小説と評論、島崎藤村や北原白秋の詩集を読みその情感にほだされた。父の部屋にあった日本語の「トルストイ全集」などの文学や小説を乱読した。師範学校の図書館から持ち出した新潮社の「世界文学全集」全38巻を三年がかりで読破した。朝鮮の"詩心"といわれた金素雲の詩を精緻流暢な日本語で知り喜び感動する。童謡、小学唱歌、抒情歌ばかり

か、淡谷のり子の「雨のブルース」が好きで歌ったりもする……。金時鐘の「知力の基を成しているものに日本語」があり、「未来のすべては日本語」にかかっていた。こうして身につけた宗主国の「日本語」は、金時鐘の豊かな情感と理性を育んでいく。

　　　植民地は私に日本のやさしい歌としてやってきました。……親しみやすい小学唱歌や童謡、抒情歌といわれるなつかしい歌であったり、むさぼり読んだ近代抒情詩の口の端にのぼりやすいリズムとなって、沁み入るように私の中に籠っていきました。……統治する側の驕りをもたない歌が、言葉の機能の響き性（音韻性）としてすっかり体に居着いてしまったのです。……言葉は情感に働きかける音韻性（響き性）と、理性を育む意味性とで成り立っています[37]。

　少年金時鐘にとって「日本語」は、「やさしい、親しみやすい、なつかしい、沁みいる」情感をもつ響き性と意味性をもつ。それはまさに、竹田青嗣がいう母語の世界、すなわち感情性が絶えまなく言語化され共有された情感的－感情的世界である。
　母語を広い意味での「養育者－子」との間で生まれる言語であるとしよう[38]。すると、そこには「母」のみならず共同体で共に生きる人びとや幼少期の学校で学び身につけたさまざまな言葉もまた「母語」に含まれるといえよう。この意味では、金時鐘にとって小中学時代に強いられつつ進んで修得し吸収した日本語は、紛れもなく「母語」である。
　詩人金時鐘は、朝鮮語（済州弁）と日本語を「母語」とするバイリンガルである。いいかえれば、金時鐘は、稲垣みどりが本書の論稿「『共生社会におけることばの教育』の実践としての『本質観取』」で言及した「複言語育児」[39]としての経験をもつといえる。とはいえ、「複言語児」としての金時鐘の経験は後で述べるように思想的に「極端で」「歪んだ」プロセスを生きたのである。とまれ、その意味では、件の新聞記事が（記者がどのような意味で使ったかはともかく）、「植民地で生まれ育った金さんは、日本語を『母語』として習った」というのもあながちまちがいではなく、

むしろ正鵠を射るものだといえよう。

　皇国少年を夢見る少年金時鐘は、宗主国の「日本語」＝「母語」で日々を活き活きと暮らした。「日本語」＝「母語」によって人間として自己了解し世界に存在するものを感じ認識し表現したのである。金時鐘にとって、母語としての日本語は、文化の壁を越えて人間的な言葉＝詩となり、自他の共通了解を営む「人間らしい」言語となった。

3-2　母語としての朝鮮語
——金時鐘と父母との相克と和解、相互承認

　しかし他方で、金時鐘が駆使する日本語は、父との辛い葛藤を生み出し、父母を苦しめることになるのである。金時鐘が得た「日本語」によって何を失くしたのか？

> 　私は日本語にとりつくことで、実に多くのことを損ないました。中でも父を損ねたのは埋めようのない心の隙間です。ですが、父もまた、私への言葉を開かなかったことで、私を損ねもしました。人並みの知力と才覚を持ってして、ただ無為に釣り糸をたらして過ごした父の生涯の大半を、私は自分の「言葉」と絡めて思い起こすのです。またそのような父に、つくし通した母の生涯も私の言葉、日本語と朝鮮語に絡みついている記憶の下地に他ならないものです[40]。

　金時鐘は皇国臣民になるために、小学校二年生で母語の朝鮮語を失くした。というより捨てたのである。学校では級友同士で「国語（日本語）」を使わない生徒を摘発しあった。うっかり朝鮮語を使った生徒には体罰が待ち受けていた。《天皇の赤子となるには、親子の心に刺さるせめぎがあったのだ。親を超えなければ「日本人」になれなかった》[41]。家のなかにまで「国語常用」をもちこんで「めし、みず、べんとう」といった類の単語だけ押し付けて「国語（日本語）」を知らない母を困らせた。そんなとき滅多に表情を変えない父は不愉快な顔を隠さなかった。親子の関係

がねじれ、《親子が親子でない関係をつくりだした最たるものに、かつての日本がしでかした「朝鮮語廃止」があった》[42]。

　「言語（日本語）」がもたらした金時鐘と父母との間の軋みと葛藤は、「言語（朝鮮語）」の力によって克服される。それは、「言語（母語）」のもつ力による親子の間の自由の「相互承認」というべき様相である。親子といえども異なる自我と人格をもつ存在という意味では「他人同士」なのである。

ヘーゲルの相互承認論

　ヘーゲルは『精神現象学』において、「相互承認の原理」を展開している。それは、自己意識をもつ〈私〉が、他者と「関係すること」によって共同性の形式＝「人倫（家族や社会、国家）」の世界を自由に生きることだ。自己意識が目標とするのは〈私〉と他者の欲望と自由の相互承認である。〈私〉の自由を実現するには他者の自立性を損なわずに、他者もまた〈私〉の自立性を認めることにある。相互承認が実現するのは、ひとまず互いの意見や主張の「違い」を認めあうことだ。「違い」は「違い」として尊重する。無理に解消すべきではない。もう一つ大切なことは、対立するもの同士が議論や対話をとおして新たに「共に生きようとする意志」＝約束の関係が生まれることだ。

金時鐘の父への思い――うしろめたくて恥ずかしい、けれど大好き

　皇国少年金時鐘から見た父は、新時代からはずれた朝鮮人であった。朝鮮服で町を歩くのは肩身の狭い時期（昭和14、15年）に父は臆するどころか、相も変わらぬ周衣（トルマギ、民族衣装の外出着）を着て町に出歩き、毎日釣り三昧。使ってはならない朝鮮語しか使わず、職もなければ働きもしない父こそ「非国民」呼ばわりされても仕方のない存在だった。「一億一心」打って一丸の非常時に「日本」にさせていただいている朝鮮で職にも就かず、仕事もしない遊び人が父であることが、どうにも肩身が狭い。「内鮮一体」が常時叫ばれている朝鮮では、そんな父が重荷でしようがない。恥ずかしくてしようがない。《純粋に信じ切って日本人になることが

生きることのすべてであった私にとって、父という存在はうしろめたい存在であった》[43]。

　父は相当の物知りで、父の部屋には「トルストイ全集」があり、朝日、毎日等の新聞をわざわざ取り寄せて読んでいた。金時鐘が読書好きなのは、インテリの父の影響である。なぜか日本語は使わず、洋服も着ない。そんな父を歯がゆく思いながらも金時鐘は、父が大好きであった。口数の少ない父に侵しがたい威厳すら感じ取っていた。小学校のころ、釣り場にいる父に夜食の弁当を届けるのが金時鐘の日課で、ときおり釣り場の父の膝元で眠りこけたりした。それほど好きな父であった。

　金時鐘の父への思いは、アンビバレントで複雑。だが、独り善がりで歪んでいる。皇国臣民をめざす熱狂に囚われて、しかも父の「ほんとう」を知らなかったからだ。父は 1958 年、60 歳で亡くなった。

「ほんとう」の父の姿──民族独立運動活動家、新たな闘い

　金時鐘の父は、北朝鮮の元山出身。地元で旧制中学に進学し、卒業前年の 1919 年に起きた三・一独立万歳事件のデモに加わったために学校を放逐された。満州各地を放浪のあげく、済州島にたどり着き済州市の築港工事の現場労働者の職にありついた。相当の物知りで知識人。日本語で世界中の文学をたしなみ日本の新聞を読み解き祖国の行く末を案じている。植民地化のいまは、眠ったふりをして、毎日、釣り糸をたらしながら「その日」がくるのを密かに待ち望んでいる。でも、一人息子の時鐘はそんな父の姿をほとんど知らずに育った。皇国少年の光原時鐘の目から見た父は、時代遅れで役立たずの恥ずかしい「非国民」であった。父のほんとうの姿を知ったのは時鐘が 17 歳、祖国解放の後である。

　そんな父を一変させたのが、1945 年 8 月 15 日の「解放」である。《日本が負けたとたん、父は忙しくなりまして、殆ど家にすらいつかないのです》[44]。解放直後から祖父の暮らす故郷元山に一家で戻ろうと父は準備に奔走したが、結局叶わず、また済州島に舞い戻ってきた。そこで待ち受けていたのは、新たな統治者アメリカ軍政との闘いであった。

父の思い——一人息子時鐘への愛、クレメンタインの歌

　金時鐘の父が、息子時鐘のことをどう思っていたのか、詳しくは分からない。金時鐘が想起し思い描いた父の断片的な姿から、私が想像してみよう（私はいま金時鐘の父となる）。

　　——息子時鐘よ。お前はいま、必死になって皇国臣民をめざして日本語を学び日本人になろうとしている。そんなお前がまるで遠くに行ってしまうようで、とても悲しく寂しい。お前の心はいま日本にある。でも魂は違う。インドの詩聖タゴールは、「鮮やかな国、朝鮮」と謳った。美しい朝鮮と民のために創り生み出された偉大な文字ハングルから、お前の魂は離れることはないだろう。お前が私の部屋にある日本語で書かれた数々の書物を密かに読んでいることを知っている。私が日本語を大切に思い日本語の書物から世界を知ったように、お前も日本語から多くのことを学んでほしい。でも、朝鮮語も忘れないでほしい、大切に思ってほしい。いつかきっとお前はハングルを学び身につけ、お前自身を取りもどすことだろう。朝鮮語と日本語を手元に、自由に生きよ。

　　時鐘よ。お前は毎日、海辺で釣り三昧の父の私にお前のオンマ（母）がこしらえた弁当を運んできてくれた。美味しかった。嬉しかった。お前がいつの間にか私の膝の上で眠ったとき、私はいつも一緒に歌った「クレメンタインの歌」をお前の耳元で歌っていたのを覚えているかい。

　　　ネサランア　ネサランア（おお愛よ、愛よ）

　　　ナエサラン　クレメンタイン（わがいとしのクレメンタインよ）

　　　ヌルグンエビ　ホンジャトゴ（老いた父一人にして）

　　　ヨンヨン　アジョ　カッヌニャ（お前は本当に去ったのか）

　　いつの日か、お前が私たちの元に戻ってくることをいつまでも待っている。

わが息子時鐘よ、お前がどこに行こうと、どこで暮らそうと、心
　から愛しているよ。
　　愛しているよ、時鐘──

詩人金時鐘とクレメンタインの歌

　皇国臣民の金時鐘が、朝鮮人に立ち返るきっかけとなったのが、「クレ
メンタインの歌」である。皇国臣民金時鐘にとって、1945年8月15日は
天皇の国日本が敗れたことで落胆した日であり、同時に植民地を強いた日
本との訣別の日でもあった。打ちひしがれた気分のまま立ちすくんでいた
8月の夜更けの海辺の突端に一人いたとき、一人で口をついて出てきた歌
が「クレメンタインの歌」であった。《皇国臣民の私が、朝鮮人に立ち返
るきっかけを持ったのはたったひと節の歌からであった》[45]。こみ上げ
る涙でくしゃくしゃになりながら、金時鐘はくり返しくり返し「クレメン
タインの歌」を歌いつづけた。大好きな父と一緒に歌った朝鮮語の歌に
よって、父の悲しみに触れ、金時鐘の心は洗われたのである。
　《言葉には、抱えたままの伝達があることも、このときようやく知った
のだ》[46] それは、父と「共に生きようという意志」がしっかりと確かめ
られた瞬間でもあった。

4.　おわりに

　本稿の終わりに、私の古くからの親友・鄭甲寿（チョン・カプス）の一
文「民族と言語」を紹介する。鄭甲寿（元公益財団法人ワンコリアフェス
ティバルの代表理事）は、1985年の「解放40周年」を記念して開催された
「ワンコリアフェスティバル」の創始者で、以来、毎年同フェスティバル
を大阪や東京で開催している。「ワンコリアフェスティバル」は在日コリ
アンが中心となって各界の音楽家や舞踊家などのアーチストが一堂に会し
て朝鮮半島の統一とアジア市民の創設をめざす文化の祭典である。鄭甲寿
は、ワンコリアフェスティバル30年間の活動をふり返り記念して『ワン
コリア道草回顧録──하나（ハナ）』[47] を出版した。「民族と言語」はそ

のなかに収められている一文である。鄭甲寿と飲み交わしていたとき、詩人金時鐘の話になった。金時鐘にとって日本語は「母語」かどうかと議論になったとき、彼のひと言が私の曇っていた胸の内を晴らしてくれた。

　　あらゆる言語は平等である。ソシュールが、そういっていたではないか！

　その通りだ、と思った。鄭甲寿は元々、空手家で西日本大会での優勝経験もある「つわもの」であるが、大学入学後、文学や哲学に回心して独学で大方の西洋哲学を一人で読破してしまった「天才肌」の読書家である。「民族と言語」はほんの2頁の短い文章であるが、在日コリアンにとっての「言語の意味と可能性」を観取した含蓄のある一文である（以下、要約抜粋）。

　　在日コリアンは、国家から距離を置いて自らを見出す必要がある。植民地主義とは、民族差別とは何かという問いそのものが、在日コリアンの存在自体から出てくるものである。在日コリアンの2世以降、母国語が話し書ける人間はどれほどいるだろうか。ほとんどが流暢には話せない。朝鮮語ができなければ朝鮮人ではないという捉え方は、在日コリアンの実態からいって無理がある。そうなると多くの在日コリアンは、朝鮮人でなくなってしまう。朝鮮語が禁止された歴史があるわが民族にとって、朝鮮語を学ぶことは奪われたものを取り返す意味もあり大切なのはたしかだ。しかし言葉は「民族の魂」というのはいい過ぎである。祖国の人とそん色のない言葉ができるようになることを求め、それができない者を中途半端な朝鮮人と見ることにつながるからである。
　　言葉はコミュニケーションの手段であり、より重要なことは、どの言語も価値において平等だということだ。日本で生まれ育ち、母語も日本語であり、日本語に取り囲まれている社会で身につける朝鮮語は北からも韓国からも「おかしな朝鮮語」と思われてしまうの

である。しかしそれは公平ではない。

　近代言語学の観点からは、在日コリアンが民族学校で身につける朝鮮語は、「ビジン語（異言語間の意思疎通のために発生する混成語）」や「クレオール（ビジン語が世代間を超えて母語となった言語）」の一種といえなくもない。その意味で意思疎通に十分通じる朝鮮語なら、本来「おかしな朝鮮語」というべきではない。

　在日コリアンをはじめ、海外に移住し生活して世代を経れば、生活の地の言葉が母語になるのは避けられない。言葉は環境によって変化する。変化していく言葉に対して寛容な態度をもつことを、わたしたちは学ぶべきである。

　母語について、私には苦い思いがある。青年期の一時期、私は日本社会の在日朝鮮人に対する差別を目の当たりにして、自分自身の人間性を守り、いわれない民族差別に負けない〈私〉になろうと決意した。「朝鮮人として」「朝鮮人らしく」生きよう。それは民族的アイデンティティを確かめる道であった。若い私は、〈私〉のなかの「日本人性」や「日本人的なるもの」、いわば日本的なアイデンティティを否定し、強い芯のある朝鮮人になろうとした。そのために、若い私は日本語（母語）を捨て、日本人の友人たちとの関係を断ち切り、ひたすら朝鮮語（母国語）を学び朝鮮の文化や歴史のなかに身を置いたのである。それは民族差別が根強い当時の社会にあって、人間らしく生きるために自らが納得して選んだ道であった。とはいえ、そうすることによって私は、幼いころから母語（日本語）で培ってきた自然な感情や人びととの関係を損なってしまった。母語（日本語）で感受した豊かな世界と大切な関係を、自らの手で放逐してしまった。古稀を前にした私の心の片隅に残る、かつての母語と母国語をめぐる葛藤への苦い思いを振り払ってくれたのが、鄭甲寿の〈言葉〉であった。

　鄭甲寿の一文によって、私は勇気づけられた。「日本語」も「朝鮮語」も平等である。どんな「母語」であろうとも、日本で暮らす多くの定住外国人にとっても「母語」で暮らすことは、日々営まれる「生の世界」を活き活きと生きることにほかならない。人間として人間らしく生きるには

「母語」は欠かせないのである。このことを心に念じつつ、筆を擱きたい。

注

1）本稿は、金泰明著「共生の思想と言語の力——母語の復権」（大阪経済法科大学、『法学論集』第86号、2022年3月31日発行）を大幅に加筆し修正したものである。

2）田中克彦（1981）『ことばと国家』岩波新書，41-44頁

3）田中克彦（1978）『言語からみた民族と国家』岩波現代選書，287頁

4）いずれも朝日新聞1977年11月7日および1978年2月4日。

5）田中克彦（1978）『言語からみた民族と国家』岩波現代選書，280頁

6）「私の意識は日本語で作り上げられた」朝日新聞2021年8月9日

7）「外国人にワクチン情報　正しく」朝日新聞、2021年7月16日付け

8）川本監督はインタビューのなかでつぎのように語っている。「包み隠さず表現しきって、『向き合い』そこからこの問題を議論する事が肝で大切かなと思ったんや」（映画「かば」製作委員会／川本貴弘編集・発行（2021）『かばKABA〜西成を生きた教師と生徒たち』映画パンフレット所収）

9）黒川紀章（1996）『新共生の思想』徳間書店，1頁

10）同上，116頁

11）同上，98〜99頁

12）同上，326〜328頁

13）金泰明（2005）「共生論の原理的考察・序論——黒川紀章の『新共生の思想』批判」『アジア太平洋レビュー』（大阪経済法科大学、アジア太平洋研究センター紀要）第2号，39-57頁

14）本稿でいう「市民社会」とは、18世紀以降に成立した近代市民社会である。それは、奴隷制度に立脚したギリシャの都市国家における市民社会の概念と異なり、社会のすべての成員が市民的自由と権利を享有する普遍的人権社会である。

15）ルソー（桑原武夫／前川貞二訳）（1996）『社会契約論』岩波文庫，50頁

16）「利益対立」と「価値対立」は法哲学者の井上達夫の考案した言葉である。井上は、アルバート・ハーシュマンの定義を援用して利益対立は「多寡をめぐる分割可能な紛争」で、価値対立は「あれかこれかの分割不能な範疇の紛争」という（井上達夫（1999）『他者への自由』創文社，6頁）。

17）G・W・F・ヘーゲル（長谷川宏訳）（1995）『ヘーゲル美学講義（上巻）』作品社，60頁

18）ルソー（原好男・竹内成明訳）（1986）「人間不平等起源論」『人間不平等起源論、言語起源論』白水社，28頁

19）同上，42頁

20）同上，44頁

21）同上，47頁

22）同上，42 頁

23）同上，43 頁

24）同上，47 頁

25）ルソー（原好男・竹内成明訳）（1986）「言語起源論」『人間不平等起源論、言語起源論』白水社，137 頁

26）同上，143 頁

27）同上，144 頁

28）同上，144 頁

29）竹田青嗣（2017）『欲望論　第一巻「意味」の原理論』『欲望論　第二巻「価値」の原理論』講談社

30）岩内章太郎（2018）「現象学と欲望論」Web 学術誌『本質学研究』［早稲田大学竹田青嗣研究室主監］第 6 号 5 頁

31）竹田青嗣、前掲書（第一巻），344 頁

32）竹田青嗣、前掲書（第一巻），346 頁

33）要約箇所は、『欲望論』第二巻の B「存在可能（ありうる）」、第 54 節「関係感情」、163「関係のエロス」および 164「言語ゲーム」を参照（竹田青嗣、前掲書（第二巻），44-51 頁）。

34）ここで引用・参考にしたのは以下の文献である。『朝鮮と日本に生きる』（岩波新書、2015 年）、『わが生と詩』（岩波書店、2004 年）、『「在日」のはざまで』（平凡社、2001 年）、『猪飼野詩集』（岩波書店、2013 年）、『金石範・金時鐘――なぜ書きつづけてきたか／なぜ沈黙してきたか――済州島四・三事件の記憶と文学』（平凡社、2015 年）、金時鐘詩集『原野の詩』を読む会編（1991）『資料「金時鐘論」』など。

35）金時鐘（2015）『朝鮮と日本に生きる』岩波新書，4 頁

36）同上，48-49 頁

37）同上，50 頁

38）母語とは、「一般に個人が最初に習得する言葉。子どもが成長の過程で母親など身近な人々から習得する言葉は、本人にとってもっとも自由な表現の手段であり、思考や人格と結びついた、代替の不可能な言語」（百科事典マイペディア「母語」の解説）、あるいは、「ある人が幼児期に周囲の人が話すのを聞いて自然に習い覚えた最初の言語」（ブリタニカ国際大百科事典 小項目事典「母語」の解説）である。

39）複数言語環境で子どもを育てる育児の営みを捉えるために稲垣みどりが提唱した分析概念。「複言語育児」とは、複言語能力を有した者が、複雑に入り組んだ不均質な寄せ集めの目録（レパートリー）としての言語の複合能力を時に応じて駆使して実践する言語実践としての「育児」の営為を指す（稲垣みどり（2015）「『移動する女性』の『複言語育児』――在アイルランドの在留邦人の母親達のライフストーリーより」『リテラシー』19 号，くろしお出版）。

40）金時鐘（2001）『「在日」のはざまで』平凡社，36 頁

41）同上，22 頁

42) 同上，23 頁
43) 同上，32 頁
44) 同上，34 頁
45) 同上，34 頁
46) 同上，25 頁
47) 鄭甲寿（2015）『ワンコリア道草回顧録――하나（ハナ）』ころから

第4章

言語権の視点から
ことばの教育を再考する

杉本篤史

1. はじめに

　本章では、法律学の観点からことばの教育について考えてみたい。とりわけ、「言語権」という考え方を軸として日本におけることばの教育の問題について検討する。その際、日本語教育の射程が主としてニューカマーに向けられていることを考慮して、同様の問題にさらされながら、長らく日本社会で放置されてきた「ろう者（児）の手話に関する言語権」を度々参照する。本章は法学という視点および手話という視覚言語の問題を扱う点が、やや奇異に感じられるかもしれないが、いずれもことばの教育に携わる人びとにぜひ共有し考えてもらいたい事柄である。最終的に、ことばの教育に関わることは、それ自体がことばの学習者の人権を保障または侵害する営為であるということを広く共有できればと思う。

2. 言語権とはなにか

　まず、言語に関する権利、すなわち言語権Linguistic Rights/Language Rightsという考え方について整理したい。すでにこの用語をよくご存知の読者も多いだろうが、あえてここから始めるのは、法学的な意味での言語権（傍点は筆者による。以下同じ）、すなわち言語に関する「法益」（法により保護すべき利益）という考え方と、言語に関する「人権」（人間であれば誰もが保障されるべき権利・自由）という考え方について、その意味を少し立ち止まって一緒に考えてもらいたいからである。

2-1　法律の世界における言語権概念の受容状況

　言語権に関する法制度のありかたは、国により異なる[1]。憲法の平等条項で言語を差別禁止項目の1つに入れている国（ドイツやイタリアなど）もあれば、憲法に公用語についての規定をおく国（ニュージーランドやフランスなど）もある。南アフリカ共和国憲法は11の公用語を定めるとともに、全南アフリカ言語協議会を設置し、同協議会に11の公用語のほか手話を含む当地で話者の存在する相当な数の諸言語について、その発展と

110

使用を促進し必要条件を創造する任務を与えている（東 2018：73-74）。他方、憲法上は特に言語に関する規定がない国（アメリカや日本など）もある。もっとも、これらの公用語規定のありかたそれ自体は必ずしもその国における言語権の尊重の程度とは関連しない。例えばニュージーランド憲法では、公用語として英語・マオリ語・ニュージーランド手話が列挙されているが、現実のニュージーランド手話に対する言語政策は十分とはいえないとの批判もある（McKee 2011）。また、フランスでは「共和国の言語はフランス語である」と憲法で規定されているが、この条項はフランス政府の言語政策がフランス語への同化を強めていることの根拠規定となっている（高橋 2016）。アメリカの連邦憲法には言語に関する規定はないが、バイリンガル教育政策などは連邦法および対応する各州の州法や教育プログラムにより進められている（角 2020）。欧州のいくつかの国では、欧州地域語少数語憲章が採択されていることもあり、地域語や少数語への政策的配慮が進んでいる。もっとも手話を言語として認知し言語政策の範疇に組み入れるか否かは欧州においても国により相当な温度差がある（De Meulder, Murray, McKee 2019）。旧ソビエト連邦地域の国においては、それまでソ連の公用語といえる地位にあったロシア語の地位が急激に低下し、各国に在住するロシア系住民の少数言語としてのロシア語に関する言語権の問題が浮上している（竹内 2021）。

　国際法の領域では、国際連合憲章（1945）、世界人権宣言（1948）において、まず平等原則のなかで、性別、宗教、民族などと並んで、言語による差別が禁じられた。第二次世界大戦後は国連を中心に、人権の国際的保障が進められ、国際人権規約（1966）や児童の権利条約（1989）、障害者権利条約（2006）など様々な人権条約・宣言[2]が採択されてきたが、そのうち9つの条約と4つの宣言が、言語権について具体的に言及している。そしてこれらの条約のうちのいくつかは日本も批准しているが、後述するように日本では、憲法上も言語に関する規定は存在せず、また国会の制定する法律（議会制定法）のレベルでも言語に関する立法は存在（というか、後述する通り乱立）するが、言語権に言及するものは存在しない。

2-2 国際人権条約に基づく言語権の内容

　ところで、憲法や議会制定法により言語権を保障する場合、具体的には
なにが保護法益と考えられているのだろうか[3]。言語権とは一言でいえば、
自身の言語状況によって政治的・経済的・社会的・文化的に調整不可能な
不利益を被らない権利だといえるが、その具体的内容は多岐にわたる。こ
こではこれまで蓄積されてきた国際人権条約における規定のありかたに基
づいてその内容を整理したい[4]。まず言語権は「第1言語（L1：First Lan-
guage）に関する権利」「民族継承語（HL：Heritage Language）に関する権
利」「コミュニティ言語（CL：Community Language）に関する権利」の3
つに大別できる。

　「第1言語に関する権利」とは、第1言語を習得し、それによる基礎教
育を保障され、可能な限りその言語を使用し、第1言語を共有するコミュ
ニティに参加する権利からなる。第1言語を習得することは一見当たり前
のようにも思える。言語習得の機会を奪われたまま養育された、いわゆる
「チャウシェスクの子どもたち」のような特異な例でないと、権利問題は
発生しないのではないかと考えがちであるが、日本でも、ろう児について
はこの問題、すなわち「言語剥奪」問題が現実に発生している（高島／杉
本 2020）。これは乳児期の聴覚スクリーニング検査により聴覚障害が判明
した場合に、医師などが早期の人工内耳手術を奨めるとともに、日本語の
習得の妨げになるとして、聴覚障害児とのコミュニケーションで手話や
ジェスチャーの使用を控えるように親などに求めることにより発生してい
る。しかし、人工内耳を装用しても、必ずしもすべての聴覚障害児が聴覚
を獲得したり、日本語を習得できたりするわけではない。そのような場合、
もし乳幼児期に親などが手話で話しかけていれば、音声による日本語の習
得がかなわないとしても、第1言語として視覚言語である手話を身につけ
ることができたのに、その機会が奪われているのである。さらに、人工内
耳の装用と日本語の習得に、手話によるコミュニケーションが妨げになる
という言語学的な証拠はない。この結果、日本国内でも、第1言語を習得
する権利が侵害されている人びとが、いまこの時点でも存在することは指
摘しておきたい。

「民族継承語に関する権利」とは、自身の民族語（それが当人の第1言語である否かは問わない）について学び使用する権利、民族語を保存・継承・進展させる権利（これらのために必要な研究を行う権利を含む）、民族語によるマス・メディアを設立し運営する権利、民族語のコミュニティが国外などにある場合は当該コミュニティにアクセス・参加する権利などからなる。日本の場合は、2019年6月に「アイヌの人々の誇りが尊重される社会を実現するための施策の推進に関する法律」（以下、アイヌ施策推進法）が制定され、アイヌ語の保存・継承・進展についての政府や自治体の支援が規定されているが、上述のような個人権としての民族語の継承に関する諸権利や、マス・メディアの設立運営に関する権利などには言及されていない。また、政府がアイヌ語以外の国内少数言語を認めず、琉球諸語や八丈語などを日本語の「方言」としていること、日本政府により一方的に帝国臣民籍を剥奪された（李 2021）在日コリアンや在日台湾人などの、民族継承語に関する権利の問題は、言語教育政策上そもそも存在しないこととされている点が問題である。

「コミュニティ言語に関する権利」とは、自身の第1言語とコミュニティの通用語が異なる場合に、通用語を学ぶ権利、通用語と自身の第1言語の間で公的な翻訳通訳サービスを受ける権利からなる。これに関連するものとして、2019年6月に「日本語教育の推進に関する法律」（以下、日本語教育推進法）が制定され、また、地方自治体を中心に、「やさしい日本語」による行政サービスなどが広がりをみせているが、この点については後述する。

なお、権利類型論としては、言語権は従来の自由権類型と社会権類型の双方の性質を有している。自らの望まない言語使用を強制されない、第1言語や民族継承語によるコミュニケーションを妨げられない、などの意味では国家からの自由を基調とする自由権類型に該当する側面もあるが、第1言語を習得する権利をはじめ、第1言語による教育を受ける権利や民族継承語によるマス・メディアの設立運営の権利などは、国家への請求権を基調とする社会権類型に該当する。一般に、自由権は即時実施が可能であり、社会権は経済的・人的資源を必要とすることから漸進的実施が許され

ると考えられているが、このような従来の権利類型論への批判的側面を言語権という考え方そのものが内包している。そもそも、障害者権利条約がこのような従来の権利類型論によりこぼれ落ちる人権としての言語権を救済しようとするものであり、我々は障害者権利条約以前の国際人権条約における「ある音声言語の流暢な話者を主体として想定した」言語権概念の読み直しを迫られている。ところで、権利保障の漸進的実現義務を基調として成立した国際人権規約Ａ規約（社会権規約）も、権利保障の即時実施義務を前提とする国際人権規約Ｂ規約（自由権規約）と同様、個人通報制度と他国からの通報受諾宣言を盛りこんだ選択議定書が策定され、2008年の国連総会において採択されている。日本国内における言語権に関する認識は、国際社会に比して何周も遅れているといわざるを得ない。

2-3　言語権は人権である。では人権とはなにか

　以上、言語権の基本的な考え方について整理してきたが、そもそも、言語「権」、「権利」とはなんだろうか。辞書の記述では権利とは「ある物事を自分の意志によって自由に行ったり、他人に要求したりすることのできる資格・能力」（デジタル大辞泉より）とある。この概念は欧米で発達したが、日本にもたらされたときに、それは「権利」と訳された[5]。元の英語のRightやドイツ語のRecht、あるいはフランス語のdroitなどは、本来「法」や「正しさ」という含意があったが、日本語訳された「権利」にはそのような意味が読み込めるだろうか。筆者の個人的印象としては、「権」が象徴する「力」Powerのイメージが、そして「利」は損得のイメージが強い気がする。そのこともあって権利の主張が、あたかも私利私欲のために少数派から声高に主張されるものだという印象が拡大再生産されているように思われる。

　さて、筆者は言語権を国際人権条約の考え方に基づいて、基本的人権の一類型だと考えている[6]が、それでは、そもそも基本的人権とはなんであろうか。憲法学的な解説としては「人間が人間であることによって、生まれながらに有する権利」（近藤 2020：11）とある。だが先の「権利」という日本語訳にまとわりついているイメージに加えて、現在の日本社会の

状況を鑑みると、基本的人権について（そしてそれは、当然だが基本的人権の一類型としての言語権について）考えるときに、以下の3つの点に特に留意する必要があると思われる。

①基本的人権の保障は義務を伴わない

　この当たり前のことが、実は日本社会では十分共有されていないように思われる。日本国籍者および日本に在住する人びとの基本的人権の擁護が使命であるはずの国会議員が、かつてSNSで人権の主張や保障には義務を伴うと読める書き込みをして問題となったことがある[7]。たしかに日本国憲法には「国民の義務」として、子に教育を受けさせる義務、納税の義務、勤労の義務が定められており、これらの義務を果たす者だけが権利や自由を主張できると誤解されることもある。しかし、憲法に規定された「権利や自由」と「義務」は対応関係にない。それでもそのような誤解が社会にまん延していて、政権与党も国の教育政策もそれを放置しているように思える。実際に昨今のCOVID-19問題のなかで、困窮者の数は著しく増えているが、それでもなお生活保護申請をためらう人びとが多くいるし、行政窓口でも生活保護申請に対する誤った対応が社会問題となっている[8]。

②日本型道徳心は基本的人権の保障と対立する可能性を内包する

　人権保障と道徳心の対立とはどういうことか。端的な例としては、鉄道の駅のホームで白杖をついて1人で歩く視覚障害者がいて、その人がホームの端に寄っていまにもホームから転落しそうであるとする。これを目撃した人が声をかけて助けるのが道徳であり、鉄道会社がホームドアを設置するのが人権保障である。一見、両者の間に矛盾や対立はないようにみえるが、もし、政府が人びとの道徳心にすがるのみでホームドア設置を鉄道会社に働きかけたり、そのための補助金予算を組んだりしないとすると、道徳心が人権保障の実現を妨げることになる。そしてこれは日本においては現実の問題となっている。本来、立憲民主主義国家における政府の存立意義は、日本国籍者のみならず日本に在住する人びとの幸福の最大化であろう。そしてそのためには、基本的人権の保障を実現する政策が不可欠で

あり、国家財政はそのために運用される必要がある。ところが、近年の日本では、本来国家が対処しなければならない人権問題が、人びとの善意（無償奉仕や寄付）によってカバーされている例が増えている。こども食堂やフードバンク、ホームレスへの炊き出し支援などはその典型例である。もちろん、行政の行き届かない分野やケースなどもあり、ボランティア団体でないと気づかない問題もある。だからといって、国家や自治体が人権保障政策から逃れられるわけではない。東京都渋谷区で宮下公園からホームレスが排除され、MIYASHITA-PARK として再整備される一方で、民間 NGO が年末年始の炊き出しや健康状態の確認などを行っているのは、象徴的事例である。また、本来は地域の人びとの善意から始まった子どもたちの居場所づくりであるこども食堂は、各地で自治体からの支援と引き換えに、学習指導なども求められるようになっている。ネオリベラリズムに基づく「善意の組織化」という問題がそこにはある。

　また、日本的なボランタリズムという問題もある。ボランティアとは本来は「自発的な活動者」という意味のはずだが、日本での実態は「無償で奉仕する者」になっていないだろうか。そしてそれは日本語教育をはじめとする言語関連分野でも随所にみられる。例えば、市町村が実施する手話通訳者養成事業のうち、手話の基礎的な学習を経てコミュニティ通訳を担う人びとは「手話奉仕員」と呼ばれている。その一方で、日本には専門分野（特に、司法・医療・学術分野）における専門手話通訳者を養成する仕組みは法令上存在しないし、手話通訳を生業とすることは困難な状況である。日本語教育分野においても、地域日本語教育でははじめから日本的な意味でのボランティアの存在を前提とした制度が構築されている（この点は 4-3 でもう一度取り上げる）。

　人権と対立する道徳心、無償奉仕という意味で使われるボランティア、いずれの問題も、日本では人権教育が不在のまま、道徳教育が行われてきたこと（池田 2020）と関係している。教育現場の実態としては、人権教育という看板を掲げて実質的には道徳教育が行われてきたというべきであろうか。道徳教育ではケーススタディとして様々な社会的少数派が登場する。そこでは、多数派に属するという自意識をもつ者（普通の人）は少数派

（特別な人）の境遇に同情し、思いやりをもって接し、少数派の側は多数派の思いやりに感謝する存在として語られる。これにより常に少数派は支援される存在として固定化される。少数派を少数派として周縁化し、多数派を中心に据えて構築されている社会構造への批判や変革への主張は、そこからは生まれない。多数派のなかに無意識に根づいている「かわいそうな少数派」という偏見は省みられることはなく、自らを多数派だと思い込んでいる人びとは、少数派の人びとの足を無意識に踏みつけながら救いの手を伸ばし続けることになる。すなわち、道徳教育は人権教育の代替にはならないのである。

　言語教育の意義を道徳ベースで考えることは、当該言語の要学習者の周縁化に手を貸すものとなりうる。逆に、言語権の実現としての言語教育の意義が共有され、教育現場で実践されていけば、言語教育関係者は少数派の人権保障に協働する者となりうるだろう。

③日本では当事者の強い主張がないと少数者の人権保障が実現しにくい

　公共の路線バスに車いす利用者のための昇降リフトがついたり低床化が進んだのも、あるいは車いすの人が単独では乗降できないタラップ式の飛行機に乗降支援用器具の設置が義務づけられたのも、いずれも当事者とその支援者が乗車や搭乗を強行して社会問題化したことがきっかけである（横田・立岩 2015）[9]。いずれのケースでも「そんなやり方では人びとの賛同は得られない」という批判の声は大きかったが、日本ではこれ以外の方法で少数者の人権保障が実現するのは、オリンピック・パラリンピックなどの「外圧」がかかったときだけである。そのようななかでも、2021年にJR東海が管理する無人駅（来宮駅）で、電動車いすでの乗降ができないことを批判した伊是名夏子さんの発言[10]に対するSNSなどでの罵詈雑言はいまでも続いている。伊是名さんへの罵詈雑言とパラアスリートへの称賛の声が同じ夏に同居する日本という国。人権と切り離された道徳心は、自己の基本的人権の保障を主張する者を「秩序を乱す者」として排除してしまう危険性があることを、この例は如実に示している。

3. 言語権の視点からみた日本の言語政策

3-1 日本国内法制における言語観

　日本の国内法令における「日本語」や「国語」などの用語の使い分けは極めて不統一である。例えば、訴訟における通訳に関しても、刑事訴訟法は「国語に通じない者に陳述をさせる場合には、通訳人に通訳をさせなければならない。」（175 条）と規定しているが、民事訴訟法は「口頭弁論に関与する者が日本語に通じないとき（中略）は、通訳人を立ち会わせる。」（154 条）と規定している。なお、刑事訴訟法 176 条は「耳の聞えない者又は口のきけない者に陳述をさせる場合には、通訳人に通訳をさせることができる。」と定め、民事訴訟法 154 条後段但書では「ただし、耳が聞こえない者又は口がきけない者には、文字で問い、又は陳述をさせることができる。」と定めており、手話通訳をつけることは訴訟当事者たる聴覚障害者の権利としてではなく、裁判所の訴訟指揮権に基づく裁量に委ねられている。これらの規定は障害者権利条約の批准のために、手話を言語と規定した障害者基本法の改正（2011 年）が行われた後でも手つかずのまま放置されている。

　そもそも、2-1 の終わりで述べたように、日本国憲法 14 条（法の下の平等）における差別禁止列挙事項には「言語」や「民族」が存在しない。これは、同時期に成立した世界人権宣言や、同時期に制定されたドイツやイタリアの憲法との対比でみても、また、憲法草案の段階では存在した「民族的出自 National origin による差別の禁止」条項が削除されたこと、そして憲法施行日の前日である 1947 年 5 月 2 日に、在日台湾人や朝鮮人から帝国臣民籍を一方的に剥奪し外国人化する外国人登録令が最後の勅令として発令されたことと合わせて考えると、日本国憲法は成立当初から「単一民族神話」の実定法化という側面をもっており、「言語」による差別禁止という考え方を意図的に排除している。多民族帝国であった大日本帝国の版図が敗戦により再び日本列島のみに縮小し、明治初期にあった列強（≒連合国）による日本征服（≒占領）への恐怖心が、再び、日本国＝日本人＝日本語という「想像の共同体」を強化させることになったのだろう。そ

して外地籍者からの帝国籍の剥奪には朝鮮半島情勢に関するアメリカ占領軍の思惑も働いていたことは疑いない。いずれにしても、日本国憲法施行後、日本語は事実上の公用語として運用され、それ以外の言語の地位は不明確なまま今日にいたっている。

3-2　教育政策における「日本語・英語2大言語主義」

　学習指導要領における教育言語では日本語が中心に据えられ、手話をはじめとする日本語以外の国内少数言語の教育現場での使用は、あくまで日本語による教育を行うための補助的手段に限られている。そこには日本語以外の言語を第1言語とする子どもにその第1言語により初等教育を提供する意図はおそらく微塵もない。いうまでもないことだが、日本の公教育なのだから日本語で行うのは当たり前という論法は言語権論からみればまったくの的外れである。日本国籍を有していても日本語が十分に理解できない子どもは存在する。この論法はこれらの子どもたちからも教育を受ける権利を剥奪するものであり憲法26条に反し、到底受けいれることはできないはずであるが、現実には数を頼みにこの論法が横行している。他方で、日本の公教育における第2言語教育の主柱は、日本国内に相当数の話者が存在するわけでもない英語に集中している。より大きな言語集団を擁し、歴史的経緯もある韓国・朝鮮語や中国語、あるいは国内少数言語として本来国家にはその保護・発展を促進する義務があるはずのアイヌ語や琉球諸語、八丈語、日本手話などを公教育課程において学ぶチャンスはほとんど提供されていないし、近隣諸国の言語であるロシア語やベトナム語が学べる公的な機会も極めて少ない。ニューカマーのなかでも特に話者数の多いブラジル・ポルトガル語を学べる機会はどれだけあるだろうか。

　国家が特定の言語を戦略的に第2言語として教育することそれ自体は否定されないが、それは言語権としての第2言語を学ぶ権利を保障したうえでの話である。例えば、ろう児の9割は聴の親から生まれる。そうであれば聴親をはじめとしたろう者の家族が日本手話を学べる機会を提供するのは国家の人権政策であるはずだが、そのような政策は日本では皆無であり、もっぱら民間の努力に委ねられている（高嶋／杉本2020）。また、日本語

非母語話者が日本語を学ぶ機会を提供することについては日本語教育推進法が制定されたが、他方で母語・母文化保持のための学習機会の提供や、母語による初等教育をはじめとする公教育の必要性については、同法は沈黙している（杉本 2020b）。

3-3　植民地主義への反省不在の言語政策

　これらの日本の言語教育政策の状況を別の角度からみると、日本語への無批判な同化政策と、大日本帝国時代の植民地主義政策への無反省は、表裏一体の関係にあるように思われる。日本では近代国民国家化のプロセスで生じた先住民への同化強制（内国植民地政策）と、帝国主義時代に行われた台湾島や朝鮮半島での植民地政策、大戦時のアジア・南太平洋地域での占領政策などへの反省と記憶のリレーが、国の政策として行われていない。

　筆者はかつてパプア・ニューギニアのラバウルに大学生を引率して訪れたことがあるが、この南の島に日本の戦没者慰霊碑があり、それを現地住民が維持管理していること、戦車や砲塔の残骸があちこちにあり子どもたちの遊び道具やカラフルに装飾されたオブジェになっていること、海底に沈む軍船などの残骸が漁礁となっていることなどは、参加した学生にとっては現地渡航前の研修で初めて知ることばかりであり、パプア・ニューギニアと日本の歴史的関係が存在することに驚く者がほとんどだった。これはドイツにおける市民性教育のありかたとは対照的であり、ナチスの記憶を後世に伝え続けることが市民の「歴史的責任」であり、そのための教育制度が整っているのに対して、日本では「謝罪はもうすんでいる」「両国政府間で解決済み」として、「歴史的責任」に背を向け続けている。それどころか、近年はユネスコ世界遺産登録などをめぐって、政府が公然と「歴史戦」ということばを臆面もなく使うようになった。

　もし、「歴史的責任」という視点が言語教育政策に取り入れられれば、無意識の多数派である日本語話者の国内少数言語に対する認識は変わり、それらに対する歴史的責任という文脈を無視することもできなくなるはずであるが、そのような議論が少数言語当事者や支援者・研究者以外からは

ほとんど出てこないことが、この国の言語教育政策の背景にはあり、その帰結が先にみた「日本語・英語2大言語主義」教育政策だと筆者は考えている。その意味では、日本で言語権が国内法制上受容されず、現実の人びとの必要や過去への反省に基づかない言語（教育）政策が続けられていることには、積極的な意味があると思わざるを得ない。一言で、そしてあえて強い表現でいえば、現在の日本の公的な言語教育政策は、それ自体が言語権という人権を侵害する営為として現在にいたっているのである。

3-4 憲法学および近隣諸分野における言語問題への無関心

そして、これまでみてきた日本の言語（教育）政策と、日本の憲法学やその近隣諸分野の研究において、言語政策や言語権に関する研究が極端に少ないこと、さらにいえば継続的な研究が少ないことには関係がある（杉本 2020a）。これはそもそも言語権が国際法上の概念であり国内法化しているとはいいがたいこととも関係があるが、国際人権法の分野においても、日本の研究者による言語権に関する論稿は数えられるぐらいしかない。日本に言語権の概念を紹介し、日本国内における問題を扱ってきたのは社会言語学の領域であり、ごく希少な例外を除けば法学の領域ではない。たしかに憲法に言語規定がおかれているフランス憲法や、少数言語政策が特徴的なカナダ憲法などについての研究者が、当地の言語政策や言語権問題に言及することはあった。だが、継続的に言語権問題を扱っている日本の法学研究者は極めて少ない。その原因はいくつか予想される。まず、従来憲法学が議論してきた権利や自由の類型と言語権の概念が異質であること、言語道具論や言語優劣論、言語・民族峻別論などの、言語学的には首肯しがたい言語に関する通俗的な理解に基づく政策が日本では多く、この問題を分析するには社会言語学的アプローチを理解しその応用が不可欠なこと、憲法学的な言語への関心が、言語的多数派に対する少数派集団の「集団の権利」あるいは「集団の言語的自治権」の問題に集中し、個人の権利としての言語権問題が射程に入りにくいこと、そして、率直にいって、多くの日本の憲法学者が日本語話者であり、この問題にそもそも気づいていないことも原因の1つであろう。

3-5 言語権に関わる国内での問題事例

　上述の通り、日本国内における言語的少数者の権利問題についての議論は、法学研究者の関心をあまり集めていない様子だが、他方で、法律実務家からの問題発信は相当数存在する。つまり、法学研究者の関心は薄いとしても、現実社会では様々な言語に関する法的問題が起きているのである。

　もっとも有名なものは、全国ろう児をもつ親の会が、ろう学校での日本手話による教育を求めて日本弁護士連合会（以下、日弁連）に人権救済の申し立てを行った事例である。申立人らの主張によると、当時のろう学校での教育は聴覚口話法に基づく日本語による教育のみであり、これに対して、ろう児の第1言語である日本手話による教育が受けられないのは児童の権利条約および憲法26条（教育を受ける権利）、14条の侵害であり、教育言語としての日本手話の承認と、そのための教員養成など教育環境の整備が求められていた。これについては、全日本ろうあ連盟（以下、ろうあ連盟）が日本手話と日本語対応手話[11]を分けるべきではないという立場で介入し、日弁連は結局、日本手話ではなく手話による教育を受ける権利の侵害を認めるにとどめ、全国ろう児を持つ親の会が求めた日本手話に関する言語権の主張は十分に理解されなかった（小嶋／全国ろう児を持つ親の会 2006）。他方、法廷における通訳問題としては、手話通訳士制度が設けられるきっかけとなった有名な「蛇の目寿司事件」（城戸／佐藤君を守る会 1966; 工藤 2021）や、ほとんど教育を受ける機会がなく手話も日本語も身につけられなかったろうの男性が600円の窃盗事件で19年もの長期にわたり刑事被告人となり、刑事訴訟のありかたが問題となった「森本一昭事件」などがある（曽根 2010）。そして、最近のものとしては、聴覚障害のある女児が交通事故で死亡した事案をめぐる損害賠償請求訴訟において、被告側は当初、聴覚障害者は思考力や言語力、学力を獲得することが困難で、就職自体難しいとして、死亡した女児が将来得られる収入は健常者の女性の4割だと主張した（後に算定基準を聴覚障害者の平均賃金に改め6割に変更）[12]。聴覚障害者は思考力や言語力、学力を獲得することが困難であるという被告側の主張は、そっくりそのまま日本における言語的少数者であるろう者の言語権が、これまでにいかに侵害され続けてきたというこ

とを如実に示している。そして国の教育行政がそのことに加担しているという事実は繰り返し指摘せねばならない。

4. 近年の日本の言語政策の動向

4-1 言語関連法令の矛盾

　言語に関する権利という考え方を無視ないし拒絶しつつ、日本では言語政策が展開し続けている。先にみたように、日本国籍者および日本に在住する人びとの言語権の保障という発想とはかけ離れた、日本語・英語2大言語主義に基づく言語教育政策や、日本型ボランタリズムに依存する通訳翻訳体制、司法・医療・学術分野での専門通訳者翻訳者養成課程の不在、法廷における通訳準備に関する裁判所の無理解と訴訟指揮権限の濫用、民族継承語に対する支援の不十分さ（あるいは存在の無視）等々が日本の現実である。3-1でもふれたが、障害者基本法の2011年改正で手話は言語と法的に認知されたはずだが、いまのところそれだけである。2012年の文部科学省中央教育審議会「合理的配慮等環境整備検討ワーキンググループ報告」[13]においては、その検討過程でろうあ連盟などへのヒアリングが行われ、そこでは参考資料として、障害者権利条約や障害者基本法の該当箇所が提示され、第1言語としての手話の習得や手話による教育不在が切実に訴えられたにもかかわらず、結局、報告書では「手話」への言及はなされなかった。それどころか、障害者基本法改正後に策定された現行の学習指導要領・教育要領では、第1言語としての手話による教育についてまったく考慮していないばかりか、人工内耳等の利用と残存聴力の活用を奨励する新たな項目が加わり、より一層聴覚口話法を推進し、聴覚に障害のある子の教育言語を日本語へ収斂させようとする同化政策が強化されている。学習指導要領の根拠は、学校教育法施行規則にあり、法形式としては、学習指導要領は文部科学省告示の一種とされ、同省のほぼ自由な裁量により策定されている。国家の教育に関する裁量権限により、少数者の言語権が黙殺され続けているが、法令の効力関係という意味でもこれは無視できない問題をはらんでいる。関連して、文部科学省設置法による同省の

所管事務（4条）をみてみると、「外国人に対する日本語教育」「アイヌ文化の振興に関すること」「国語の改善と普及」は列挙されているが、手話に関することは言及されていない。ここには、「手話はジェスチャーの一種」「手話は抽象的な概念を説明できない」などの音声言語話者にありがちな手話への偏見や誤解だけでなく、先にふれた日本政府の教育における日本語・英語2言語主義の影響が色濃い（そしてこの方針それ自体にも手話への偏見や誤解は内包されている）と筆者はみている。日本語教育やアイヌ文化振興も言及されているものの、十分な施策が講じられてきたとは到底いえない状況である。

4-2 近年の言語関連法令の状況

　このようななか、ろうあ連盟の主導による「手話言語法」制定運動の一環として、鳥取県（2013年10月）を皮切りに、本稿執筆時点（2022年1月末）において433自治体でいわゆる手話言語条例が制定されている[14]。また、ろうあ連盟が提案する法案とは少し異なる内容ではあるが、2019年6月に、立憲民主党など野党4党が手話言語法案を衆議院に共同提案した。なお、同法案は継続審議扱いだったが2021年秋の衆議院解散総選挙により廃案となった。そして2-2でもふれたが、2019年4月にはアイヌ施策推進法が、同年6月には日本語教育推進法が制定され、ここ数年、にわかに言語政策に関連する法令の制定ラッシュが続いている。これらの動きは、日本国内法制に言語権の考え方が導入される契機となるのであろうか。そうなればよいと筆者は考えるが、野党4党の提案した手話言語法案以外は、言語に関する権利を明確に規定していない。そして同法案も廃案となったため、相変わらず日本には言語権の保障に言及する法令はいまだ存在しない。それゆえ、もっとも明確に言語政策を定め、そしてこの分野では日本で最初の議会立法となった日本語教育推進法をほぼ唯一の素材に、ここでは検討していくしかない。

4-3 日本語教育推進法の問題点

　2019年6月28日に公布施行された日本語教育推進法については、その

制定過程を追った別稿でも述べたが（杉本 2020b）、立法の旗振り役となった日本語教育推進議員連盟が発足した 2016 年 11 月当初の、日本語教育を日本経済に資するものとして推進しようとする構想からすれば、日本語学習者が当事者として政策に関与できるようになるなど幾分かはマシな内容になった。しかし、同法が日本における言語権の保障に関する最初の法令であるとは到底いえない。せいぜいが、日本における言語的少数者の問題について、政府に立法政策の責務があることを認めた最初の理念法であるということしかできない。そこには言語権という発想は明示的にはまったくなく、暗示的にも読み取りにくいからである。いずれにせよ日本語教育推進法が日本における言語権保障の「出発点」になるのか、それとも「限界点」になるのかは、今後の運用次第でもあり注視していく必要がある（この点は 6-1 で改めて検討する）。

　日本語教育推進法について、立法プロセスと法文解釈から導かれる問題点を具体的に挙げると、まず制定手続きにおいて利害当事者であるはずの日本語要学習者からのヒアリングが行われていないこと、日本国も加盟する国際人権条約に明記されている言語権について専門家からのヒアリングが十分行われていないことなどがある。ただし、後者の問題については、そもそも専門家がほとんどいないというやむを得ない国内状況があり、またそのこと自体が問題点でもある。次に、内容面に関しては、先述のように言語権を正面から取り上げていないということのほかに、日本語要学習者の母語保持についての言及が十分ではないこと、海外在留邦人の子等に対する日本語教育について、本来は居住国政府の責務であるはずなのに日本政府に施策を講じさせようとしているように読み取れる規定をしていること（主権の侵害のおそれがある）、「やさしい日本語」や多言語サービスとの関係あるいは地域日本語教育におけるこれらとの連携への言及がないこと、日本語教育や外国人受け入れ施策に携わる人びとが、支援対象となる当該外国人の母語を学習する機会の提供についての言及がないことなどがある。杉本（2020b）でも指摘したが、これでは言語的少数派の日本語・日本文化への同化ないしそれらを中心に据えた社会構造における言語的少数派の周縁化という構図は変わらないし、特に地域日本語教育においては、

2-3項の②でもふれたように、言語支援ボランタリズムの国家によるネオリベラリズム的運用という問題はまったく省みられていない。

　ところで、言語教育は社会を構築していく営為そのものだとして日本語教育の公共性を問う立場がある（川上 2017）。そこでは公共の意味自体が問われ、言語教育を受ける権利を含む言語権の実現、あるいは他者の権利との衝突回避・調整原理としての公共性とはどのようにあるべきかが論じられる。立憲民主主義国家である日本国においては至極当然の議論構成であるが、他方で、日本語教育推進法の立法プロセスのなかでは、この問題はほとんど議論されていないようである。

　なお、日本語教育推進法が想定する日本語要学習者は明示されているわけではないが、その規定のあり様から音声言語話者であり、そこには日本手話を第1言語とし、第2言語として日本語学習を必要とする人びとは想定されていない。また、先述の通り海外在留邦人の継承日本語教育について同法は言及するが、アイヌ語や琉球諸語、在日コリアンの民族語などに関する継承語教育については一切言及がない。日本語教育推進法の趣旨からすれば当然なのかもしれないが、言語権という考え方に基づけば、当然これらの問題は接続・連携してしかるべきである。同法の立法過程においても、このような国内の言語的少数派の人びとの言語権問題を分断してしまう可能性についての指摘や批判はほとんどみられなかった。

5.　あるべき言語教育政策の姿とは

5-1　立法政策の面から

　繰り返すが、戦後日本の公的な言語政策は、言語学や言語教育学において蓄積されてきた科学的知見に基づく特定の言語観を明示することなく、言語に関するありがちな偏見や誤解を内包する通俗的な理解のまま教条主義的に日本語と英語の2言語の使用と教育を強制するという言語観を一貫して保持してきた。この状況に風穴をあけることができそうなのは、筆者の知る限りでは、まず日本語教育分野、ついで手話言語権分野である。これらの分野での関係者の営為の方向によっては、国際人権法上広く承認さ

れている言語権概念を日本でも国内法体系に受容することができるのではないかと考えている。ただ、現状では仮に言語権概念を受容し、その基本原則を定める包括的な言語権立法（言語権基本法）が制定されたとしても、骨抜きの理念法とされる懸念は残り続ける。それはそもそも日本においては少数派の人権保障立法について消極的な傾向があるからだが、いずれにせよ、すでに制定されている日本語教育推進法が、日本の公的な言語政策の根拠立法として今後どのように扱われていくかに注目する必要があるだろう。

　加えて、自公連立長期政権における人権政策の大幅な後退という政治的状況における不安要素もある。具体的には、旧民主党政権下で一度は試みられた国際的な人権保障システム標準の採用、すなわち1993年国連パリ原則に基づく、三権のいずれからも人的・財政的に独立性が確保された「国内人権保障機関」の設置と、国際人権規約（A規約・B規約）にはじまり多くの国際人権保障条約に用意されている「個人通報制度」の受諾の動きは、東日本大震災への対応により後回しとなり、その後の自公連立政権は一顧だにせず現在にいたっている[15]。また、この間、安倍内閣により任命された最高裁判事が多勢を占めることにより、最高裁人事が保守化していると指摘されており、その結果が判決にも及ぶことが懸念される[16]。そして繰り返しになるが、本来、国家が予算と人員を投入して担うべき人権政策が、自発的というよりも無償奉仕という意味が強調されたボランティア頼みで組織化されるという、ネオリベラリズム的ボランティア依存施策が様々な場面でまん延するようになった。

　このようななかで、注目すべき提言が手話教育分野から行われている。ろう児の母語である日本手話の習得と日本手話による教育を受ける権利の実現は、手話言語立法という大がかりな（そして時間のかかる）方法よりも学習指導要領の改訂という迅速な方法によるべきだという主張である（中島2017）。たしかに、いままさに言語権、とりわけもっとも根本的といえる第1言語に関する権利を侵害されているろう児らにとっては、侵害状態は現在進行形の喫緊の課題であり、また、学習指導要領の改訂が実現すれば、ろう児教育だけでなく日本語教育や、アイヌ語や琉球諸語、在日コ

リアンなどの民族継承語に関する少数言語教育でも応用可能だろう。しかし先にみた通り、学習指導要領や教育要領はその特異な法形式と制度運用により文部科学省の広範な裁量に委ねられている。筆者は、この裁量に一定の制限を与えるものとしての言語権の意義を議会制定法レベルで定めることにはなお意味があるのではないかと考える。より具体的には、すでにある日本語教育推進法のなかに「言語学習者の権利」を読み込み、それを根拠に学習指導要領・教育要領の同法に違反する項目の是正を文部科学省に要請するという方策である。この方策を取るためには、日本が加入する国際人権条約上の言語権、憲法 26 条（教育を受ける権利）・憲法 14 条（法の下の平等）、日本語教育推進法、文部科学省設置法までの体系的な解釈を通じて、学習指導要領・教育要領における言語教育政策のありかたへの指示を具体的に構築する必要があるだろう。

　ところで、言語的多数派に属するとされながら、そのなかで様々な困りごとに直面する人びとの言語権の問題も見逃してはならない。知的障害や精神障害により識字や難解な文章（例えば契約約款や行政文書など）の理解が困難な人、識字障害のある人、自閉症スペクトラムなどによりコミュニケーションに困難を抱える人、視覚障害のある人、音声言語を習得した後に聴覚障害になった人、そしてこれらの複合的な障害にさらされている人などである。いわば、これは日本語のなかの問題であるが、当然これらの人びとにも言語権があり、しかも流暢に標準日本語を操る権利主体像では解決できない、先に述べた障害者権利条約における情報の受発信の権利の問題が浮上する。阪神・淡路大震災や東日本大震災などを契機に、日本語を十分に理解できない主に外国人住民を想定した災害情報サービスとして構想された「やさしい日本語」は、外国人住民の増加とともに災害時だけでなく日常での困りごとに対応するコミュニティサービスとして開発され、自治体の住民サービスなどで近年急速に広まっている。そしてこの「やさしい日本語」の考え方は進展し、知的障害や精神障害をもつ住民への情報サービスの試みや、日本語の習得が十分でないろう者への情報サービスへと応用されつつある（庵／イ／森 2013）。このような自治体単位の言語サービスの進展状況は、国の立法政策が具体化するのを待つのではなく、

自治体の住民サービスに言語権保障施策を埋め込んでいくという権利保障のありかたの1つの可能性が示唆されるが、この問題については6で改めて議論したい。

5-2　言語権をふまえてことばの教育に携わるということ

　5-1で筆者は、日本の言語政策をより多文化共生が可能な立憲民主主義国家にふさわしいものに変えていくものとして、日本語教育分野と手話言語権分野に特に可能性があると書いたが、そのためにはまず言語権という考え方について関心を（肯定的であろうと批判的であろうと）広くもってもらう必要があると考えている。この概念自体発展途上のものであり、例えば「ある言語の流暢な話者を想定した権利概念」や「言語権の保障とは、ある言語の流暢な話者になることにより実現する」という初期の言語権を語る際にあった無意識の前提は大いに批判されるべきであろう。実際、このような言語権の想定主体像に正面から異議申し立てをしたのは障害者権利条約であった。障害者権利条約を前提にした言語権とは、言語的・非言語的を問わず利用可能なあらゆる手段を駆使し、他者や制度・設備等の助力を得つつ情報の受発信が保障されることである。このような発想は、年少者日本語教育や、ろう児教育におけるトランスランゲージングモデルなどにより、すでに言語教育のありかたとして議論・実践されているようである（加納 2016; 佐藤／田中 2019）。批判もあるが、筆者はこれらの分野での動向に注目している。

　次に、より根本的な命題として、教育に関わる者は他者の人権保障に必然的に関わらざるを得ないということがある。おそらく多くの読者にとってこれは釈迦に説法の命題かもしれない。また、振り返りみれば筆者自身も、やはり教育に携わる者として常にこの問題に直面していて、なにごとかをいえる身なのかと自問してしまう命題でもある。それでもなお、この問題から目を背けることはできない。ことばの教育に携わる人は、教師と学習者という関係以上に、ある言語を流暢に話せる者とそうでない者という意味でもすでに権力関係に立たされる。そのことに意識的であるか否かにより、ことばの教育が学習者の人権を保障するものとなるか、逆に学習

者の人権を侵害するものとなるかも自ずと変わってくるだろう。筆者の勤務校では中学・高校に引き続いて英語を学習する学生が多数いるが、そのなかには英語によるコミュニケーションや英語圏への留学をためらう学生も相当数いる。理由を尋ねると、コミュニケーションしたり留学できるほどには英語ができないからだ、と判で押したような答えがかえってくる。このように英語によるコミュニケーションへの意欲を阻害するような英語教育は、教育者にその意図があろうとなかろうと端的にいって学習者の言語権を侵害していることになる。こと言語権については、まず他者の言語に関する権利の意識化ということから始めなければならないのである。

　さて、再び日本語教育についてみると、地域日本語教育で広まっているボランティアによる日本語教室という構造は、言語権との関係で無視できない問題をはらんでいる。筆者は先に、日本の人権政策がネオリベラリズム的なボランティア依存により進められている、それゆえ十分な人権保障が行われていないと書いた。その意味では、長らくボランティアに依存してきた地域日本語教育の仕組み自体が、学習者の言語権を制約しているといわざるを得ない。そして地域日本語教育をボランティアベースでしか提供してこなかった日本政府は、立法不作為による人権侵害を問われることになるが、日本語教育推進法に基づいて策定されるこれからの地域日本語教育は、この問題とどう向きあうつもりなのであろうか。

　地域日本語教育において、いままで善意で行われてきたことが、実は言語権の実現を妨げているといわれたら鼻白む人も多いと思う。それでもなお、人権政策はボランティア依存であってはならないことは強調したい。繰り返すが、人権政策は国家が十分な予算と人員を割いて行うべき国策の中心にあるはずのものである。学習者の人権を保障するためにも、ことばの教育に関わる人びととはそのことを広く共有しつつ、地域日本語教育において国家や自治体が果たすべき役割と、ボランティアが果たすべき役割を再検討する必要がある。すでに日本語教育分野内からも様々な批判があるが（牲川 2019）、なによりもまず、十分な基礎学習と訓練を受け教壇経験も豊富、とはいえないボランティア（なかにはリタイアした熟練日本語教師がボランティアとして参加する例もあるが）が、制度的に排除されずに言

語学習においてもっとも重要な場面ともいえる初学者の導入教育を任されていることを直視する必要があるだろう。

　もしボランティア日本語教育者に言語教育や第二言語習得に関する十分な知見や経験がない場合、そして自身もそのような第二言語学習経験がない場合、頼みとなるのは自身の唯一の第二言語学習経験、すなわち英語学習の記憶をたどることになる。それで果たして学習動機も年齢も母語も文化も様々な日本語学習者の導入教育が可能なのであろうか。もちろん、地域日本語教育には意味がないといっているわけではない。そうではなく、地域日本語教育に関わるボランティアの役割は、ことばの教育者というよりも、学習者の対話の相手としてあるべきではないかという問題提起である。ことばの教育者の専門性については、日本語教育推進法の制定にともない論議されている公認日本語教師制度の是非などとも関連して、近年様々な議論が盛んになっている（舘岡 2021 など）が、日本語学校や大学における日本語教育などの制度化された場だけでなく、地域日本語教育における日本語教育者の専門性やボランティア依存の問題についても議論を深めていく必要がある。

　ところで、日本語教育をめぐるこれらの課題、とりわけ日本型ボランティア依存政策の問題は、民族継承語教育や手話教育においても共有されなければならないだろう。ところがこれらの少数言語問題は、いままで相互に状況を把握し連帯してきたとは到底いえない。この状況を変えていくには、日本語教育に携わる人、「外国語」教育に携わる人、手話教育に携わる人、民族継承語教育に携わる人、国語教育に携わる人など、様々なことばの教育に携わる人びとの相互の連帯が必要であると筆者は考える。だとすれば、このなかで教育の主たる担い手が言語的多数派により構成されている日本語教育、「外国語」教育、国語教育分野での関係者の動向が大きな鍵となるであろう。より具体的には、これら3分野の教育関係者には、まず手話教育や民族継承語教育の実情や言語権の観点から起きている問題について知り、理解を深め、自らの営為が学習者の人権保障にどのように関わっているかを考えてほしい。

5-3　ことばの教育に携わる人の言語権

　最後に、ことばの教育に携わる人びと自身の言語権の問題を指摘したい。いままで述べてきた言語権の主体は言語的少数派に属する人を前提とするものが大半であったが、もちろん言語的多数派に属する人にも言語権は保障される。日本の言語的多数派が侵害されている言語権は、まず、言語権という国際人権法上すでに確立している概念について、知識や情報を得られないことである。国家は保障されるべき権利や自由の存在や意義について、その管轄下にある人びとに宣伝広報し、理解と実践を促進する国際法上の義務を負っている。そのうえで、言語教育政策は常に人権保障の観点からの点検を受けるべきものであるのに、日本では政策立案者・決定者・執行者のいずれもがその事実すら知らない（あるいは意図的に黙殺している）という現状は重く受け止めるべきであろう。そしてこの問題は、英語以外のことばの教育に携わる人や通訳・翻訳を生業とする人の報酬問題や専門家養成制度の不在の問題とも密接に関わっている。ある言語の話者は当然その言語を教えたり通訳翻訳ができたりするわけではないということすら広く認知されていないのは、この問題を軽視してきた結果でもある。

　また、日本ではことばの教育に携わる人が必要に応じてことばを学ぶ環境がほとんど用意されていない。すなわち、第2言語を学ぶ権利が保障されていないという問題がある。これは前の段落とも関係するが、言語権の保障という観点からすれば、第2言語教育政策は国家のまったくの裁量に委ねられているとはいえない。近隣諸国との外交関係や通商貿易戦略などで特定の言語の教育に重点をおく政策が実施されることはもちろんあり得るが、言語権を前提とする場合、第2言語教育が提供されるべき言語はより具体的である。日本の場合は、日本手話やアイヌ語、琉球諸語、八丈語、韓国・朝鮮語、中国語などの国内少数言語を学ぶ機会は言語権としての第2言語を学ぶ権利に該当する。また、法務省出入国管理庁が実施している「外国人受入環境整備（一元的相談窓口の開設）交付金」制度では、交付金の支給基準として、開設する窓口では日本語・英語・中国語・韓国語・ベトナム語・ネパール語・インドネシア語・フィリピノ語・タイ語・ポルトガル語・スペイン語での対応を原則とし、地域の実情に応じてクメール

語・ミャンマー語・モンゴル語への対応も望ましいとしている。ただし、通訳人についてはこれら11言語すべてに対応しなくてもよく、多言語翻訳機を整備して11言語以上に対応していれば交付金の対象となるとある。この施策を言語権の観点からみると、これらワンストップセンターで使用される諸言語について、言語的多数派に属する人びとが学習する機会が提供されるべきである。特に、ワンストップセンター関係者や地域日本語教育に関わる人びとには重点的な学習機会の提供があるべきだろう。もちろん、外国人等住人自身が言語教育に関する知見を学び必要なトレーニングを受けられる機会を提供され、これら言語学習サービスの提供側での参加を促進していくことも必要である。

6. おわりに──日本で言語権を保障するために

6-1 日本語教育推進法の運用を通じた言語権の保障

　以上をふまえて、いまのところ日本で唯一の言語教育に関する議会制定法である日本語教育推進法が、日本の国内法体系に言語権概念の導入を促す出発点になるのか、それとも逆にこれ以上の権利主張は許さないという限界点の役割を果たすのかについて考えてみたい。4-3でもふれたが、日本語教育推進法に基づく日本語学習の機会提供は、言語権の実現というより、政府による外国人施策上の恩恵的な措置にすぎないと解釈することが現状では妥当であろう。しかし、同時に言語権を正面から否定する文言も同法には存在しない。これはどのように考えればよいだろうか。おそらく、立法者の意図は、ネオリベラリズムがまん延するこの政治経済社会状況で、外国人の権利としての言語権を盛り込もうとすれば、与党も含む超党派議連での合意が白紙に戻されかねないとの読みもあったと思われる。したがって、言語権にふれてもいないが否定もしていないこの日本語教育推進法の文言を、運用によって埋めていくという戦略が今後必要になる。同法をめぐっては、2019年6月に制定されて以来、日本語教師の資格化（公認日本語教師）や日本語能力評価のための参照枠の導入など、日本語教育のグランドデザインを描くことで手一杯の状況にみえる。それに加えて

COVID-19 による国際的な人の移動の大幅な制限という日本語教育界を揺るがす社会変動も起きている。しかしながら、同法に基づく日本語教育体制が一応整い、運用が評価検証される段階では、学習者の言語権やその根拠となる国際条約に基づく提言、そしてろう者など他の言語的少数派の言語権と接続した日本語教育のありかたへの提言をしていくことは可能であるし、必要であろう。日本で言語権が定着するか否かは、日本語教育推進法の運用評価のありかたが1つの指標になるだろう。

　ところで、日本語教育推進法は前述の通り、言語権への言及（権利主張レトリック）を回避する文言構成になっているが、衆議院に提出された手話言語法案では「権利主張レトリック」が正面から盛りこまれており、人権政策の推進に後ろ向きな自公連立政権下においては審議入りすら困難な状態となっている。残念ながら、人権教育が十分に行われず、人権意識・価値観がいまだ十分定着していない日本社会においては、権利に直接言及せずに、国家や自治体に政策を義務づける「国家・自治体の義務レトリック」で構成された、日本語教育推進法のような形式の方が立法化されやすいのは事実である。他方で、地方自治体の条例では、少数派の権利に率直に向きあった「権利主張レトリック」の文言構成も少なくない。その点もふまえて、次節では自治体の条例による言語権の保障可能性について試論を述べたい。

6-2　条例を通じた言語権の保障

　5-1 の末尾でも少しふれたが、議会制定法が整備されていない法領域で、自治体の先進的条例が立法運動に与えたインパクトは無視できない。例えば、千葉県の「障害のある人もない人も共に暮らしやすい千葉県づくり条例」（2006 年）、渋谷区の「渋谷区男女平等及び多様性を尊重する社会を推進する条例」（2015 年）、川崎市の「川崎市差別のない人権尊重のまちづくり条例」（2019 年）などが代表例であろう。4-2 でみたように手話についてはすでに手話言語条例が 400 以上の自治体で制定されていることもあり、これらの先行事例を分析し、言語権の進展にどの程度この手法が有効かを検討する必要があるだろう。

外国人住人のみならず、様々な言語的少数派住民を対象とした自治体レベルの営為は広がっている。前述した多言語情報サービスや「やさしい日本語」による情報サービスは、行政サービスが前提とする住民像がすでに「流暢な日本語話者」像ではないことを示している。また、自治体ホームページの自動翻訳や窓口等での機械翻訳の導入、医療関係方言のリスト作成と公開なども、自治体による言語権保障の実例といえるだろう。外国人集住都市会議が2021年3月11日に開催したWEBセミナー「ウィズコロナにおける多文化共生施策を問い直す―― 1年間の取組みから見えてきた課題と展望」17)においては、COVID-19問題以降、外国人住民からの自治体への相談や問い合わせが増えたとの報告が複数あった。それまでは、同郷人・同胞コミュニティ内でのFacebookなどのSNSを通じた情報収集が中心であったのに対して、COVID-19の感染予防・医療・予防接種・関連した生活上の問題などについては、自治体の発信情報への信用度が急激に上昇し、ニーズが高まっているようである。また、COVID-19関連の自治体への相談体験を通じて、それ以外の様々な生活情報や支援の存在を初めて知ったという外国人住民も少なからずいたとのことであった。今後、自治体の情報発信は、常に地域住民の言語権の保障とは無関係ではいられない、否、元々無関係ではいられなかったはずなのだが、より問題が顕在化することになったというべきかもしれない。

　ただ、400を超える手話言語条例が制定され10年以上にわたって運動が展開されながら、手話言語法の立法にはいたっていないという先行事例からも学ぶ必要があるかもしれない。手話言語条例はいくつかの例外的条例を除いて、その大多数は言語とはなにかという言語観を表明せず、言語観に関する多数派への啓発活動や教育の重要性なども規定されていない。多くの条例が、手話に関する言語権という「権利主張レトリック」で構成されながら、手話単独の言語権の保障に限定され、他の少数言語の言語権保障への拡張可能性が見いだせない閉じた構造になっている。これらの点は、ある意味で反面教師として、学ぶべき点があるだろう。

　いずれにしても、例えば日本語教育推進法の地域での運用を具体化するための条例（日本語教育推進条例）の制定は現実的な選択肢であると筆者

は考える。以下は筆者のまったくの私案にすぎないのであるが、起草されるべき条例は、地域日本語教育と人権としての言語権の保障を結びつけるために、地域の当事者である自治体・住民・地域日本語教育に携わる人びとの「義務レトリック」で記述され、多数派である日本語話者住民に対する言語観教育や啓発活動を重視する内容を盛りこみ、かつ日本語教育単独ではなく、国語教育や外国語（英語）教育、少数言語教育への連携可能性を示唆する開いた構造でなくてはならないだろう。さらに、手話言語条例で発生したような言語観の異なる条例の並存ではなく、言語学の知見に基づいた言語観と、日本も加入している国際人権条約における言語権観に共通して立脚しつつも地域の実情に即した施策の違いを加味できる構造でなくてはならない。

　すなわち、第1言語に関する権利、民族継承語に関する権利、地域社会の通用言語に関する権利は基本的人権であることを明確に宣言したうえで、地域の日本語教育政策が言語権保障政策の1つであるという認識を明記し、その地域に存する他の言語的少数派に関する政策との連携を可能なものとするということである。また、福祉政策や医療政策とも連携が必要であり、それにより従来言語権論の範疇でも見過ごされがちであった、知的障害者等の情報保障などの問題、医療通訳や学術通訳の問題などとも連携可能となるだろう。

　これは夢物語であろうか。もしかしたら筆者は夢想家なのかもしれない。しかし、市民の英知を集めたボトムアップの戦略こそが、日本で言語権に関する議論を深め、ことばの教育のありかたをよい方向へ変えていく原動力になると信じている。そしてその鍵となるのが、ことばの教育に携わる人びとの人権意識であることを強調しておきたい。

付　記

　本稿は、JSPS科研費 21K01133 による研究成果の一部である。

注

1）諸外国の言語法制について紹介した論稿はいくつかあるが、法律学およびその関連
　領域からの研究動向については、杉本（2020a）を参照されたい。なお、言語学者に
　よる先駆的論稿として、田中（1980）がある。

2）宣言は一般に国家を拘束しないといわれているが、宣言も国際法の解釈準則として
　一定の効力を有し、特に重要な原理原則は、国際慣習法としての効力も有するものと
　考えられている。

3）言語の法益性についての法理論的考察として、渋谷＋小嶋（2007：15-30）を参照さ
　れたい。

4）具体的には、国際人権条約としては、国際人権規約（A・B規約）（1966）、児童の
　権利条約（1989）、障害者権利条約（2006）のほか、日本国は未批准の、教育におけ
　る差別を禁止する条約（1960）、移民労働者条約（ILO第143号条約）（1975）、原住
　民及び種族民条約（ILO第169号条約）（1989）、すべての移住労働者とその家族の
　権利保護に関する条約（1990）、宣言としては、在住する国の国民でない個人の人権
　に関する宣言（1985）、民族的または種族的、宗教的および言語的少数者に属する者
　の権利に関する宣言（1992）、先住民族権利宣言（2007）を念頭においている。

5）もっとも、この概念が日本にもたらされた初期には、福沢諭吉らからは元の意味で
　ある「正しさ」をよりよく表すために、「権理」「通義」「権義」と訳すべきとの主張
　もあった。実際に、明治初期の法令においては、「権理」と記載されているものもあ
　る（明治6年5月15日太政官布告第162号など）。

6）言語権概念についての法理論的考察として、渋谷＋小嶋（2007：31-101）を参照さ
　れたい。

7）「小野田参院議員『義務果たせば権利』と投稿、批判広がる」毎日新聞2018年7月
　26日記事　https://mainichi.jp/articles/20180726/mog/00m/040/002000c（最終閲覧
　日：2022年1月31日）

8）そのようななかで、2021年8月13日に、厚生労働省がTwitter上で「生活保護の
　申請は国民の権利です」とわざわざ書き込んだことは、日本社会における人権への誤
　解の根深さを象徴している。

9）「バニラエア騒動から1年半　木島さんが『障害者』と名乗らない理由」withnews
　2018年12月9日記事　https://withnews.jp/article/f0181209001qq000000000000000
　W06810101qq000018458A（最終閲覧日：2022年1月31日）

10）「JRで車いすは乗車拒否されました」コラムニスト伊是名夏子ブログ2021年4月4
　日記事 http://blog.livedoor.jp/natirou/archives/52316146.html（最終閲覧日：2022年
　1月31日）

11）日本手話と日本語対応手話の違いについては、木村（2011）を参照されたい。なお、
　筆者の立場は、両者は区別されるべきだが、両者ともに尊重されるべきだというもの
　である。

12）公益社団法人大阪聴力障害者協会「大阪府立生野聴覚支援学校生徒事故裁判の支援

運動について」http://daicyokyo.jp/info/ikuno_sien.html（最終閲覧日：2022 年 1 月 31 日）

13）https://www.mext.go.jp/b_menu/shingi/chukyo/chukyo3/046/houkoku/1316181.htm（最終閲覧日：2022 年 1 月 31 日）

14）手話言語条例の特徴や課題については、杉本（2019b）、杉本（2016）を参照されたい。

15）国際的な人権保障の枠組みと日本国内法における人権保障制度の乖離によって発生する諸問題については、杉本（2019a）を参照されたい。

16）日本の最高裁判所裁判官の任命権限が内閣にあることが、制度的に最高裁判所裁判官人事の保守化を促しているという指摘もある（小林 1987：100-101）。日本の司法における人事的統制の問題点については、瀬木（2014）も参照されたい。なお、最高裁判所は夫婦別姓を認めない民法と戸籍法の規定について、合憲判決を下している（2021 年 6 月 23 日）。判旨では夫婦同姓が日本の伝統に由来することが強調されているが、当然ながら伝統は人権、特に歴史的に差別されてきたマイノリティの人権と対立することが多い。裁判所に付与された違憲法令審査制度は、伝統やアドホックな民意にとらわれずに憲法に照らして判断が行われることで人権保障に資するものであるはずが、本判決では立法権への著しい「忖度」がなされている。

17）https://www.shujutoshi.jp/info/210222.html（最終閲覧日：2022 年 1 月 31 日）

参考文献

東裕之（2018）『南アフリカ共和国憲法——虹の国から世界へのメッセージ』MyISBN.

庵功雄／イ・ヨンスク／森篤嗣（編）（2013）『「やさしい日本語」は何を目指すか——多文化共生社会を実現するために』ココ出版.

池田賢市（2020）「『人権』と『思いやり』は違う…日本の教育が教えない重要な視点——『道徳』で『差別』に挑んではならない」. https://gendai.ismedia.jp/articles/-/71170（最終閲覧日：2022 年 1 月 31 日）

加納なおみ（2016）「トランス・ランゲージングと概念構築——その関係と役割を考える」『母語・継承語・バイリンガル教育（MHB）研究』12：77-94.

川上郁雄（編）（2017）『公共日本語教育学——社会をつくる日本語教育』くろしお出版.

城戸・佐藤君を守る会（編）（1966）『蛇の目寿司事件——二人のろう青年を被告とする裁判記録』城戸・佐藤君を守る会.

木村晴美（2011）『日本手話と日本語対応手話（手指日本語）——間にある「深い谷」』生活書院.

工藤豊（yutaka kudou）（2021）「ろうあ運動①『蛇の目寿司事件』」. https://www.youtube.com/watch?v=FBbudMV8tLE（最終閲覧日：2022 年 1 月 31 日）

小嶋勇監修／全国ろう児を持つ親の会（編）（2006）『ろう教育が変わる！——日弁連「意見書」とバイリンガル教育への提言』明石書店.

小林直樹（1987）『憲法と日本人』東京大学出版会.

近藤敦（2020）『人権法　第2版』日本評論社.

佐野愛子／田中瑞穂（2019）「バイリンガルろう教育における教育手法としてのトラン
　　ス・ランゲージング──授業分析スキームBOLTの開発」『母語・継承語・バイリン
　　ガル教育（MHB）研究』15：55-75.

渋谷謙次郎＋小嶋勇（編著）（2007）『言語権の理論と実践』三元社.

杉本篤史（2016）「第3章　手話言語条例と手話言語法──法学・人権保障論の立場か
　　ら」森壮也・佐々木倫子（編）『手話を言語と言うのなら』ひつじ書房，23-36.

杉本篤史（2019a）「日本の国内法制と言語権──国際法上の言語権概念を国内法へ受容
　　するための条件と課題」『社会言語科学』22（1）：47-60.

杉本篤史（2019b）「第17章　言語権の観点からみた日本手話とろう教育」庵功雄／岩
　　田一成／佐藤琢三／柳田直美（編）『〈やさしい日本語〉と多文化共生』ココ出版，
　　275-295.

杉本篤史（2020a）「憲法学と言語権・言語政策論──研究動向と課題」『社会言語学』
　　XX：21-41.

杉本篤史（2020b）「『日本語教育推進法案』の法的意義と課題──その制定過程の分析
　　と施行後の状況から」『社会言語学別冊』III：93-118.

角知行（2020）『移民大国アメリカの言語サービス──多言語と〈やさしい英語〉をめ
　　ぐる運動と政策』明石書店.

牲川波都季（編）／有田佳代子／庵功雄／寺沢拓敬（著）（2019）『日本語教育はどこへ
　　向かうのか　移民時代の政策を動かすために』くろしお出版.

瀬木比呂志（2014）『絶望の裁判所』講談社.

曽根英二（2010）『生涯被告「おっちゃん」の裁判──600円が奪った19年』平凡社.

高嶋由布子／杉本篤史（2020）「人工内耳時代の言語権──ろう・難聴児の言語剥奪を
　　防ぐには」『言語政策』16：1-28.

高橋基樹（2016）「地域言語の憲法的保障と欧州地域少数言語憲章の批准のための憲法
　　改正」『工学院大学研究論叢』53（1）：47-58.

竹内大樹（2021）「旧ソ連地域における言語法／言語権（ミニ・シンポジウム　言語を
　　めぐる法制度および言語権の比較研究）」『比較法研究』82：241-249.

舘岡洋子（編）（2021）『日本語教師の専門性を考える』ココ出版.

田中慎也（1980）「各国憲法にみられる言語に関する規定の態様」『東京女学館短期大学
　　紀要』3：37-47.

中島武史（2017）「日本手話の解放運動は何に力を注ぐべきか──手話言語法案／こと
　　ばと政治性／日本手話の獲得環境とろう教育」『社会言語学』XVII：39-53.

パトリック＝ハインリッヒ／下地理則（共編）（2011）『琉球諸語記録保存の基礎』東京
　　外国語大学アジア・アフリカ言語文化研究所.

横田弘／立岩真也（解説）（2015）『【増補新装版】障害者殺しの思想』現代書館.

李里花（編著）（2021）『朝鮮籍とは何か──トランスナショナルの視点から』明石書店.

De Meulder, M., Murray, J. J., McKee, R. L.（eds.）（2019）*The Legal Recognition of*

Sign Languages: Advocacy and Outcomes around The World. Multilingual Matters, Bristol.

McKee, R. L. (2011) Action Pending: Four Years on from the New Zealand Sign Language Act 2006. *Victoria University of Wellington Law Review* 42 (2), 103-126.

第5章

学校教育における「共生社会のためのことばの教育」の可能性

森篤嗣

1.「共生」の受容過程

　本稿では、学校教育における「共生社会のためのことばの教育」について多面的に検討をおこなう。そのためには、過去にどのような経緯があったのかをまず確認することが必要である。過去に学んでこそ、今後どのように進めていけばいいか広い視野を持つことができると考える。

　そこでまずは、前提として「共生」という語が、どのように受容されてきたのか見ておきたい。「共生」はそもそも生物学の用語である。CiNiiで検索した範囲では、「共生」という語をタイトルとしているのは草野（1910）が初出であった。その後も生物学では動植物、地質学では鉱物に関して「共生」の使用が見られる。つまり当初「共生」は自然科学の専門語であったわけである。

　まず、人間関係を表す概念として「共生」という語を初めて使用したのは、管見の限りでは石原（1969）かと思われる。石原吉郎はシベリア抑留において強制された2人組の生活経験を「共生」と呼んだ。理想でも綺麗事でもなく、徹底した現実としての「共生」の描かれ方は衝撃的であり、現代の理想主義的な「共生」という概念に対する示唆も深い。

　次に、社会との関わりを表す概念として「共生」という語を初めて使用したのは、川満（1972）と推察される。1972年5月15日の沖縄返還に合わせて書かれたこの論では、天皇制批判を含んだ反復帰論とアジア的社会における多文化社会を志向した論となっている。政治的な立場はともかく、「共生」において共存して対話を積み重ねるということの必要性を問うているという点で示唆的である。

　さらに、特殊教育[1]（特別支援教育）において「共生」という語を用いたのは、日本臨床心理学会（1980）が先駆であろう。学校教育では、国際理解教育よりも早く、特別支援教育において「共生」について議論されてきた。文部科学省（2012）では、特別支援教育についてインクルーシブ教育の観点から共生社会の形成が検討されている。

　外国人との「共生」関連では、李（1988）で外国人労働者問題を語るのに「共生」という語が使われ、アメリカの教育改革運動を扱った今村

（1990）で初めて「多文化共生」を冠した書籍が刊行された。その後、小沢・佐貫（1993）など雑誌『教育』で「民族共生の教育と学校」という特集が組まれるなど、「共生」は徐々に公的な概念として普及してゆき、学校教育との関係も深めていった。

こうした流れを受けて、国としても「共生」という概念を取り入れ、総務省（2006）において「地域における多文化共生推進プラン」が示された。総務省（2006：5）では、地域における多文化共生を「国籍や民族などの異なる人々が、互いの文化的ちがいを認め合い、対等な関係を築こうとしながら、地域社会の構成員として共に生きていくこと」と定義した[2]。「地域社会」を除いた前半部分は、「共生社会のためのことばの教育」を考える際の「共生」の定義と合致するだろう。

学校教育を管轄する文部科学省も、日本語を母語としない児童生徒[3]との「共生」に関連して、リーマンショック後の2009年から「定住外国人の子供の就学支援事業（虹の架け橋教室）」を実施（文部科学省2009）し、その後は文部科学省（2019a）へと展開している。

このように、本節では「共生」という概念が受容されてきた経緯を見てきた[4]。本稿で主となる学校教育について言えば、「ことばの教育」に関することよりも、特別支援教育において先んじて議論されてきた。とりわけ、インクルーシブ教育という考え方は、「共生」概念の普及において参考にすべきである。

学校教育における「共生社会のためのことばの教育」について検討する場合、「ことばの教育」なので、国語科や外国語科に焦点が当たるのは妥当ではある。しかしながら、学校教育の枠組みで「共生」を論じるのであれば、国語科や外国語科だけではなく、特別支援教育はもちろん、その他の多様な「共生」にも目配りが必要である[5]。

2. 二重の単一言語主義に阻まれる 「共生社会のためのことばの教育」

第1節では「共生」概念の受容過程について検討してきた。本節では

「ことばの教育」に焦点を当てて検討したい。学校教育における「共生社会のためのことばの教育」の問題は、大山が指摘する「二重の単一言語主義」に集約される。

　　ある国家や地域において、ただ1つの言語のみが使われているとき、それを単一言語主義（monolingualisme）と呼ぶ。日本は、二重の単一言語主義に特徴づけられる。すなわち、国内言語としては日本語のみが、国際言語としてはほぼ英語のみが重視されている。これは、教育政策においてとりわけ顕著である。

（大山 2016：4）

　まず、国内言語については国語科のみに留まる話ではない。全ての教科において日本語が教授言語となっているからである。さらに言えば、この日本語とは、ほぼ共通語だけである。アイヌ語や琉球語はもちろん、その他の方言で各教科が教えられることはほとんどない。国語科で知識としてわずかに方言を扱うのみである。しかし、1990年代以降は、日本でも日本語を母語としない児童生徒が学校教育を受けるケースが増加している。日本の学校教育は、日本語を母語としない児童生徒への対応はおこなっているが、対症療法的な施策が多い。学校教育そのものは、日本語を母語としない児童生徒をあくまで「例外」として扱うことで、日本語母語児童生徒だけを対象とした日本語による単一言語主義を堅持し続けていると言える。

　次に、国際言語については英語独占の状況になっており、これも単一言語主義と言わざるを得ない。中学校においては、1947年の新制中学校発足以来、外国語科は選択科目であり、他言語の選択が可能とされていた。

　　その他の外国語については、第1の目標に基づき、第2の英語、ドイツ語及びフランス語の各学年の目標及び内容に準じて行うものとする。

（1989年告示中学校学習指導要領外国語科）

1989 年告示中学校学習指導要領までは、英語だけでなくドイツ語・フランス語も併記され、「その他の外国語」についても上記のような記述があった。しかし、寺沢（2012）が指摘するように、事実上は英語しか選べず、選択科目であるという制度は有名無実化していた。そうした実情に合わせて 1998 年告示中学校学習指導要領で下記のように変更された。

　　　その他の外国語については、英語の目標及び内容等に準じて行うものとする。
　　　必修教科としての「外国語」においては、英語を履修させることを原則とする。

（1998 年告示中学校学習指導要領）

　「その他の外国語」の記述は残したものの、ドイツ語とフランス語の記述は削除され、「第 3　指導計画の作成と内容の取扱い」の 1 として、2 文目の「英語を履修させることを原則」と明記した[6]。したがって現在、中学校では外国語科では原則として英語しか扱われていない。
　高等学校の外国語科については、2018 年告示高等学校学習指導要領でも選択科目であり、英語以外の外国語の履修を認めている。

　第 7　その他の外国語に関する科目
　1　その他の外国語に関する科目については、第 1 から第 6 まで及び第 3 款に示す英語に関する各科目の目標及び内容などに準じて指導を行うものとする。
　2　高等学校において英語以外の外国語を初めて履修させる場合には、生徒の学習負担等を踏まえ、適切に指導するものとする。

（2018 年告示高等学校学習指導要領外国語科）

　文部科学省（2019b）によると、英語以外の外国語科目を履修しているのは、2018 年 5 月 1 日時点では 4 万 4753 人で、高等学校在籍者数 323 万 5661 人（学校基本調査による）に占める割合は 1.383％である。つまり約

98.6％の高校生は外国語科で英語を履修していることになる。このように、日本の中学校・高等学校教育においては英語の独占状態が続いている。

　日本の学校教育における国内言語と国際言語の「二重の単一言語主義」は、1974年のユネスコの「国際理解、国際協力及び国際平和のための教育並びに人権及び基本的自由についての教育に関する勧告」に反するものであり、Council of Europe（2001）によるCEFR（ヨーロッパ言語共通参照枠）が述べる複言語主義（plurilingualism）から最も遠い[7]。この現状を鑑みると、日本の学校教育において「共生のためのことばの教育」を普及することが、いかに困難であるかがわかる。

3. 国内言語の教育と日本語を母語としない児童生徒

　本節では「共生社会のためのことばの教育」について、国内言語の教育における単一言語主義の問題に焦点を当てて論じる。第2節でも述べたように、日本の学校社会においても日本語を母語としない児童生徒が増加している。複言語主義の理念に照らせば、日本語を母語としない児童生徒の受容と共生を、「共生社会のためのことばの教育」として学校教育に取り入れる可能性もあるはずである。その可能性を模索したい。

　ではまず、検討を始めるに当たり、日本語を母語としない児童生徒の受容の経緯について振り返る[8]。1990年の「出入国管理及び難民認定法」改正案の施行により、新たな在留資格として「定住者」が生まれた。「定住者」として来日した人々はニューカマー[9]と呼ばれ、学齢期の子弟を伴って来た人も多くいた。そこで文部省（1991）は「日本語指導が必要な外国人児童生徒の受入状況等に関する調査」を1991年より開始した。

　図1を見ると、リーマンショックの影響があった2008〜2012年はやや停滞しているが、日本語指導が必要な児童生徒数は基本的に右肩上がりである。本調査における「日本語指導が必要な児童生徒」の定義は、当初「日本語で日常会話が十分にできない児童生徒」であったが、2006年から「日常会話ができても、学年相当の学習言語が不足し、学習活動への参加に支障が生じており、日本語指導が必要な児童生徒」を追加した。これは

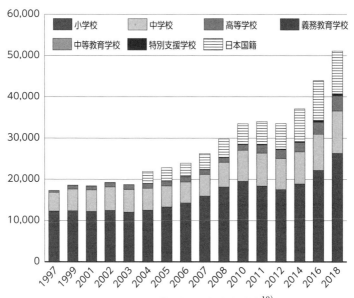

図1　日本語指導が必要な児童生徒数 [10)]

重要な定義変更であるが、図1を見るとこの定義変更の影響で2006年から急増するということも生じていないため、その浸透度合いには疑問が残る（バトラー後藤 2011：19）。

　そもそも、バトラー後藤（2011：19-20）が指摘するように、本調査は学校長へのアンケート方式で、主観での判断である。この方法では、学習言語の定義はもちろん、日本語指導が必要な児童生徒を十分に把握できているとは言いがたい。

　とはいえ、本調査が唯一の公的なデータであるので、最新の文部科学省（2020）から、日本語指導が必要な児童生徒の状況を確認する。まず、東海3県や首都圏、関西圏などに外国籍児童生徒が集住する傾向があり、その他の地域は極端に少ない散在傾向にある。母語別に見ると、外国籍児童生徒の場合はポルトガル語、中国語、フィリピノ語の順で、日本国籍児童生徒の場合はフィリピノ語、中国語、英語の順である。英語は必ずしも上位ではない点に留意したい。「日本国籍児童生徒の比較的使用頻度が高い言語」の4番目は日本語（1093人）であり、第一言語であっても学年相当

の学習言語が不足している現状がある。また、日本語指導が必要な児童生徒は外国籍でも日本国籍でも74〜80％は特別な指導を受けており、2014年の「学校教育法施行規則の一部を改正する省令」で設定された「特別の教育課程」を受けている児童生徒も、2014年の20％前後から2018年には60％前後まで増えている。

　日本語を母語としない児童生徒のための具体的な施策としては、先にも述べた「定住外国人の子供の就学支援事業（虹の架け橋教室）」（文部科学省2009）で在日ブラジル人児童生徒の支援がおこなわれた。さらに外国人材の受入れ・共生に関する関係閣僚会議（2021：16）では、「ライフステージ・生活シーンに応じた支援」として、「外国人の子供に係る対策」で「令和8年度には日本語指導が必要な児童生徒18人に対して1人の教員」の配置を目指すと明記されている。

　一方で、学習指導要領における日本語母語児童生徒向けの教育への記述を見てみる。

(2) 海外から帰国した児童などの学校生活への適応や、日本語の習得に困難のある児童に対する日本語指導
　　ア　海外から帰国した児童などについては、学校生活への適応を図るとともに、外国における生活経験を生かすなどの適切な指導を行うものとする。
　　イ　日本語の習得に困難のある児童については、個々の児童の実態に応じた指導内容や指導方法の工夫を組織的かつ計画的に行うものとする。特に、通級による日本語指導については、教師間の連携に努め、指導についての計画を個別に作成することなどにより、効果的な指導に努めるものとする。

（2018年告示小学校学習指導要領総則）

　2018年告示中学校学習指導要領と高等学校学習指導要領にも同様の記述がある。2008年告示学習指導要領では、上記「ア」はあったが「イ」

はなかった。「特別の教育課程」に対応した追記であり、本件は一応の前進を見たと言って良いだろう。しかし、この記述はあくまで日本語を母語としない児童生徒の「個々」「個別」の扱いであり、日本語を母語としない児童生徒についてはあくまで「例外」として扱っていることがわかる。学校教育全体としては、学習指導要領は未だ日本語母語児童生徒しか念頭に置いていないと言わざるを得ない。

　先にも述べたように複言語主義の理念に照らせば、日本語を母語としない児童生徒の受容と共生を、「共生社会のためのことばの教育」として学校教育に取り入れる可能性もあるはずである。それができていないのは、ここで見てきた日本語を母語としない児童生徒を「例外」として扱う教育制度と、教育関係者の認識によるものである。確かに、ヨーロッパに比べると他言語話者の数も言語のバリエーションも少ないのが日本の言語環境の現状ではある。しかし、学校教育における全ての教科や特別活動において日本語以外でのコミュニケーションや学習活動をおこなう可能性について、全ての教育関係者や児童生徒が当事者意識を持つことは、Council of Europe（2007）が述べる「価値としての複言語主義」[11] という概念の育成につながる。その意味では、特別支援教育で試みられているインクルーシブ教育という考え方を、日本語を母語としない児童生徒について考えていくべきではないだろうか [12]。こうした試みをまずは学校教育から始め、さらに生涯教育でも普及していく必要があるだろう。

　その一方で、日本語を母語としない児童生徒が「教材」化する構造を安易に許してはならない。ハタノ（2006：55-56）は日本の文脈での多文化共生は「マイノリティの側から発生した言葉ではない」と言う。これを受けて、倉石（2016：67）は多文化共生概念について「マジョリティとマイノリティの非対称性から目をそらし、不平等を覆い隠すものである」と指摘した [13]。方言に関しても、第二次世界大戦後にはマイノリティをマジョリティに同化しようとする方言撲滅運動があった [14]。日本語を母語としない児童生徒との「共生」を議論する場合、こうしたマジョリティとマイノリティの関係は必ず念頭に置いておく必要がある [15]。

4. 国際言語の教育と外国語活動・外国語科

　外国語科による国際理解教育はかなり早くから注目されていた。学習指導要領の目標を見てみよう。1969 年告示中学校学習指導要領および 1970 年告示高等学校学習指導要領の外国科目標に「外国語を理解し表現する能力の基礎を養い、言語に対する意識を深めるとともに、国際理解の基礎をつちかう」と「国際理解」が明記された。しかし、1977 年告示中学校学習指導要領および 1978 年告示高等学校学習指導要領では、「外国語を理解し、外国語で表現する基礎的な能力を養うとともに、言語に対する関心を深め、外国の人々の生活やものの見方などについて基礎的な理解を得させる」と、「国際理解」という文言は姿を消した [16]。1989 年告示中学校・高等学校学習指導要領で改めて「国際理解の基礎を培う」という文言が復活する。

　文部省（1992）によると、1974 年の中央教育審議会答申「教育・学術・文化における国際交流について」において、外国語教育の改善による国際理解教育の推進が指摘されていたとある。1977 年にはネイティブ・スピーカーの招致事業が始まり、1987 年からの「語学指導等を行う外国青年招致事業（JET プログラム――Japan Exchange and Teaching Program）」につながっている。1986 年の臨時教育審議会「教育改革に関する第二次答申」の「外国語教育の見直し」では、英語教育の改革とともに「また、英語だけではなく多様な外国語教育を積極的に展開する」と示されたが、あくまで「また」と補足的な位置づけであり、英語教育強調の陰に隠れた感は否めない。1996 年の中央教育審議会答申「21 世紀を展望した我が国の教育の在り方について」でも改めて「国際理解教育の充実」が取り上げられている。そして、2002 年から始まった「総合的な学習の時間」では、「例えば国際理解、情報、環境、福祉・健康などの横断的・総合的な課題」と学習指導要領にも明記され、国際理解教育は教育コンテンツの一つとして注目された。

　ただ、この一連の議論は全て国際理解教育であって、多文化共生教育ではない。第 1 節でも述べたように、多文化共生という概念が広まるのは

表1　英語以外の外国語科目の開設学校数と履修者数 [17]

言語名	公立		私立		国立		計	
	学校数	履修者数	学校数	履修者数	学校数	履修者数	学校数	履修者数
中国語	373	12,204	122	7,387	2	46	497	19,637
韓国・朝鮮語	270	8,542	71	2,708	1	15	342	11,265
フランス語	117	2,892	82	3,839	2	51	201	6,782
スペイン語	70	2,031	25	778	1	54	96	2,863
ドイツ語	53	1,177	41	1,634	2	49	96	2,860
ロシア語	19	494	4	134	0	0	23	628
イタリア語	8	141	6	164	0	0	14	305
その他	24	188	7	190	1	35	32	413
計	934	27,669	358	16,834	9	250	1,301	44,753
開設学校実数	476		198		3		677	

1990 年代半ば以降であるが、先述した 1996 年の中央教育審議会答申では「国際理解教育」は出現するが、「多文化」「共生」「多文化共生」は出現しない。2002 年の「英語教育改革に関する懇談会」による「『英語が使える日本人』の育成のための戦略構想の策定について」でも、国際化イコール英語の習得という方向性になっており、国際理解教育の一種ではあっても多文化共生教育からはむしろ遠ざかった。先にも述べた通り、英語以外の外国語科目を履修しているのは、2018 年 5 月 1 日時点で 4 万 4753 人と1.383％に過ぎない。

　表 1 の通り、英語以外の外国語で開設学校数と履修者数ともに最も多いのは中国語、次いで韓国・朝鮮語となっている。とはいえ、最も多い中国語でも、高等学校在籍者数の 0.607％に過ぎない。また、英語に関しては国際化を謳い強化する私立学校が多い一方で、英語以外の外国語に関して言えば、私立学校よりもむしろ公立学校の方が開設学校数、履修者数ともに多い。

　しかも、表 1 の履修者は英語も履修している可能性が高い。もう一つのデータと照らし合わせてみる。大学入試センター（2021）によると、令和3 年度大学共通テスト本試験の外国語の受験者数は、英語 47 万 6174 人に対し、ドイツ語 109 人、フランス語 88 人、中国語 625 人、韓国語 109 人

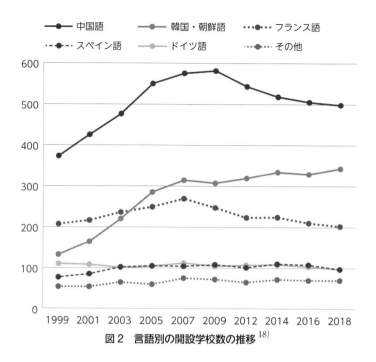

中国語 ━●━ 韓国・朝鮮語 ━●━ フランス語 ┄●┄

スペイン語 ━●━ ドイツ語 ━━ その他 ┄●┄

図2　言語別の開設学校数の推移 [18)]

　と、英語以外の受験者は 0.196％となっている。表1の履修者数に比べ、英語以外の外国語受験者数は極端に少ない。このことから、英語以外の外国語科目は第二外国語として履修されていると推測される。

　では次に、英語以外の外国語科目の開設学校数の推移を見てみよう。

　図2を見ると、中国語は 2007 ～ 2009 年をピークに減少傾向で、韓国・朝鮮語は増加傾向である。フランス語も近年は微減である。大学においても、1991 年の大学設置基準の大綱化以降、第二外国語（特にフランス語、ドイツ語）を提供する大学は激減した。高等学校だけでなく、大学においても日本の単一言語主義は世界の潮流に逆行して進行している。

　その中にあって、外国語教育に新しい風を吹き込むかと注目されたのが 2009 年告示小学校学習指導要領に示され、2011 年度から導入された小学校5・6年における外国語活動である。

　　外国語を通じて、言語や文化について体験的に理解を深め、積極

的にコミュニケーションを図ろうとする態度の育成を図り、外国語
の音声や基本的な表現に慣れ親しませながら、コミュニケーション
能力の素地を養う。

（2009 年告示小学校学習指導要領外国語活動目標）

　小学校外国語活動では、知識や技能の定着よりもコミュニケーションが
重視され、言語や文化の理解も重視するとされた。しかし、その一方で
「外国語活動においては、英語を取り扱うことを原則とすること」とも明
記され、外国語活動という名称ながら、英語以外の選択肢はないとされた。
　「文化に対する理解」という文言は、小学校・中学校・高等学校外国語
科の目標に共通して存在する。1989 年告示中学校・高等学校学習指導要
領の外国語科目標で「言語や文化に対する関心を深め」が入り、1998 年
告示中学校・高等学校学習指導要領で「言語や文化に対する理解を深め」
に変わって以来、現在まで引き継がれている。国際理解教育という点では、
1998 年告示学習指導要領が節目と言え、これは多文化共生という概念が
広まった 1990 年代半ばという時期とも合致する[19]。ただし、あくまで
「文化理解」であり、多文化共生教育までは至っていない。
　2017 年告示小学校学習指導要領では、小学校 3・4 年で外国語活動、小
学校 5・6 年で外国語科となったが、期待されたほど言語や文化の理解を
重視した外国語教育には至っていない。
　平高は、こうした日本の外国語教育における現状に対し、下記の 5 つの
改革案を示した。

　(1) 小学校外国語科活動を英語に限らず、「外国語」の活動とする。
　(2) 高校で「外国語概説」という授業を設置し、英語以外の言語の
　　　選択肢を拡大する。
　(3) 現在大学で行われている第 2 外国語の授業を高校で行う。
　(4) 大学では外国語を使って専門の研究を行う。
　(5) 母語継承語教育を公立学校で行う。

（平高 2020：20）

（1）について、2017年告示小学校学習指導要領では、「外国語活動においては、言語やその背景にある文化に対する理解が深まるよう指導するとともに、外国語による聞くこと、話すことの言語活動を行う際は、英語を取り扱うことを原則とすること」と2009年告示小学校学習指導要領よりも柔軟になった。つまり、聞くこと、話すことの言語活動ではない「言語やその背景にある文化に対する理解」の教育であれば、英語以外の外国語を扱うことは容認されていると読める。(2) も魅力的な提案で、学校設定科目としてなら可能性はあるだろう。(3) から（5）も検討が必要である。

これまで述べてきたように、日本の学校教育における国際言語としての外国語教育は、英語独占の単一言語主義となっていると言わざるを得ない。「共生社会のためのことばの教育」の普及には、英語以外の「言語やその背景にある文化に対する理解」の教育が不可欠である。すでに具体的な実践として、大津・窪園（2008）に基づいた「ことばへの気づき活動（岩坂・吉村2015）」や「言語への目覚め活動（大山2013, 2016)」がある[20]。英語以外の外国語を用いた複言語主義に基づく教育実践の可能性を感じさせる。

5. 国語科教材による「共生社会のためのことばの教育」の可能性

「共生社会のためのことばの教育」という概念の普及のために、国語科では何ができるだろうか。第3節の国内言語の教育の議論は、国語科というより学校教育における全ての教科や特別活動が対象であった。日本の学校教育における教授言語が日本語の共通語にほぼ限られるため、「日本語で教える」という観点では、国語科だけが特別な役割を担うわけではない。しかし、「日本語で教える」ではなく、「日本語を教える」となれば、国語科は特別な役割を担うこととなる。例えば、国語科では方言を扱っており、方言は日本語の共通語から見た場合、定義次第では「他言語」とも言えるからである。

そしてもう一つは、説明文教材の題材として共生社会に関するテーマを

扱う可能性である。

　　National language teachers have a function as a major contribu-
tor to the socialisation of young people into national identity, but
they usually take it for granted.（国民アイデンティティに向けて子ど
もたちを社会化するために国語の教師は重要な役割を担っているが、た
いていはその役割を当然のこととして受け止めている。）

Byram（2008：105）［訳はバイラム（2015：103）］

　国語教育の役割の一つに子どもたちの社会化という使命があるとすれば、
どのような教材を用いるかは、アイデンティティ形成において極めて重要
であると言える[21]。

　国語科における説明文教材とは、人文科学や社会科学、自然科学を題材
とした説明文、解説文、論説文、評論文である。題材は比較的自由である
ため、例えば日本語だけでなく英語以外の外国語はもちろん、多文化共生
や複言語主義に関するテーマを扱うことも可能である。このように、国語
科教材において英語以外の外国語や方言に関する説明文教材を学習し、
「共生社会のためのことばの教育」ないし複言語主義について理解を深め
ることは、現状でも実現可能な方法である。

　では、現在の国語科教材は実際に英語以外の外国語や多文化共生を扱っ
ているのだろうか。本節では、2017年告示中学校学習指導要領に基づき、
2021年度から使用されている4社（教育出版、三省堂、東京書籍、光村図
書）の中学校国語科教科書掲載の説明文教材の内容を検討することとする。

　表2の2021年度版中学校国語科教科書に掲載されている説明文を日本
十進分類法によって整理したものが図3である。

　日本十進分類法の大分類では全70教材中、自然科学が18で最多で、次
いで社会科学は17であった。また、近年の傾向として人工知能など技
術・工学が9と増加しつつある。自然科学は動物の生態に関する教材が9
つと多い。その中にあって、「自然と共存──小笠原諸島（東京書籍3年）」
は、自然と人間の共存をテーマとしており、共生の原点を学ぶことができ

表2　2021年度版中学校国語科教書における説明文教材[22)]

出版社	学年	題名	分野（NDC）
教育出版	1	自分の脳を知っていますか	自然科学 494
教育出版	1	持続可能な未来を創るために一人の暮らし方を考える	社会科学 361
教育出版	1	森には魔法使いがいる	自然科学 468.2
教育出版	1	子どもの権利	社会科学 329
教育出版	1	言葉がつなぐ世界遺産	技術・工学 521
教育出版	1	地域から世界へ――ものづくりで未来を変える	芸術・美術 750
教育出版	1	銀のしずく降る降る	歴史 211
教育出版	2	日本の花火の楽しみ	技術・工学 579
教育出版	2	水の山 富士山	自然科学 455
教育出版	2	持続可能な未来を創るために――不平等のない社会を考える	社会科学 361
教育出版	2	紙の建築	技術・工学 524
教育出版	2	ガイアの知性	自然科学 481
教育出版	2	学ぶ力	社会科学 371
教育出版	3	AIは哲学できるか	哲学 101
教育出版	3	async――同期しないこと	哲学 159
教育出版	3	問いかける言葉	総記 071
教育出版	3	持続可能な未来を創るために――人間の生命・存在を考える	社会科学 361
教育出版	3	青春の歌――無名性の光	文学 914
三省堂	1	クジラの飲み水	自然科学 481
三省堂	1	玄関扉	社会科学 361.5
三省堂	1	「みんなでいるから大丈夫」の怖さ	社会科学 369.31
三省堂	1	意味と意図――コミュニケーションを考える	言語 817
三省堂	1	食感のオノマトペ	言語 811
三省堂	2	人間は他の星に住むことができるのか	自然科学 445
三省堂	2	壁に残された伝言	社会科学 391
三省堂	2	一〇〇年後の水を守る	技術・工学 519.8
三省堂	2	自立とは「依存先を増やすこと」	社会科学 369
三省堂	2	動物園でできること	自然科学 481
三省堂	2	見えないチカラとキセキ	芸術・美術 781
三省堂	2	水田のしくみを探る	産業 616
三省堂	3	間の文化	社会科学 383
三省堂	3	フロン規制の物語――〈杞憂〉と〈転ばぬ先の杖〉のはざまで	技術・工学 519.8
三省堂	3	情報社会を生きる――メディア・リテラシー	総記 071
三省堂	3	「文殊の知恵」の時代	哲学 159

出版社	学年	題名	分野（NDC）
三省堂	3	「ありがとう」と言わない重さ	社会科学 382
三省堂	3	武器なき出陣――千本松原が語り継ぐ	歴史 215
東京書籍	1	話し方はどうかな	言語 817
東京書籍	1	オオカミを見る目	自然科学 481
東京書籍	1	碑	社会科学 391
東京書籍	1	私のタンポポ研究	自然科学 473
東京書籍	1	風を受けて走れ	芸術・美術 781
東京書籍	1	ニュースの見方を考えよう	総記 071
東京書籍	1	「常識」は変化する	技術・工学 519.8
東京書籍	2	ハトはなぜ首を振って歩くのか	自然科学 481
東京書籍	2	黄金の扇風機	芸術 701
東京書籍	2	サハラ砂漠の茶会	芸術 701
東京書籍	2	鰹節――世界に誇る伝統食	技術・工学 588
東京書籍	2	「正しい」言葉は信じられるか	言語 817
東京書籍	2	スズメは本当に減っているか	自然科学 481
東京書籍	3	絶滅の意味	自然科学 468.2
東京書籍	3	恩返しの井戸を掘る	社会科学 302
東京書籍	3	幸福について	哲学 113
東京書籍	3	何のために「働く」のか	社会科学 366
東京書籍	3	いつものように新聞が届いた――メディアと東日本大震災	社会科学 369.31
東京書籍	3	自然と共存――小笠原諸島	自然科学 468.2
光村図書	1	大根は大きな根？	自然科学 479
光村図書	1	ちょっと立ち止まって	哲学 141
光村図書	1	比喩で広がる言葉の世界	言語 812
光村図書	1	「言葉」をもつ鳥、シジュウカラ	自然科学 481
光村図書	1	「不便」の価値を見つめ直す	社会科学 369
光村図書	2	クマゼミ増加の原因を探る	自然科学 486
光村図書	2	モアイは語る――地球の未来	歴史 275
光村図書	2	君は「最後の晩餐」を知っているか	芸術・美術 723
光村図書	2	生物が記録する科学――バイオロギングの可能性	自然科学 481
光村図書	3	作られた「物語」を超えて	自然科学 481
光村図書	3	人工知能との未来	技術・工学 548
光村図書	3	人間と人工知能と創造性	技術・工学 548
光村図書	3	誰かの代わりに	哲学 113
光村図書	3	二つの悲しみ	社会科学 391
光村図書	3	アラスカとの出会い	芸術・美術 740

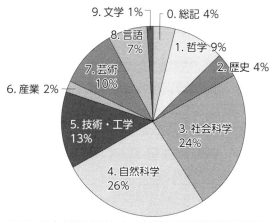

図３ 日本十進分類法による中学校国語科教科書の分野

る教材と言える。

　社会科学は多岐にわたるが、共生社会に関係すると考えられる教材が6つあった。教育出版の「持続可能な未来を創るために」は3学年にわたって掲載されており、SDGs（Sustainable Development Goals：持続可能な開発目標）がテーマとなっており、特に2年の「不平等のない社会を考える」は「障害」という言葉に対する意見を扱っており、共生社会との関連が深い。また同じく、障がいのある人々との共生について当事者の立場から述べた「自立とは『依存先を増やすこと』（三省堂2年)」、工学者の立場から述べた「『不便』の価値を見つめ直す（光村図書1年)」が採用されている[23]。

　そして、2021年度版中学校国語科教科書の中でもっとも「共生社会のためのことばの教育」に近いテーマを取り上げていたのが、「『ありがとう』と言わない重さ（三省堂3年)」であった。この教材は「ありがとう」という言葉の使用頻度や場面を日本やアメリカと比較し、モンゴル人にとって「バヤルララー（ありがとう)」と口に出すのは「わざとらしい」ことであり、感謝は恩を胸に刻み、将来に具体的な行動で恩返しするのが誠意であるというモンゴル人ならではの価値観を解説している。まさにこれは「共生社会のためのことばの教育」にふさわしい教材であり、教師の理

解と自覚、そして力量によってはかなりの効果が期待できる。

　本節の調査でわかったように、説明文教材の題材として「共生社会のためのことばの教育」を扱える可能性は十分にある[24]。しかし、現状はそれほど一般的であるとは言いがたい。国語科教科書の説明文教材において、日本語に限らず英語以外の外国語を扱ったり、多文化共生や複言語主義に関するテーマを扱ったりすることで、「共生社会のためのことばの教育」という概念の普及をするのに大きな改革は必要なく、現状でも実現可能な方法である。

6. 教員養成課程に見る「共生社会のための　ことばの教育」の可能性

　第5節では中学校国語科教科書を取り上げ、生徒が「共生社会のためのことばの教育」に触れる可能性を検討した。本節では、教員もしくは教員志望者が「共生社会のためのことばの教育」について触れる可能性について、教員養成課程の観点から検討する。

　日本で小中高等学校の教員になるのは、それぞれの校種の教員免許状が必要である。言い換えれば、全ての教員は教員養成課程を経るわけなので、ここで多文化共生や複言語主義について理解を深める機会があれば、迂遠的ではあるが「共生社会のためのことばの教育」が達成される可能性が高まる[25]。

　教育職員免許法施行規則に定められる免許状取得に必要な科目と単位数は表3の通りである。

　表3の科目には、「各科目に含めることが必要な事項」として下位分類が存在する。「共生社会のためのことばの教育」に関係しそうな事項としては、「教育の基礎的理解に関する科目」の下位分類である「教育に関する社会的、制度的又は経営的事項」である。この事項では、主に教育社会学もしくは教育行政学という名称の授業科目が充てられていることが多い。そこで、両者のうちより関係が深いと思われる教育社会学のテキスト6冊の目次を調べてみた。

表 3　教育職員免許状取得に必要な科目・単位数

免許状取得に必要な科目	小学校一種	中学校一種	高等学校一種
教科及び教科の指導法に関する科目	30	28	24
教育の基礎的理解に関する科目	10	10	10
道徳、総合的な学習の時間等の指導法及び生徒指導、教育相談等に関する科目	10	10	8
教育実践に関する科目	5	7	5
大学が独自に設定する科目	2	4	12
教育職員免許法施行規則第 66 条の 6 に関する科目	8	8	8

天野郁夫（1998）『改訂版 教育社会学』紀伊國屋書店.

苅谷剛彦・濱名陽子・木村涼子・酒井朗（2010）『教育の社会学 新版——〈常識〉の問い方、見直し方』有斐閣.

有本章・山崎博敏・山野井敦徳（編著）（2010）『教育社会学概論』ミネルヴァ書房.

加野芳正・越智康詞（編著）（2012）『新しい時代の教育社会学』ミネルヴァ書房.

酒井朗・多賀太・中村高康（編著）（2012）『よくわかる教育社会学』ミネルヴァ書房.

岩永雅也（2019）『教育社会学概論』紀伊國屋書店.

　上記 6 冊のうち、言語ないしは言葉に関する項目があったのは、加野・越智（2012）の「人間・環境・言葉」だけであった。もちろん、もっと多数のテキストを調べれば出てくる可能性もあるが、教育社会学に「共生社会のためのことばの教育」に関連する内容を求めるのは難しそうである[26]。しかし、田園調布大学人間福祉学部心理福祉学科の 2021 年度シラバスでは、中学校教諭一種免許状（社会）の「教育に関する社会的、制度的又は経営的事項」に対応する科目として「共生社会論」という科目が設定されていることを確認した。

　もう一つの可能性は、表 3 の下から二番目「大学が独自に設定する科目」である[27]。この科目は、必要単位数が多い小学校一種では 2 単位し

か設定されないが、中学校一種では 4 単位、高等学校一種では 12 単位も設定される。その名の通り自由度が高く、中部大学現代教育学部現代教育学科の 2021 年度シラバスでは、小学校一種免許状の「大学が独自に設定する科目」として「多文化共生と教育」という科目が設定されていることを確認した。

このように、まだ十分に普及しているとは言いがたいが、「教育の基礎的理解に関する科目」の下位分類である「教育に関する社会的、制度的又は経営的事項」や、「大学が独自に設定する科目」として、多文化共生や共生社会に関する科目が設定されることが増えていくことも期待できる。

7. まとめ

Byram（2008）は、外国語教育だけでなく国語教育も含めた言語教育を検討し、「相互文化市民性を育てる教育（education for international citizenship：EIC）」への転換を主張した[28]。言語教育はコミュニケーションの教育だけに留まるのではなく、異なる社会集団と文化に属する人々の中で、発見と相互交流を経て自己認識を変えていくものであるべきと述べたのである。日本の学校教育という文脈におけるその可能性を追究するために、本稿では多面的に「共生社会のためのことばの教育」の可能性について検討をおこなってきたわけである。

第 1 節では「共生」という概念の受容について検討した。「共生」という語は、当初は生物学を中心とした自然科学の用語であったが、次第に人間関係や社会関係で用いられるようになった。学校教育に関して言えば、特別支援教育において先に取り上げられ、国際理解教育や日本語を母語としない児童生徒との関連でも取り上げられるようになった。

第 2 節では、学校教育における「共生社会のためのことばの教育」が、二重の単一言語主義に阻まれている状況について確認した。すなわち、国内言語の教育に関しては日本語による教育しか用意されておらず、国際言語の教育に関しては英語一辺倒であるということである。前者は 1990 年以降増加の一途である日本語を母語としない児童生徒、後者は英語以外の

外国語を扱う可能性を検討すべきである。

　第3節では、国内言語の教育について、日本語を母語としない児童生徒の現状と、インクルーシブ教育の可能性を検討した。続く第4節では、国際言語の教育について、高等学校における英語以外の外国語の取り扱いについての現状と、小学校外国語活動および外国語科も含め、平高（2020）の提案を検討した。「ことばへの気づき活動（岩坂・吉村 2015）」や「言語への目覚め活動（大山 2013，2016)」などの教育実践の可能性も述べた。

　第5節では、中学校国語科教科書の説明文教材を例として、国語科教材による「共生社会のためのことばの教育」の可能性を検討した。2021 年度から使用されている4社（教育出版、三省堂、東京書籍、光村図書）の中学校国語科教科書掲載の説明文教材を日本十進分類法により扱われているテーマを分析した。その結果、共生社会を扱う教材は多いとは言えないが、近いテーマは存在し、今後の可能性が期待できることがわかった。

　第6節では、教員養成課程に見る「共生社会のためのことばの教育」の可能性について検討した。最も関係が深そうなのは、「教育の基礎的理解に関する科目」の下位分類である「教育に関する社会的、制度的又は経営的事項」であるが、この項目で主となる教育社会学では、「共生社会のためのことばの教育」を扱うのは難しい。ただ、少数ではあるがこの項目や「大学が独自に設定する科目」で「共生」という語が含まれた科目名を設定している大学もあり、今後の広がりが期待される。

　学校教育における「共生社会のためのことばの教育」の可能性は、教育制度によって非常に実現が困難なものから、教材での取り扱いや各大学のカリキュラムの工夫によって実現可能なものまである。「共生社会のためのことばの教育」を実現するためには、過去にどのような経緯があり、今後どのように進めていけばいいか広い視野を持つ必要がある。本稿がその一つの契機になれば幸いである。

付　記

　本研究は 2018 〜 2021 年度文部科学省科学研究費補助金（基盤研究（B）課題番号 18H00694)「学校英文法と学校国文法の連携に関する理論的・実

証的研究」（研究代表者：大津由紀雄）並びに、2021～2024 年度文部科学省科学研究費補助金（基盤研究（B）課題番号 21H00552）「英語教育と国語教育の連携に関する理論的・実証的研究」（研究代表者：大津由紀雄）の助成を受けたものである。また、本稿執筆に際して新谷遙氏には貴重な指摘をいただいた。記して感謝申し上げたい。

注

1) 2017 年「学校教育法の一部を改正する法律」により「特別支援教育」へ転換した。
2) その後、「地域における多文化共生推進プラン」は、「ICT 活用」「日本語教育の推進」「感染症流行に於ける対応」「外国人住民との連携・協働による地域活性化の推進・グローバル化への対応」「留学生の地域における就職促進」などを盛り込み、総務省（2020）として改訂された。
3) 本稿では、外国人児童生徒ではなく「日本語を母語としない児童生徒」と表現する。それは、日本国籍でも日本語を母語としない児童がいるからである。文部科学省の調査など固有名詞を除いて「日本語指導が必要な児童生徒」としないのは、必要かどうかは本来、当人が判断すべきと考えるからである。
4) ここで取り上げた以外にも、人間とコンピューターの共生（大川ほか 1971）、人間とロボットの共生（加藤 1983）、ジェンダーに関する共生（星野 1980）なども見られた。
5) 小野瀬（2019）では、2009 年告示高等学校学習指導要領の家庭科に登場した「共生社会と福祉」という項目と、2018 年告示高等学校学習指導要領の公民科の新科目「公共」との連携を検討している。
6) 現行の 2018 年告示中学校学習指導要領でも、この記述は保持されている。
7) 複言語主義（plurilingualism）は CEFR で提唱された造語で、訳は吉島・大橋ほか（2004）による。多言語主義（multilingualism）と混同されやすいが、複言語主義は個々人が持つ能力・価値を表し、多言語主義はある社会においていくつかの言語が共存している状態を表すとされている。我が国の状況に当てはめて考えると、日本の単一言語主義は国家の社会制度として多言語主義を否定し、複言語主義に基づく個々人の価値観を得る機会を奪っていると解釈できる。
8) 日本語を母語としない児童生徒の歴史と日本政府の受け入れ態度については、山下（2007）が詳しい。
9) これに対し、1952 年の「日本国との平和条約に基づき日本の国籍を離脱した者等の出入国管理に関する特例法」により、在留資格「特別永住者」が付与された人々をオールドカマーと呼ぶ。オールドカマーの子弟は日本生まれが多く、言語問題が生じにくかった。
10) 文部科学省（1991）や文部科学省（2020）などを元に筆者作成。1999 年から 2007

年までは毎年実施、1991年から1997年と、2008年以降は隔年実施である。2021年9月現在、1991年から1995年のデータが確認できなかったため、図1では1997年からとしている。また、日本国籍児童生徒のデータも2003年からしか確認できなかったため、そこから算入した。なお、バトラー後藤（2011：19）には1991〜1995年のデータも掲載されており、1991年は約5000人、1993年は約1万人、1995年は約1万2000人だった。

11) Council of Europe（2007：17-18）では、複言語主義のより詳細な定義として「能力としての複言語主義」と「価値としての複言語主義」の二つに分けた。「価値としての複言語主義」とは、言語に対する寛容性や、多様性を肯定的に受容するための基礎となる教育的価値とされる。

12) 日本語を母語としない児童生徒のインクルーシブ教育については教科を問わないが、国語科におけるインクルーシブ教育の実際と課題については、山下（2020）が詳しい。また、イタリアとデンマークと日本のインクルーシブ教育を比較したものに韓・小原ほか（2013）がある。

13) 倉石（2016：80）は、1970年代の立場宣言実践（部落民宣言、在日コリアンの本名宣言）に言及し、「差異に対する向き合い方をマジョリティ生徒に考えさせ『共生の作法』を模索させる、『共生教育』として立ち上げられた」と、日本の多文化共生概念の普及以前に彼らを「教材」化した経緯について言及している。また、新藤（2021）は在日ブラジル人だけでなくアイヌ民族も取り上げている。このような多様な「共生」のバリエーションにも目を向ける必要があるだろう。

14) 沖縄における「方言札」は、うっかり方言を使った児童生徒に罰として首から提げさせ、見せしめとしたものである。梶村（2019）によると、古くは明治期から見られたと言う。

15) 日本語を母語としない児童生徒への、母語・継承語教育も必要である。

16) しかし、「外国の人々の生活やものの見方」は文化の言い換えであると考えれば、これはこれで先駆的な文言かもしれない。1989年告示中学校学習指導要領には「言語や文化に対する関心を深め」も出現する。

17) 文部科学省（2019b）を基に筆者作成。2018年5月1日時点の集計。8位のインドネシア語以下は「その他」にまとめた。

18) 文部科学省（2019b）を基に筆者作成。和暦を西暦に改めた。なお、履修者数の経年データは掲載されていなかった。なお岡戸（2002：155）に1993年から1999年までのデータが示されており、1993年に中国語は約150校、フランス語が約130校、それ以外は100校未満だった。

19) 当時の国際理解教育や異文化理解教育と英語教育政策に関する議論の一つとして、岡戸（1998, 2002）などがある。

20) 中等教育学校での多言語教育の実践としては、吉村／南（2018）がある。

21) ただし、国語教師がこのことに無自覚的であるのは非常に惜しい。したがって、6節では日本の教師に対する共生社会に関する概念の普及の可能性についても検討する。

22) 表 2 の「分野」は日本十進分類法（NDC）新訂 10 版分類基準に基づいている。国立国会図書館収集書誌部（2020）を参考に、筆者の判断で分類と NDC 付与をおこなった。

23) 三省堂 2 年では、資料「共生社会に関するデータ」として、「近所づきあいの程度の変遷」「人口ピラミッドの変化」「鉄道駅等におけるバリアフリー化の推移」の 3 つを掲載している。

24) 光村図書の 2012 ～ 2015 年度版中学校国語科教科書には、佐藤和之氏による「やさしい日本語」が掲載されていた。この教材は災害時における外国人への日本語情報の提供方法を題材にしており、まさに日本語と日本社会を対象とした「共生社会のためのことばの教育」の教材と言える。小学校国語科教科書における「やさしい日本語」の取り組みについては、森（2013）に詳しく書いたので参照して欲しい。

25) 日本、韓国、アメリカ、イギリスの教員養成制度における多様性教育のあり方を比較したものに権／太田（2018）がある。

26) もちろん、教育社会学は教育社会学で取り上げるべき内容があるので、「共生社会のためのことばの教育」に関連する内容が入っていないからと言って、教育社会学を批判する意図はない。

27) この区分では、日本語を母語としない児童生徒の教育に関する科目も設置されつつある。国立大学法人三重大学（2019）の調査によると、「教員養成課程で課程認定を受けた科目に外国人児童生徒等の教育に関する授業がある」と回答した大学は 37 校であったとのこと。また、教職課程の課程認定を受けていない授業にも 40 校が「ある」と回答した。

28) 訳語はバイラム（2015）による。

参考文献

石原吉郎（1969）「ある『共生』の経験から」『思想の科学 第 5 次』85, pp.18-21.［石原吉郎（2005）『石原吉郎詩文集』講談社文芸文庫に所収］

今村令子（1990）『永遠の「双子の目標」――多文化共生の社会と教育』東信堂.

岩坂泰子・吉村雅仁（2015）「『言語意識』と『多様性に対する寛容な態度』の育成に向けたことばの教育――奈良教育大学附属小学校における『言語・文化』授業」『次世代教員養成センター研究紀要』1：101-106, 奈良教育大学次世代教員養成センター.

大川雅司／菅野文友／関口茂／柳川邦雄／山本一郎（1971）「マンとコンピューターの共生――マン・コンピュータ・システムの人間工学的問題点」『人間工学』7(6)：314-321.

大津由紀雄／窪園晴夫（2008）『ことばの力を育む』慶應義塾大学出版会.

大山万容（2013）「国際理解教育としての小学校『外国語活動』と日本における『言語の目覚め活動』導入の可能性」『言語政策』9：42-64.

大山万容（2014）「言語への目覚め活動の発展と複言語教育」『言語政策』10：47-71.

大山万容（2016）『言語への目覚め活動――複言語主義に基づく教授法』くろしお出版.

岡戸浩子（1998）「『英語教育政策』と『異文化理解』に関する一考察」『日本人と英語
　　——英語化する日本の学際的研究』14：67-76，国際日本文化研究センター．（http://
　　doi.org/10.15055/00005934）

岡戸浩子（2002）『「グローカル化」時代の言語教育政策——「多様化」の試みとこれか
　　らの日本』くろしお出版．

小沢有作・佐貫浩（1993）「民族共生の教育をめざして——外国人子弟の教育とアイデ
　　ンティティーの形成」『教育』43（2）：6-15.

小野瀬裕子（2019）「持続可能な共生社会における若者の自立を促すための家庭科教育
　　のあり方——高等学校家庭科『家庭基礎』と公民科『公共』の学習内容の連携」『日
　　本家庭科教育学会誌』62（2）：79-89.

外国人材の受入れ・共生に関する関係閣僚会議（2021）「外国人材の受入れ・共生のた
　　めの総合的対応策（令和 3 年度改訂）」．（https://www.moj.go.jp/isa/content/
　　001349619.pdf）

梶村光郎（2019）「沖縄における方言札の出現に関する研究—— 1911 年以前を中心に」
　　『地域研究』23：1-16，沖縄大学地域研究所．

加藤一郎（1983）「人間とロボットの共生」『電氣學會雜誌』103（10）：953-959.

川満信一（1972）「民衆論——アジア的共生志向の模索」『中央公論』87（6）：90-106.
　　［沖縄文学全集編集委員会（編）『沖縄文学全集 第 18 巻評論 2』国書刊行会に所収］

韓昌完／小原愛子／矢野夏樹／青木真理恵（2013）「日本の特別支援教育におけるイン
　　クルーシブ教育の現状と今後の課題に関する文献的考察——現状分析と国際比較分析
　　を通して」『琉球大学教育学部紀要』83：113-120.

權偕珍／太田麻美子（2018）「高等教育機関における教員養成制度と多様性教育の動向
　　——日本、韓国、アメリカ合衆国、イギリスの研究を中心に」『Journal of Inclusive
　　Education』5：61-76.

草野俊助（1910）「稀有ナル菌根（おにのやがらトならたけトノ共生）」『植物学雑誌』
　　24（279）：77-81.

倉石一郎（2016）「日本型『多文化共生教育』の古層——マイノリティによる立場宣言
　　実践によせて」『異文化間教育』44：65-81.

国立国会図書館収集書誌部（2020）『国立国会図書館「日本十進分類法（NDC）新訂 10
　　版」分類基準』国立国会図書館収集書誌部．（https://www.ndl.go.jp/jp/data/NDC
　　10code202006.pdf）

国立大学法人三重大学（2019）『外国人児童生徒への理解と指導力を育てる教員養成カ
　　リキュラムの検証と再構築 成果報告書』2019 年度文部科学省教員の養成・採用・研
　　修の一体的改革推進事業実施テーマ—— 7 先導的な教職科目の在り方に関する研究.
　　外国人児童生徒への理解と指導力を育てる教員養成カリキュラムの検証と再構築成果
　　報告書

新藤慶（2021）「多文化共生社会の構築と学校の機能——在日ブラジル人とアイヌ民族
　　の状況を中心に」『北海道大学大学院教育学研究院紀要』138：77-96.

総務省（2006）「多文化共生の推進に関する研究会報告書——地域における多文化共生の推進に向けて」多文化共生の推進に関する研究会．（https://www.soumu.go.jp/kokusai/pdf/sonota_b5.pdf）

総務省（2020）「多文化共生の推進に関する研究会報告書——地域における多文化共生の更なる推進に向けて」多文化共生の推進に関する研究会．（https://www.soumu.go.jp/main_content/000706219.pdf）

大学入試センター（2021）「受験者数・平均点の推移（本試験）大学入学共通テスト」．（https://www.dnc.ac.jp/kyotsu/suii/R3_.html）

寺沢拓敬（2006）「『全員が英語を学ぶ』という自明性の起源——《国民教育》としての英語科の成立過程」『教育社会学研究』91：5-27.

日本臨床心理学会（編）（1980）『戦後特殊教育 その構造と論理の批判——共生・共育の原理を求めて』社会評論社．

ハタノ，リリアン・テルミ（2006）「在日ブラジル人を取り巻く『多文化共生』の諸問題」植田晃次・山下仁（編）『『共生』の内実——批判的社会言語学からの問いかけ』pp.55-78，三元社．

バトラー後藤裕子（2011）『学習言語とは何か——教科学習に必要な言語能力』三省堂．

平高史也（2020）「複言語主義にもとづく言語教育の改革——英語が苦手な若者ではなく、異言語異文化に寛容な人を多数育てるために」『Keio SFC journal』19(2)：20-43.

星野安三郎（1980）「男女別学がまかり通る現実——共生の社会をめざす共学の充実を」『月刊教育の森』5(10)：61-67.

森篤嗣（2013）「『やさしい日本語』と国語教育」庵功雄／イ・ヨンスク／森篤嗣（編）『『やさしい日本語』は何を目指すか——多文化共生社会を実現するために』ココ出版，pp.239-257.

文部科学省（2009）「定住外国人の子供の就学促進事業（虹の架け橋教室）」．（https://www.bunka.go.jp/seisaku/kokugo_nihongo/kyoiku/todofuken_kenshu/h27_hokoku/pdf/shisaku02.pdf）

文部科学省（2012）「共生社会の形成に向けて」『共生社会の形成に向けたインクルーシブ教育システム構築のための特別支援教育の推進』中央教育審議会初等中等教育分科会．（https://www.mext.go.jp/b_menu/shingi/chukyo/chukyo3/siryo/attach/1325884.htm）

文部科学省（2019a）「外国人の受入れ・共生のための教育推進検討チーム報告——日本人と外国人が共に生きる社会に向けたアクション」外国人の受入れ・共生のための教育推進検討チーム．（https://www.mext.go.jp/a_menu/kokusai/ukeire/1417980.htm）

文部科学省（2019b）「平成29年度 高等学校等における国際交流等の状況について」総合教育政策局教育改革・国際課．（https://www.mext.go.jp/b_menu/houdou/31/08/__icsFiles/afieldfile/2019/09/19/1420498_001_1.pdf）

文部科学省（2020）「『日本語指導が必要な児童生徒の受入状況等に関する調査（平成

30 年度）』の結果の訂正について」総合教育政策局国際教育課．（https://www.mext.
go.jp/b_menu/houdou/31/09/1421569_00001.htm）

文部省（1991）「日本語指導が必要な児童生徒の受入れ状況等に関する調査」総合教育
政策局国際教育課．（https://www.mext.go.jp/b_menu/toukei/chousa01/nihongo/
1266536.htm）

文部省（1992）『学制百二十年史』ぎょうせい．（https://www.mext.go.jp/b_menu/
hakusho/html/others/detail/1318221.htm）

山下敦子（2020）「インクルーシブ教育における国語科指導についての現状と課題」『神
戸常盤大学紀要』13：28-38.

山本聡子（2007）「『日本語教育が必要な外国人生徒』の位置づけ」『言語社会』1：342-
329（115-128），一橋大学大学院言語社会研究科．

吉村雅仁・南美佐江（2018）「多言語を扱う英語授業の試み――日本の中等教育におけ
る言語意識教育と期待される効果」『奈良教育大学教職大学院研究紀要 学校教育実践
研究』10：11-20.

李相鎬（1988）「外国人労働者問題の原点と行方――外国人労働者との共生を求めて」
『法学セミナー増刊 総合特集シリーズ』42：2-28.

Byram, M.（2008）*From Foreign Language Education to Education for International
Citizenship*. Clevedon: Multilingual Matters. ［＝マイケル・バイラム（著），細川英雄
（監修），山田悦子／吉村由美子（訳）（2015）『相互文化的能力を育む外国語教育』大
修館書店］

Council of Europe（2001）*Common European Framework of Reference for Languages.
Learning, Teaching, Assessment*. Cambridge University Press, Cambridge. ［＝吉島
茂／大橋理枝ほか（編訳）（2004）『外国語の学習、教授、評価のためのヨーロッパ共
通参照枠』朝日出版］

Council of Europe（2007）*From linguistic diversity to plurilingual education: Guide for
the development of language education policies in Europe*［Main version］. Strasbourg:
Council of Europe.

第 6 章

共生社会で活かされる
「複言語・複文化主義」的発想

現象学の視点から持続可能な対話のことばを探す

山川智子

1．はじめに

　現代の多言語・多文化共生社会において、ことばの教育は複数の領域で
連携して取り組まれるべき課題のひとつである。その一方で、日常生活の
多様な局面で発せられることばが、受けとめる相手によって多様に解釈さ
れることに関して、正面から議論されることはそれほどない。ことばは私
たちの生活と切り離すことができず、私たちの「主観」とも関わるため、
いわゆる「客観」的対象として扱うことが難しいという事情が背景にある
のだろう。とはいえ、私たちがそれぞれ豊かな人間関係を築き、持続可能
な社会で自分らしく生きていくには、ことばの役割と限界を意識しつつ、
ことばで互いに信頼関係を築く努力が不可欠である。ことばに関する成熟
した議論が必要となるゆえんである。

　持続可能な対話のことばを探すにあたり、欧州評議会が提唱した「複言
語・複文化主義（plurilingualism/pluriculturalism）」に学び、可能性を広げ
たいと筆者は考える。「複言語・複文化主義」はことばの教育で活用され
る *Common European Framework of Reference for Languages: Learning,
teaching, assessment* [1]（以下、CEFR）を読み解く鍵概念である。さらに、
ことばの教育が共生社会の構築にどのように貢献できるかを検討するにあ
たり、本稿では現象学と関係づけながら「複言語・複文化主義」[2] を認
識することで迫りたい。この対象への迫り方は、コロナ禍での「新しい生
活様式」におけることばの学びにも資すると考えている。これらを踏まえ、
まず、個人の実体験が社会を動かす鍵（原動力）になり得ることを「複言
語・複文化主義」の本質を振り返ることで示し、この概念の理解を深化さ
せる。次に、現象学の視点から「複言語・複文化主義」を捉えなおし、
ヨーロッパの言語教育政策の根底に流れる思想を再確認する。続いて、社
会関係の豊かさを実感するための教育の例を取り上げ、個人の尊厳を守っ
た持続可能な対話の在り方を追究することが共生社会で生きるためのこと
ばの教育につながることを示し、今後の展望を拓く。

2. 一人ひとりの実感が社会を動かす原動力となる

2-1 身近にある「つながり」を見直す

　異なる背景を持つ他者と共に生き、持続可能な社会を築くには、他者をリスペクトし、誠意あるコミュニケーションをとりながら、相互理解を深めていく必要がある [3]。その時、ことばが重要な役割を果たす。ことばの教育は、持続可能な開発目標（SDGs）[4] を達成するためにも重要である。「ことば」は、SDGsの17の目標すべてに関わると言えよう。学びの場における「ことば」、様々な現場での交渉や説明のための「ことば」、さらに、他者と有機的につながるための「ことば」を考えるうえでは、たとえば以下のSDGsの目標を念頭に置き、現代社会の動きにもあわせていきたい。

　　目標4〈教育〉すべての人に包摂的かつ公正な質の高い教育を確保
　　　し、生涯学習の機会を促進する。
　　目標16〈平和〉持続可能な開発のための平和で包摂的な社会を促
　　　進し、すべての人々に司法へのアクセスを提供し、あらゆるレベ
　　　ルにおいて効果的で説明責任のある包摂的な制度を構築する。
　　目標17〈実施手段〉持続可能な開発のための実施手段を強化し、
　　　グローバル・パートナーシップを活性化する。

　ことばは人とつながる手段のひとつである（杉野／野沢／田中 2021）[5]。一人ひとりがその「ことば」を活用し、有機的な「つながり」から信頼関係を築き、私たちは共生社会で生きている（山川 2021）。つながることで対話がはじまり、新たなことばと希望が生まれる。そのことが励みにもなり自信がつく。つまりエンパワメントになるのだ。
　社会での人間関係を「強い」紐帯（つながり）と「弱い」紐帯に分類したうえで、「弱い紐帯（weak ties）の強さ」を説いたグラノヴェター（Mark Granovetter、1943～）の研究がある [6]。大ざっぱにまとめると、人生の転機に有益な情報をもたらしてくれるのは、「強く」つながっている人、つまり日常でよく接する人からの情報よりも、「弱い」つながりを持

つ人、つまり普段それほど接することはないが何らかの形でつながっている人からであることが多い。それは、日常よく接する人からの情報は自分と似た情報のことが多いが、接する機会の少ない人からの情報は自分の情報とは異なる、新しい価値を持った情報であることが多いからである（Granovetter 1973 = 2006）。

　「弱い紐帯の強さ」について、ことばの側面からも考えてみたい。接する頻度の高い人との「強いつながり」では、ことば以外の要素も加味されることが多い。その一方で、普段それほど接することがなく、折々にやり取りする間柄の人との「弱いつながり」を維持するには、現代ではメールやSNSなども活用して「ことば」を駆使する必要がある。コロナ禍においては、いっそう「ことば」の使い方に工夫が求められている。

　「弱いつながり」の形態は、「強いつながり」の形態よりも多種多様であろう。つながりを維持するため、相手への配慮や気遣いを伝える「ことば」が必要である。疎遠となり、途絶えた「つながり」を復活させる時も、関係修復のための「ことば」も必要であろう。自分が仲介者となり、人と人をつなぐ時にも「ことば」が使われるだろう。CEFRにおいても、公開当初から、「仲介」する能力、つまり人と人をつなぐ能力に力点を置いていることを、ここで確認しておきたい。

　「弱いつながり」は、「強いつながり」とは異なり、些細な理由で何時でも切ることのできる脆くて儚いつながりでもある。だからこそ、「弱いつながり」を維持するためには、相手への細やかな気配りが必要である。それを苦と思わない人が、複数の「弱いつながり」を維持しやすいと言え、転職などの人生の転機に、そのつながりが効力を発揮する[7]。また、「弱いつながり」の維持には微妙なバランス加減も必要である。尊大になり、相手の落ち度を過度に論えば、つながりは切れるだろう。また、必要以上に自分を卑下すれば相手も居心地が悪くなり、違和感を覚えるだろう。このバランス感覚──「匙加減」や「塩梅」──が「弱いつながり」の維持に欠かせない[8]。

　「つながり」を敢えて意識せずとも、一人ひとりそれぞれが、相手と良好な関係を築くことができれば、気持ちよく働き、生活していくことが可

能になる。組織の中で上に立つ人は、皆が気持ちよく仕事ができるように気を配る必要がある[9]。あるひとつの「ものごと」をどのように認識するか、人によって判断基準はまちまちであろう。そのことを一人ひとりが理解し、相対的な見方を育む際に「ことば」が活きてくるのである。これは現象学的に考えても重要な点であり、業務上のコミュニケーションが円滑にいくかどうかを決める要素になる。

　共同作業をしている時、ある「ものごと」の受けとめ方の違いが原因で、行き違いやミスが起こることもあるだろう。その際、責任を過度に追及するのではなく、失敗を分析し、信頼をとり戻すための「ことば」の力を磨くことが重要になってくる。発生した以上は、その後の対応が肝心だからだ。修復業務に対応するため、業務の優先順位を変える際にも、「ことば」が必要である。不利益を被った人に謝罪し、「ことば」を駆使して失敗原因を分析し、再発防止策を練り、それらを誠実に伝えるという建設的な行動をとれば、「被害者」も一定程度は救われる。もし責任の所在を隠したり、他者に責任転嫁する体質があると、さらなる失敗につながるだろう[10]。

　信頼関係を構築する手段ともなる「ことば」の力を磨くために、ヨーロッパ各国では、「言語技術教育」が母語教育段階で取り入れられている。子どもたちは、自分の考えをどのように相手に伝えればよいかを初等教育段階から学び、そのための訓練を受け、自分の意見を表明する技術を体験的に身につけている（三森 2003）。子どもたちは母語での対話の技術を駆使して「外国語（異言語）」を学び、続いて母語と外国語で、他の教科の学びを進めている[11]。ヨーロッパ各国の学校教育では、母語や外国語で対話の訓練をしたうえで、全体の学びに必要なことばを育み、社会生活にどう役立てていくかが模索されている。

　ことばが教育や社会生活のあらゆる段階で必要であることを前提とすれば、社会科系科目で重視される指針をことばの教育でも取り上げる意義が見えてくる。教育を通して社会と関わる活動を進めるためには、教員が権力の顔色をうかがう心配をせずに、安心して教壇に立てる環境が必要であり、そのための指針が、1970 年代に相次いで示された。たとえば、ユネスコの「国際理解、国際協力及び国際平和のための教育並びに人権及び基

本的自由についての教育に関する勧告」（1974年）や、政治教育の原則が示された「ボイテルスバッハ・コンセンサス」（1976年）などである。本稿4-3で述べるが、これらは国際理解教育や市民性教育（ドイツでは「政治教育」と表現される）の指針とされている。1970年代は、第二次世界大戦が終結してから一世代が経過し、経済復興がある程度落ち着き、市民生活の内面的な部分に目を向けられるようになった時期とも言える。この時期に、現場の教員の指針となるような合意文書の公開が続いたのも頷ける。学んだことばを駆使して、豊かな人間関係を構築し、誠意ある対話で信頼を得て、その信頼を糧に社会全体の成熟を目指すのが、戦争再発防止を理念に掲げる現代ヨーロッパの言語文化教育なのである。

2-2 諺をどう受けとめるか――「蟻の一穴」を例に

　緒方貞子は国家間の関係を考える際に、「持ちつ持たれつ」という精神を貫いたとされる。緒方は、国や地域間の関係を考える時にも、人と人との間の関係を当てはめたのである（緒方 2017）。広い空間で生きる多くの人間同士の関係を考える際にも、一人ひとりが個人としてどう考え、どう振る舞うかという視点が重要であると、緒方は考えた。一人ひとりの柔軟な発想が、国や地域という大きな組織を動かす原動力になるからだ。「千丈の堤も蟻の一穴から」という諺にもあるように、大きな枠組みを考える時ほど、個々の構成要素が持つ役割も無視できない。この諺は、「蟻の一穴」と略して使われることもあり、堅い堤がほんの小さな一穴で崩れることに視点を置いて用いられるが、本稿では教訓的な意味として、少しずらした視点でこの諺を活用したい。つまり、小さな「ものごと」の積み重ねこそが、盤石な体制を築くための要素であるという捉え方をしてみたい。そのことにより、「盤石さ」がよりいっそう際立つのではないかと考えている[12]。

　この「蟻の一穴」という考えは、「複言語・複文化主義」にも通じる。つまり、ヨーロッパの言語教育政策が目指したものは、市民にそれぞれの国の「国民」であると同時に、「ヨーロッパ市民」であるという意識を芽生えさせることであった。一人ひとりがヨーロッパという広大な地域を意

識するには、まず「個人」として、身近な他者との関係を構築する必要がある。自分の「個人主義」の尊重と、他者の「個人主義」の尊重は兼ねられている[13]。自分の中の「複言語・複文化」状況を意識した個人が集まるところに「多言語・多文化」なヨーロッパ社会がつくられると考える。一人ひとりの気持ちの持ちようが、ヨーロッパという広大な地域の認識の仕方に影響を与える。自分の「個人主義」と他者の「個人主義」とのバランスをとり、折り合いをつけながら生きる覚悟がやがて自信につながる。個人の自覚が脆弱であると、他者との盤石な関係を築くことが難しくなる。相互理解に至るまでの「対話」が成立するには、双方に「個人主義」の真髄についての理解が共有されている必要がある。

　異言語話者同士の交流が活発なところでは「個人主義」を意識する機会も増えるだろう。一人ひとりが日常生活の中で複数の言語を用いる割合が比較的高いヨーロッパでは、互いの言語を学び合う取り組みや、それを意識化するための工夫が凝らされている[14]。たとえば、ことばに対する市民の意識を高めるため、2001年が「欧州言語年」と制定された。欧州評議会が、EUやユネスコと連携し、実現したものである。加えて、毎年9月26日が「欧州言語日」と制定された[15]。記念の「年」や「日」を制定することで、言語学習に象徴的な意味を持たせ、弾みをつけたのである。

　歴史的出来事の様々な局面において、政治家たちが判断を下す際、政治家個人の体験も社会を動かす原動力となっている（山川2016）。たとえば「シューマン宣言」（1950年）で知られるロベール・シューマン（Robert Schuman、1886〜1963）について考えてみたい。シューマンは、「フランスの政治家」と認識されているが、ルクセンブルク生まれである。彼の母語であるルクセンブルク語は、言語的にドイツ語に近い言語である。彼は、血統主義により当初はドイツ国籍であり、主にドイツの教育制度の下で学んだ。戦争の結果、居住地がフランス領になったことで、彼も「フランス人」となったのである。彼にとって、フランス語はあくまでも「外国語」であった。こうした人生を歩んだシューマンにとって、ドイツとフランスが互いに憎しみ合うことが耐えられないものであったことは想像に難くない。ヨーロッパ統合に尽力した政治家の一人であるシューマンにはこのよ

うな背景があった[16]。こうした「個人」が集まったからこそ、ヨーロッパは統合することができた。「蟻の一穴」の教訓として受けとめていきたい。

3.「複言語・複文化主義」を現象学的に認識する

3-1　現象学的に見た筆者の原体験

　ことばの学習、およびその研究は、フッサール（Edmund Husserl：1859〜1938）の現象学で言うところの「生活世界（人間がそこで日常生活を営む具体的世界）」に含まれると考えられる。フッサールは、彼の著作『ヨーロッパ諸学の危機と超越論的現象学』において、学問が技術主義に向かう傾向、そして実証主義に偏る傾向を哲学的に批判した[17]。

　フッサールは諸科学の追究する「客観的な学」に対し、「主観性の学」、つまり「生活世界」の学を対置した。現象学の視点から考えると、「客観」はあらかじめ存在するものではなく、相互主観的に構成されたものとなる。それぞれの「科学」が「客観」的対象と認識しているものは、それぞれの「主観」の間で共通理解（妥当性）が成立した関係にあるものと考えることができる。この共通理解の関係性を理解することで諸科学を基礎づけるのが現象学的見解であると考える。

　「生活世界」と「客観的世界」のどちらが「学的」対象となるかを問題にした西欧近代の実証主義は、「生活世界」が曖昧で相対的な主観的世界にすぎないものと考えるようになった。しかし、「生活世界」にある主観性、相対性に潜在する普遍的な構造こそが、「学的」な対象とされるべきだったとフッサールは述べる。

　　　この生活世界が、それ自体として、またその普遍性からみて要請
　　している学問性は独特なものであって、単に客観的・論理的な学問
　　性ではないのである。だが、それは究極的な基礎づけをなすものな
　　のであるから、その価値からみて劣ったものではなく、より高貴な
　　ものである。　　　　　　　（Husserl 1962 ＝ 1995：224、下線は筆者）

近代の学問が実証主義に支えられて成立したとはいえ、ことばの教育などの学習分野は「生活世界」に根差しており、実証主義が網羅しにくい分野であると言えよう。ことばの学習には、話者の気分や心情、倫理や価値観、嗜好や美感といった「生活世界」に根差す、不安定で繊細な感性が重要な要素として含まれている。ことばの教育は科学では割り切れない価値的な世界にある。

　本書のテーマである「共生社会のためのことばの教育」を語る時、数字では割り切れないことがらも念頭に置く必要があると考えている。そこには、当事者同士の尊厳を守り、対話を重ね共通了解を見出していく作業も含まれる。現象学は、まずは自分の立ち位置で「ありのままを受けとめる」ことが本質をつかむために重要なことであると教えてくれる。ありのままを受け入れるということは、つまり自分が見たこと、感じたことを、素直に受けとめ、そこから問題意識を研ぎ澄ませ、経験知として将来につなげるということである。そこで、筆者が自らの進む道を探すにあたり「複言語・複文化主義」という考え方に救われた体験、その後「複言語・複文化主義」を自身の研究テーマとした経緯を記す。そのことによりすべての体験が「共生社会のためのことばの教育」というテーマと結びつけられることを示したい。

　筆者が2000年8月に欧州評議会を訪問した際、文書センター（Documentation Centre）のW・B氏から、1970年代に公開された *Threshold Level* [18] の次段階の文書が作成中であることをうかがった。翌年（2001年）公開されたCEFR [19] を手にとった時、W・B氏が言及していたのはCEFRであったと理解できた。

　CEFRを紐解き、「複言語主義」の原語である、"plurilingualism" に関する記述 "What is plurilingualism?" を読んだ時、筆者はこの説明に救われる思いがした。それまで筆者の中にあった言語化できない考えや迷いの本質を言い当ててくれた気がしたからだ。腑に落ちるものがあったのである。さらにCEFRでは、二人として同じ学習履歴を持つ人間はいないこと、だからこそ一人ひとりが自分の言語体験を記録し、記憶することで、自身の歩みに肯定的な意味を与えることができると説明されていた。そのこと

により、様々な局面で自身が誇りを持って歩むことができ、それこそが重要であると説かれていた。

　筆者はドイツ文学を専攻した後、ドイツ語教育に携わる中で自身の経験を研究や教育にどう組み込んでいけばよいのか、考えを上手く言語化できない日々が続いていた。仕事を続けるうちに、いわゆる「語種」に拘らない、「ことば」の教育そのものに関心が広がった。その関心を深め、ヨーロッパの言語教育政策の研究に踏み出していた頃、plurilingualismという概念を知った。当時は、「語種」に拘らない言語教育研究に関して、一部の研究者を除き、理解を得るのが難しい時期であった[20]。そのような状況の中で「複言語・複文化主義」という考え方は、当時の自分に、教育や研究に対する姿勢や、ことばの学びに関する示唆を与えてくれた。たとえば数字で表すことのできない気持ちや思いを自覚することや、自分の考えだけでものごとを進めるのではなく、周りの人との関係を構築する中で自らを律し、調整し、進めることの重要性である。さらに、経験から得られる「直観」が重要であると気づいた。筆者は「複言語・複文化主義」という考え方を知ることにより、自分を振り返り、気概を持つことができるようになった。

　その後、筆者は多くの出会いに恵まれ、研究と教育を続けることができた。「語種」を問わず、様々な言語の教育に携わっている多くの研究者と情報交換しながら、共同研究をする機会に恵まれた。かつて迷い、踏みとどまった経験も活かすことができていると実感している。すべての経験が複合的に絡み合っており、そのどれもが無駄にはなっていないことを教えてくれたのが、筆者にとっての「複言語・複文化主義」という考え方であった。

　言語化することが難しい感覚や一瞬の気持ちを都度、記憶にとどめるという筆者の「原体験」は、現象学が筆者に教えてくれたところの「ほんとう」の「ことがら」であった。ことばの学びと教育について、人に教えを乞うだけでなく、自分なりに考え続けなければ道は拓けないという理解に至ったわけである。同じ時期に、「現象学」について学びはじめる機会に恵まれた。「複言語・複文化主義」や現象学に出会い、それらを学び、そ

れらの「本質」を実感したという体験が、筆者にとっての有難い「ことがら」であった。同時に、この記憶にとどめる「思い」や「気持ち」こそ、筆者の研究の核心であると認識するに至った。それ以降、研究活動や教育現場で迷いや疑問が生じた時、それぞれの局面で「複言語・複文化主義」や現象学の考え方を当てはめることで自分の「納得解」を得るようにしている。また、「納得解」が得られなくても、その状態にある自分を受け入れてみようと考えるようにしている [21]。

　その後、「複言語・複文化主義」に関して、様々な言語、多様な視点からの研究が進んだ。筆者も自分の研究と比較しつつ、それらの研究からも多くを学んでいる。本原稿を執筆している時点でも、これらの概念を初めて知った時の「原体験」や「感覚」を表現する術を探し続けている。換言すれば、自分がかつて「複言語・複文化主義」や現象学から救われた感覚を説明する「ことば」が、まだ原体験に追い付いていないのである。これまでに発表してきた論文でも、まだ説明し尽くせていないという思いがある。その「感覚」を表現することばを研ぎ澄ますことが筆者の課題である。そのためには、自分の中で「対話」を繰り返していくしかないと考えている。具体的に言うと、「過去の自分」（"plurilingualism" という考え方を知った当時の自分）と、その時々の「現在の自分」との間での対話を重ねていくということである [22]。

　「複言語・複文化主義」やCEFRの研究が様々な領域で進んだが、かつて自分を救ってくれた概念やCEFRが、偏った理解（ここでは詳しく言及しないが）のまま普及している点に筆者は問題意識を抱いている。異なる視点からCEFRを理解し、活用する立場を尊重しつつも、欧州評議会の言語教育政策の受けとめ方にも違いがあることを実感している。立場や見解が異なっても、それぞれの見解の中にある共通点を見出し、そこから接点をつなぎ合わせていく作業が必要であると考えている。

　以上をまとめると、現象学が筆者に教えてくれたのは以下のことである。筆者にとってのCEFRは、「複言語・複文化主義」を鍵概念とし、自身の言語生活、および言語文化教育研究に救いをもたらし、先につないでくれるような希望をもたらす「ことがら」であった。それが、「複言語・複文

化主義」に関する論文を筆者が執筆し続ける動機付けになっている。書くという作業を通して、自分がかつてどう救われたかを整理し、確認し、希望を見出す作業をしていると言える。その一方で、他の人々にとってのCEFRは、それぞれまた別の「ことがら」であると理解し、そこから対話の糸口を模索する必要があるということも心得ておきたい。立場や視点を変えることで、ある「ことがら」の受けとめられ方もどう変化するかを考察するため、欧州評議会の言語教育政策が日本でどのように受容されてきたか、その変容を分析し、展望を見出すべく、研究を進めている。

3-2　リスペクトからはじまる相互理解——肯定的に評価するとは [23]

「複言語・複文化主義」は、ヨーロッパ市民が日常生活の中の言語体験で実感している意識に基づいたものであり、新たに「特効薬・万能薬」として登場したアイデアではない [24]。奇をてらうような言説には生命力がないことは、哲学の受容に関するヘーゲル（Georg Wilhelm Friedrich Hegel：1770 ～ 1831）の指摘と重なる部分がある。

　　死者が死者を葬るかのごとき代弁者の行為よりも、一般大衆のなかに生じる動きのほうが目に立たない。いまや、社会全体の洞察力が磨かれ、好奇心が強くなり、判断もすばやくなったために、「あなたを運びだそうとするものがすでに戸口に立っている」（使徒行伝5-9）といった事態がうまれてはいるが、<u>それとは区別される一般大衆のゆっくりした動きこそが、人目を引く言説によってかきたてられた関心や、軽蔑的な非難のまなざしを修正し、時が経つうちに広く受けいれられる哲学と、もうまったく命脈を断たれてしまう哲学とを弁別していくのである。</u>

（ヘーゲル、長谷川訳 1998：47-48、下線は筆者）

欧州評議会は「複言語・複文化主義」を提唱することで、市民の日常の言語体験、つまり、複数言語を学びながら使う生活体験で抱く無意識で混沌とした現象に輪郭を与えた。さらに、複数言語を使用する市民が自らの

経験を自覚する作業を促した。これらの意義の大きさを改めて確認しておきたい。

　互いを理解し合うための対話の前提としてあるのは、相手をリスペクト（尊重）する姿勢を持つということである。その場しのぎで自分に都合よく振る舞っていては、つまり誠意がなければ、後で信頼を失うことになり、長期的な関係は築けない。

　現象学が教えてくれるように、ある「ことがら」をどう認識し、その本質をつかむかは、一人ひとり異なる。当事者がこの点を押さえておけばコミュニケーションにおいて行き違いが生じた時でも、相手に対して過度な責任追及に陥るのではなく、状況を冷静に受けとめ、相手の受けとめ方にも一定の理解を示すことができる。相手の発言の言葉尻を捉えるような態度では、相手が「ほんとう」に言いたいことを掬い取ることができない。

　不戦の誓いを立てたヨーロッパの言語教育政策は、相手を理解し、良好な関係を築くための工夫やそれを活かした活動の指針を示してくれるものでもある。CEFRの「共通参照枠」における能力の肯定的表現は、異言語話者との交流に限らず、同じ言語を話す者同士の交流においても適応可能である。話者の気質や話し方により、やり取りがスムーズにいくこともあれば、たとえ同じ言語を話していても、会話が噛み合わなくなることもあるからだ。

　相手がことばを選び、訥々と話している時に、相手を理解しようと耳を傾けることもせず、それを遮るような形で割り込み、自分の意見を押し通す人がいる場面を想像してみたい。また、相手が理解できないという何らかのサインを発しているにも関わらず、それを押さえつけて自分の話を続けるという場面を想像してみたい。さらに、弱い立場に置かれている人の言葉尻をとって揚げ足をとり、相手の気持ちを挫くような場面もあるだろう。自分を優位に立たせ、相手に対してそれを見せつけるような場面もあるだろう。いずれの場面でも、対話の主導権を握っている者の態度からは、相手への敬意を感じることができない。コミュニケーションが上手くいかない時、たいていの場合は、対話の主導権を握る者、つまり上の立場にある者が、相手への配慮を欠いていることが多いと言えないだろうか。

相手を肯定的に受け入れよう、埋もれているかもしれない優れた資質を相手の中から探し出そうという気持ちが肝要であると教えてくれるのが、欧州評議会の言語教育政策なのである。言語能力に関しても、「できない」という否定的な記述方法ではなく、「できる」という肯定的な記述方法を目指す理念はこの点にある。入門レベルでは「できる」ための環境設定を具体的に明示する必要があるので、肯定的記述は否定的記述よりも工夫を要する。とはいえ、相手の優れた資質を見つけるために工夫を凝らす作業は、創造力を育むことにつながる。相手を尊重しつつ、自分の考えを述べることで豊かな人間関係を構築することができる。つまり肯定的に相手を評価する作業から、自身が得るものは多いのである。

　CEFRの「能力記述文」による記述は、具体的で、学習者にとっても腑に落ち、自分は何がどこまでできるようになったのか自覚しやすく、さらなる進歩へ向けて心の準備をさせるという配慮が表れている。一見、平凡に見える記述文は、欧州の多言語社会の現場で、多くの言語教育関係者によって観察され、経験された知見、すなわち、ある時点で達成された言語能力の輪郭を、過不足なく、学習者が意欲が湧くように励ましを込めて描き出すという条件を満たしている。

　このように、「肯定的記述」を最大限に実践し、その意義を利用者に認識させることが欧州評議会の目的でもあった。相手に対する「肯定的評価」や「否定的評価」が、それぞれどのような影響をもたらすかを突き詰めて考え続けることは、ヨーロッパの平和構築を掲げた欧州評議会の設立理念にも関わっている。国際コミュニケーションにおける、他者に対する「肯定的評価」のもたらす効果、「否定的評価」が及ぼす影響は、紛争の絶えない国際社会の現場関係者たちが実感してきたことである。そうした経験が、言語運用能力の評価にも反映されたのである。

　「肯定的記述」や「否定的記述」がもたらす影響については、言語運用能力の評価に限らず、共同作業が必要な仕事におけるコミュニケーションに当てはめて考えると、具体的に把握しやすい。つまり、評価される相手だけではなく、第三者に対しても、「他者」の短所や失敗点を論い、改善点や対案を提示することのない者と、「他者」の長所を認めつつ、その時

点で足りない箇所を補いながらものごとを進める者とのどちらが、多くの人間とのコミュニケーションを円滑に行い、より効率的にプロジェクトを遂行できるであろうか。また、遂行過程で、否定的な態度をとられ続けながら進めなくてはならない場合と、肯定的に支援を受けることができ、また不振な時には軌道修正の助言を受けることができる場合とでは、そのプロジェクトの進行速度や成果にどれほどの違いが表れるであろうか。

　「他者を評価する」営みは、その評価の仕方をめぐって、評価者自身も周囲から「評価される」ことは見落とされがちである[25]。「他者をどう評価するか」によって、評価する側の「度量」「力量」「教養」が試されているという点からも、「生産的評価」の仕方について、今一度、考えておかねばならないことをCEFRは教えてくれる。

4. 個人の尊厳を守る持続可能な対話の教育

4-1　アイデンティティ認識のための「複言語・複文化主義」

　バイラム（Michael Byram、1946 ～）も指摘するように、言語はアイデンティティ認識の象徴のひとつなので、ことばの教育を考えるにあたり、アイデンティティに関しても考慮する必要がある（Byram 2008）。

　「複言語・複文化主義」という考え方がヨーロッパで生み出された意義を理解するには、まずヨーロッパの歴史や地理的事情を考えなければならない。そこで、ヨーロッパにおけるアイデンティティ認識に目を向け、「ヨーロッパ・アイデンティティ」を例に考えてみる。

　ヨーロッパ・アイデンティティとは、自らがヨーロッパ市民であることを自覚し、国を超えたつながりを維持し、ヨーロッパのみならず、世界全体の環境や平和を当事者目線で考えようとする意識である。「ヨーロッパ」という広い地域における「アイデンティティ」を厳密に定義づけることは難しい。そうであるからこそ、ヨーロッパに生きる市民一人ひとりが意識する、それぞれのアイデンティティの総体が、ヨーロッパ・アイデンティティであると考えたい[26]。ヨーロッパの「パブリック・オピニオン」[27]とは、一人ひとりの様々な意見が入り混じった総体であり、ヨーロッパ以

外の地域に向けて発信するメッセージなのである。

　ヨーロッパ・アイデンティティを考える中で、そもそも「ヨーロッパ」とは何かという疑問が浮かぶ。「ヨーロッパ」という語の起源は諸説あり、歴史上も様々な意味を持っていた（ドルーシュ 1994）。地理的概念で考えると、ヨーロッパの東の境界は議論が分かれ、明確に定まっていない（加賀美／川手／久邇 2010）。ヨーロッパにおいて、国境は政治体制によって揺れ動いてきた歴史がある。政治的に考えても、民族の対立や統合の中で「ヨーロッパ」概念が形作られてきた。そのため、「ヨーロッパ」とは、人々の中で形作られてきた、地理的、歴史的、政治的概念と考えたほうがよいだろう [28]。

　戦後ヨーロッパの平和構築のためには、ことばや文化の異なる人々の間で相互理解を進める必要があった。一人ひとりが、自分の中の「複言語・複文化」を意識し、ヨーロッパ・アイデンティティを育むことができれば、理解が進むと考えられた。ヨーロッパ内での相互理解と扶助の理念は、いまや地球全体を視野に入れたものに変容していると言える。「複言語・複文化主義」とは、ヨーロッパ市民にとってのアイデンティティ認識の一助となる考えであり、その理念はヨーロッパを超えた地域でも理解され、共感され、ことばの学習に活かされているのである。

4-2　「ヨーロッパ（の）教育」という考え方 [29]

　次に、「ヨーロッパ・アイデンティティ」を育むための教育について考えてみたい。これは、かねてから社会科系の教育において先進的に取り組まれている（久野 2004）。ヨーロッパ全体を視野に入れた教育というのは、歴史的に考えるといかに画期的な発想であるかが理解できる。というのは、近代において教育は、国民を戦争準備に向かわせるため、国民国家意識を高揚させる目的として考えられており、国家の政策に組み込まれていた（近藤 1993）からである。そのため戦後は、教育分野においても大きな改革が必要とされた。ヨーロッパに住む人々が、国民国家意識を超えた「ヨーロッパ・アイデンティティ」を育むための教育へと舵を切ることになったのである。このような教育は「ヨーロッパ教育」と呼ばれる（近藤

1998, 久野 2004）。

「ヨーロッパ教育」は、単一の思考とは異なる発想の教育を目指す。「多様性の中の統一」を目指すヨーロッパは、国民国家という枠組みを超えた社会形成に取り組んでいる。単一の「ヨーロッパ」という空間を作り出し、単一のヨーロッパ史やヨーロッパ至上主義的な価値観を作り出す危険性に対しては警戒を怠ってはならないことは言うまでもない。とはいえ、「国」ではなく「ヨーロッパ」という枠組で考え、「ヨーロッパ・アイデンティティ」意識を育むための「ヨーロッパ教育」は、いわゆる「単一主義」とは異なる発想であるという理解が必要である。

「ヨーロッパ教育」を念頭に置くと、「地域」レベルだけではなく、ヨーロッパ市民一人ひとりの、つまり「個人」の意識に焦点を当てる必要性がさらに強まる。本稿 2-2 で述べた「蟻の一穴」を当てはめて考えてみたい。「国」よりも大きな枠組みである「ヨーロッパ」における歴史認識を深めていくと、そこに住む一人ひとりの意識の重さが増していく。個々の意識の重さが増せば、市民の日常生活に何らかの発想上の転換をもたらさずにはいられない。

たとえば、日常生活においては他者との交流がある。そこでは数多くのことばが行き交う。そうした日常生活における異言語話者との交流の場面では、個々の市民の自発的判断や当意即妙な工夫が試され、生活面における経験知も蓄積される。やがて、異文化理解に向けた、政治的、財政的、制度的改善や変革の必要性が認識され、その機運も高まる。この過程で醸成された市民意識は、社会の動向に応えられる研究を必要とするであろう。ここに、歴史教育、および言語教育からの「ヨーロッパ教育」への接近法を考えていく必然性が生ずる。

社会科教育や教科書会議に関する研究の第一人者である近藤は、「ヨーロッパ教育」を「多様な教育制度を持つ国家や地域からなる全体としてのヨーロッパを一つの単位と見る教育」（近藤 1998：151）と説明する。この表現は「ヨーロッパという空間をすでに形をなした一つの社会」（近藤 1998：150）と認識し、その社会における教育を指すことばとしても使われるようになりつつあると言う。

ヨーロッパ教育は、たとえば「ドイツの教育」「フランスの教育」と
いった、ヨーロッパ各国の教育を足し合わせた「総和」としての教育を意
味するものではない（近藤 1998：150）という指摘は重要である。近藤の
指摘は、「複数文化」を「複数性」と「横断性」という視点から理解する
杉村の「数ではなく質」という指摘と重ね合わせて考えると理解が深まる
（杉村 1998：234-236）。杉村の言う「複数」とは、「単に数ではなく質であ
り、異質なものの混成を創造する」ことを意味している。「複数」とは
「単数」の反対語でも、「多数」の反対語でもなく、「単数」と「多数」を
横断しながら、その切断面を新たに媒介する「一種の創造的な関係概念」
なのである。つまり、「ヨーロッパ教育」も、各国のナショナリズムを超
えた教育を目指しており、それぞれの国の教育の単なる「足し算」ではな
く、それらを融合する、いわば「掛け算」によって、新たな側面を切り出
し、そこに教育の焦点を当てていくというわけである。
　このような視点で考えると、ヨーロッパ諸国が互いを理解するための教
育、それが「ヨーロッパ教育」であり、「複言語・複文化主義」はそれを
支える思想と言える。東アジアにおける近隣諸国との関係を議論する際に
も、もちろん事情が異なることを念頭に置きつつも、ヨーロッパ発の「複
言語・複文化主義」から多くの示唆が得られるのではなかろうか。さらに
ことばと文化を考えるには、思想的側面の検討が重要であり、思想を学ぶ
には、大局的な視点が必要で、言語教育と歴史教育の連携も模索されてい
る（山川 2010; 杉谷 2019）。

4-3　社会関係の豊かさを実感するための教育

　一人ひとりが持続可能な生き方を見つけ、豊かさを実感できるために、
ことばの教育は何を目指したらよいのか。また、市民の「ヨーロッパ・ア
イデンティティ」や、ヨーロッパ統合で市民が実感する豊かさや幸福感の
度合いを理解するにはどうしたらよいのか。個人差があり、心理的、精神
的、情緒的なものでもある価値観は、客観的に測ることが難しく[30]、見
えにくい。
　経済指標であるGDPの高さと、人々の幸福感の実感の度合いが必ずし

も結びついていないことが、現代社会の大きなジレンマ・矛盾とされている。そのような状況において、「幸福感」の実感を示す「国民総幸福量 (Gross National Happiness, GNH)」という尺度が見直されはじめた。ブータンで提唱されたこの指標や、こうした価値観は各地で注目され、議論された[31]。たとえば、日本でも、「『新成長戦略』（平成22年6月18日閣議決定）に盛り込まれた新しい成長及び幸福度に関する調査研究を推進するため」、内閣府が2010年から数回にわたり、有識者からなる「幸福度に関する研究会」を開催した[32]。

　幸福度を高めることに貢献するものとして、生活の中における余暇の充実という点を考える。たとえば経済学者の橘木（2011）は、ソクラテス、プラトン、アリストテレスなどのギリシャの哲学者が余暇をどのように理解していたかに関して、安江（1999）の見解を参考にしつつ、次のように述べる。

> 　きわめて大雑把にこれら偉人の主張をまとめると、人はスコレーを持つことによって幸福になるのであるから、スコレーの意味するところの「ゆとり」を確保し、かつ人生に余裕をもって生きるべしとしている。決して忙しさに惑わされることなく、余暇をいかに大切にするかによって、生活は満足なものとなる。余暇を自分を向上させるために使い、そこで学んだり教育を受けたりすることで、完璧な市民になることが期待される。
>
> （橘木 2011：53、下線は筆者）

　古代ギリシャの時代から、「幸福」を実感するには、まず「ゆとり」が必要であることが認識されていた。物質的な豊かさだけでは幸福感を得られないこと、生活の満足感を得るために「ゆとり」を追求することは、古代からの課題であった。

　法哲学を研究する井上は、「豊かさ」に関して、「量の豊かさ」「質の豊かさ」「関係性の豊かさ」の三段階を示している（井上 2011：61-69）。ヨーロッパ市民の日常体験に基づく社会的プロセスによって形成された豊かさ

は「量の豊かさ」であり、さらに「質の豊かさ」をも含むものであろう。さらに充実した「関係性の豊かさ」は、教育分野の貢献によってもたらされる面が大きい。その教育全体を支えるのが、ことばの教育である。

　豊かさを実感するための教育に必要なのは、一人ひとりが自らの権利を意識すること、その先にある、果たすべき義務を理解することであろう。若者が権利意識を育むことは、主権者教育につながり、自分で政治家を選ぶという意識が選挙への理解を深めることになる。この姿勢は、国際理解教育においても示されている。学習指導要領における国際理解教育に関する記述に関して、桐谷（2015）は、「国際協調」「世界平和」を基調とするものから「国際社会に生きる日本人」を育成するものへと変遷していると述べる。グローバルな視点に立ち、自立して生きるためには、自分の置かれた状況を知り、歴史の教訓に学び、社会生活を送る自覚が求められる。この流れで、言語教育や社会科教育など、教科・科目・領域などにより、それぞれの内容にそった国際理解教育が行われてきた。

　現在の国際理解教育の原点とされているのが、本稿 2-1 で記した 1974年のユネスコの勧告「国際理解、国際協力及び国際平和のための教育並びに人権及び基本的自由についての教育に関する勧告」（ユネスコ勧告）[33]である。それは、以下に挙げる指導原則の中に、目的や理念がしっかりと明記されているからである。

　(a) すべての段階及び形態の教育に国際的側面及び世界的視点をもたせること

　(b) すべての民族並びにその文化、文明、価値及び生活様式（国内の民族文化及び他国民の文化を含む）に対する理解と尊重

　(c) 諸民族及び諸国民との間に世界的な相互依存関係が増大していることの認識

　(d) 他の人々と交信する能力

　(e) 権利を知るだけでなく、個人、社会的集団及び国家にはそれぞれ相互の間に権利のみならず負うべき義務もあることを認識すること

(f) 国際的な連帯及び協力の必要についての理解

(g) 個人がその属する社会、国家及び世界全体の諸問題の解決への
参加を用意すること　　　　　　　　　　　　　　（下線は筆者）

　ユネスコの勧告が出された 1974 年に、日本でも国際交流に関する答申
が出された。この中央教育審議会の答申「教育・学術・文化における国際
交流について」は、日本における教育の国際化を取り上げた初期のものと
されている。しかし、この答申が発表された当初は、国際理解の理念や哲
学があまり重視されず、外国語教育の技術的側面に関心が集中した。こう
した点を修正しながら日本の国際理解教育が進められてきたと考えられる
（山川 2018b; 山川 2019）。

　同じく 2-1 で言及したが、ユネスコ勧告が発表された 1970 年代に、ド
イツでは政治教育の三原則「ボイテルスバッハ・コンセンサス」[34]（1976
年）が発表された（近藤 2007, 2009）。近藤の解説を参考にし、三原則の要
点を以下にまとめてみる。

①いかなる方法によっても、生徒を期待される見解をもって圧倒し、
自らの判断の獲得を妨害することがあってはならない。

②学問と政治において議論のあることについては、授業においても
議論のあるものとして扱わなければならない。

③生徒は、政治的状況と自らの利害関係に基づいて政治に参加でき
るよう能力を獲得されなければならない。

「ボイテルスバッハ・コンセンサス」は、現場の教員が自らの教育に自
信を持って取り組むことができるように、政治教育の研究者たちによって
考え出された。政治教育に対する考え方を転換させたこの三原則は、若者
の権利意識を育み、社会参加を促すものであり、日本における市民性教育
や主権者教育でも参考にできる部分が多い。三原則の言わんとしているこ
とは、相手をリスペクトし、自身の見解を押し付けず、相手の意見が自分
と異なっていたとしても、まずは受けとめようと努めるということであろ

う。これらはまさに多文化理解、異文化コミュニケーションの核心である。その「相手」というのは、子どもでも、大人でも、共に社会を築きあげていく仲間として接していくべき人物である。そのような関係を構築する中で社会関係の豊かさを実感していくのである。

5. おわりに

　「複言語・複文化主義」概念の発祥地、ヨーロッパの言語教育政策の根底には、戦争再発を防ぎ、平和のための言語教育を目指すという理念や倫理的価値観がある。「複言語・複文化主義」は、相手を思う気持ちを自身の中に目覚めさせ、自分らしく生きるための発想である。またCEFRは、その発想を「ことば」を尽くして私たちに示してくれた文書である。欧州評議会の言語政策の鍵は、相手をいかに肯定的に受けとめるか、それをいかに「ことば」で表現するか、という倫理的な部分を理解し、共に生きる社会づくりを目指すことにある。

　ことばは人を励まし、勇気づけることができる。また人を傷つけることもできる。ことばは諸刃の剣であることを意識することが肝要である。本稿では、現象学を意識し、筆者の原体験や主観的思いを交えながら「複言語・複文化主義」の本質をつかむことを試みた。「複言語・複文化主義」の理念は、ヨーロッパという地域を超えても共有できることを確認し、社会関係の豊かさを実感する教育について考えた。この概念は、ことばの学習にとどまらず、豊かな人間関係を構築するための鍵となるものである。

　コロナ禍にある現在、筆者は住み慣れた地域で生活し、仕事をしている。これからも自分が関わる複数の言語と文化を理解・共感できるようになり、それらを背景に持つ人たちと連携し、共生社会を築いていきたい。その際に次のことを意識していきたい。まず、一緒に仕事をする人をリスペクトしながら働きたい。また、スランプに陥った相手と向き合う時には、相手がなぜ上手くいっていないのか、相手の置かれた状況を想像できる温かさを持ちたい。さらに、知識や経験が浅いことが原因で仲間が失敗した時は、仕事が軌道にのるようにさりげなく助け舟を出したい。自分が失敗した時

には、素直に簡潔に謝り、生産的な助けを求められるようになりたい。

　これらは、文化人類学者の川喜田二郎も述べるように、創造力が求められる教育や研究においても重要であると考えている。

　　　理性的に考えても、創造的能力とは本来長所を買うことであって、
　　短所を批判することにあるのではない。批判はただ長所を引きだす
　　手段として有効な場合にのみ、創造性につながるだろう。

（川喜田 1966：173）

　相互理解と扶助は、相手との信頼関係の構築が上手くいくことで成り立つ。相手の尊厳を守り、敬意を持って接すること、そのためには、まずは自分の尊厳も守ることが必要である。それはアイデンティティの育成とも通底している。つまり、他者との誠意あるコミュニケーションをとる中で自分を見つめなおすことが、自らのアイデンティティ形成にも関わってくる。21世紀に入り、SDGsを意識して市民生活を送ることが求められている。当たり前のことかもしれないが、持続可能な発展には、誠意ある姿勢で自分が関係する人々と向き合うことが求められる。「迅速さ」や「効率」を求めるあまり、事実を直視せず焦点をずらしたり、相手への配慮のない対応をするよりも、たとえ時間がかかったとしても、事実をしっかりと受けとめ、相手をリスペクトする姿勢を貫いたほうが、長期的な視野で考えると、「持続可能」な発展につながるのである。そのための「ことば」が必要であり、共生社会におけることばの教育にどのように取り組むかが、私たちの課題である。

謝　辞

　本研究は、JSPS科学研究費補助金（JP 19K00796）（JP 20H01293）の助成を受けたものである。

注

1) CEFRは欧州評議会が2001年に公開した文書で、ヨーロッパを超え、世界各地の言語教育研究でも活用されている。英語版の頭文字をとりCEFRと略されることが多い。

2)「複言語・複文化主義」の考え方、および「多言語・多文化主義」との関係性については、たとえば山川（2010）、山川（2015）、山川（2016）などにおいても論じられている。筆者は、当初plurilingualismを「複数言語主義」と翻訳していた（山川 2017）が、本稿では現在普及している「複言語主義」という訳語を用いることとする。

3) 相手の気持ちを尊重し、その都度、適切なコミュニケーションの在り方を探りつつ、ことばを使うという言語学習の基本については、塩田（2001）、米原（1998）が参考になる。

4) 外務省「JAPAN SDGs Action Platform」https://www.mofa.go.jp/mofaj/gaiko/oda/sdgs/about/index.html（最終閲覧日：2022年2月28日）。目標の訳文も参照した。

5) もちろん非言語コミュニケーションも重要であることは言うまでもなく、稿を改めて論じたい。

6) グラノヴェターの研究に関しては、労働経済学を専門とする玄田（2010）でも紹介されている。

7) 1970年代にアメリカで唱えられた「弱い紐帯の強さ」という考え方は、ネットワーク化が進んだ今日の日本社会でも、新たに見直されている考えである。たとえば、玄田は、「弱い紐帯」が仕事に希望を持つための鍵になると言う。「日本でもウィーク・タイズの有効性は確実に高まりつつあります。（中略）転職では、資格が大切だとか、語学力が大切だといわれます。しかしそれよりも大切だったのは、友人とのゆるやかなつながりでした。転職に際して有益な助言をしてくれた職場以外の友人・知人がいた人ほど、転職した後の満足や給料などが明らかに高くなっていたのです」（玄田 2010：85、下線は筆者）。

8)「匙加減」「塩梅」という「食」に関する表現が使われていることも、「ことば」と「食」との「つながり」を実感できるものである。「食」は「ことば」と同じく、人間が生きるうえで欠かせないものである。栄養と健康を考えるための微妙な心配りが「ことば」に込められているのである。

9) リーダーシップの条件に関しては、川喜田（1966）からも学ぶことが多い。

10) 失敗を成功に活かすための心構えについては、畑村洋太郎の著作から学ぶことが多い。畑村は、失敗の体験から積極的に学び、新たな創造につなげる趣旨で、「失敗学」というひとつの学を作り上げた（畑村 2005）。

11) たとえばドイツでは、社会科系の科目で内容言語統合型学習（CLIL）を取り入れている。ドイツにおけるCLILに関しては杉谷（2019）を参考にした。

12) 少しずらした角度からことばを捉え、新しく解釈し、そこから何らかの前向きな気持ちを引き出そうとする工夫について、筆者は多和田葉子の著作から学んでいる（多和田 2012，2013）。現象学的に考えても、多和田の著作は刺激をもたらしてくれるものである。

13) この考え方は、夏目漱石の講演「私の個人主義」において説得力を持って示されている。

14) もちろん、異言語話者同士の間のコミュニケーションだけでなく、同じ言語を話す者同士の間のコミュニケーションも考えなければならないのは言うまでもない。

15) 欧州評議会の1998年と2001年の勧告 "Linguistic Diversification: Recommendation 1383" および、"European Year of Languages: Recommendation 1539" でその経緯を把握することができる。また、次のHPも参考になる。Council of Europe "26 September European Day of Languages" https://www.coe.int/en/web/portal/26-september-european-day-of-languages（最終閲覧日：2022年2月28日）

16) ワルシャワ・ゲットー碑の前で跪き、全身で謝罪の気持ちを表現した、ブラント元西ドイツ首相の「個人」的行為も、過去と対決するドイツの姿を世界に示したひとつの例である。個人の経験が歴史を動かす重要な決断を導くことに関しては、小林（2002）、川村（2008）、山川（2016）でも論じられている。

17) 筆者は、竹田（1989, 1993a, 1993bなど）を参考にフッサール現象学を学びはじめ、ことばの学習・教育にも応用している。本節でのフッサールに関する考察は、山川（2018a）での考察に加筆修正を加えたものである。

18) 学習者が状況に応じたコミュニケーションをとるため、題材、概念、語彙、文法等の項目を記した文書。1975年に英語版が公開され、各言語に翻訳されていった。

19) 公開当時は、CEFと略されていた。その後、この文書があくまでも参照するものであることを強調するため、欧州評議会は2005年頃から、略語にReferenceの「R」を入れ、CEFRと表記するようになった。

20) 今日でも日本でことばの教育を考える時、日本国内で比較的学習者の多い言語（英語、日本語）に比べると、学習者が少ない言語（いわゆる「第2外国語」に含まれる言語）が「日本における言語教育」といった枠組みの中で居場所を見つけられるだろうか、という問いが発せられることもある。しかし、「複言語・複文化主義」的発想で考えると、この問いを立てること自体に違和感を覚える人の存在が増えることを期待したい。学び・教えることばの種類に関わりなく、それぞれがオープンな気持ちで、他者と関わることができる社会になっていくことが期待される。

21) 答えの出ない状況に置かれても、その状態に耐えていくことを「ネガティブ・ケイパビリティ」ということばで積極的に認めていこうという考えがある（帚木2017）。

22) 対話の中で妥当で適切な「納得解」に向かおうとすることに関して、たとえば竹田（2020：178-181）では、医療の現場での判断の場においても、現象学的な考え方（本質学的方法）が重要視されていることが指摘されている。ここで竹田は、行岡哲男の著作『医療とは何か――現場で根本問題を解きほぐす』（河出ブックス，2012年）を紹介し説明する。たとえば高度な手術などでは、主治医が独断で「正しい判断」を下すのではなく、チームのメンバーたちが意見を出し合いつつ、最も妥当で適切だという「間主観的な『確信』」を作り上げる作業を行っていると言う。

23) 本節の一部は、山川（2018a）の第3節「現象学から拓かれる可能性」の「③信頼

関係構築のための評価」で論じた部分に加筆修正を加えたもの、および山川（2020）での考察を発展させたものである。

24）「複言語・複文化主義」的な考え方は、ヨーロッパだけでなく日本でも実感されていたことは、たとえば、田中克彦の次のような意見からも理解できる。

「ことばの理解というものは、どちらかが頑として自分の態度をくずさず、一方的に相手が自分の方のことばを話すよう求めるところには成立しない。同じことばを話す集団の中であってさえ、相手のことを理解しようという心構えがなければコミュニケーションは成立しないのである。完全に同じことばを話す個人はこの世に二人といないから、聞き手は常に相手のことばが入りきれるよう、自分のことばの網をいっぱいに開き、相手も、聞き手の反応を、表情などによってたしかめながら、相手の網に合うように、自分のことばをあんばいして話すのである」（田中 1993：58、下線は筆者）。

25）この点は、異文化コミュニケーション学の本質を突く問題として認識されている（たとえば、池田・クレーマー2000）。また、川喜田（1966）も指摘するように、組織のリーダーシップをとる際にも忘れてはならない点である。

26）東京に住む一人ひとりの生活史の語りを 150 人分集めて編集された書籍がある（岸 2021）。この書籍を編んだ岸の基本的な考えは、ヨーロッパ市民一人ひとりの意識の総体が「ヨーロッパ」のアイデンティティを形作るという姿勢に似ていると考えている。

27）EUでは、様々なテーマに関して世論調査が行われている。この世論調査は「ユーロバロメーター」と呼ばれ、世界に向けて調査結果を公表している。"Eurobarometer: Public Opinion in the European Union" https://europa.eu/eurobarometer/screen/home（最終閲覧日：2022 年 2 月 28 日）

28）言語教育でも活用されている、言語学習の軌跡を記すツールである「ポートフォリオ」を例に考えてみる。「ポートフォリオ」の語源は「書類入れ」「紙ばさみ」「持ち運ぶ」といったものである。自分の仕事の経歴や業績をまとめたものを携えて遍歴するという、かつてのヨーロッパの習慣から生み出された発想である。ことばの由来を考えるだけでも「ヨーロッパ」という概念が導き出す世界の豊かさを実感できる。

29）本節は、山川（2010）山川（2015）山川（2022）の該当箇所に加筆修正を加えたものである。なお、「ヨーロッパ教育」という表現については、たとえば近藤（1998）では「ヨーロッパの教育」という表現も用いられていることもつけ加えておく。

30）「豊かさ」「幸福感」のほか、「やる気（モチベーション）」に関しても同様のことが言われている。たとえば橘木は、やる気の計測について次のように述べる。「心の問題なので、その人にどの程度のやる気があるかは数値化できないのであり、基本的には計測は不可能と考えてよい」（橘木 2011：179）。

31）2011 年は、ブータンと日本が外交関係を樹立して 25 周年を迎えた年であり、様々なメディアでこのテーマが取り上げられた。たとえば、NHK クローズアップ現代「幸せのモノサシ——指標づくりの模索」2011 年 6 月 2 日（木）の放送がある。

32）内閣府「幸福度に関する研究会」https://www5.cao.go.jp/keizai2/koufukudo/koufukudo.html（最終閲覧日：2022年2月28日）

33）ユネスコの1974年勧告の日本語訳に関しては、文部科学省のHPを参考にした。https://www.mext.go.jp/unesco/009/1387221.htm（最終閲覧日：2022年2月28日）

34）*Beutelsbacher Konsens.* Landeszentrale für politische Bildung Baden-Württemberg https://www.lpb-bw.de/beutelsbacher-konsens/（最終閲覧日：2022年3月14日）

参考文献

池田理知子／E・M・クレーマー（2000）『異文化コミュニケーション・入門』有斐閣.

井上達夫（2011）『現代の貧困——リベラリズムの日本社会論』岩波書店.

緒方貞子（2017）『私の仕事——国連難民高等弁務官の10年と平和の構築』朝日文庫.

加賀美雅弘／川手圭一／久邇良子（2010）『ヨーロッパ学への招待——地理・歴史・政治からみたヨーロッパ』学文社.

川喜田二郎（1966）『チームワーク——組織の中で自己を実現する』光文社.

川喜田二郎（1967）『発想法——創造性開発のために』中央公論社（中公新書）.

川村陶子（2008）「西ドイツにおけるリベラルな国際文化交流——連合国文化政策がもたらしたもの」田中孝彦／青木人志編『〈戦争〉のあとに——ヨーロッパの和解と寛容』勁草書房，pp.143-170.

岸政彦（2021）『東京の生活史』筑摩書房

桐谷正信（2015）「学習指導要領の変遷と国際理解教育」日本国際理解教育学会編著『国際理解教育ハンドブック——グローバル・シティズンシップを育む』明石書店，pp.69-76.

久野弘幸（2004）『ヨーロッパ教育　歴史と展望——EUによる新しい試み"ヨーロッパ教育"を歴史と授業分析から探求』玉川大学出版部.

玄田有史（2010）『希望のつくり方』岩波新書.

小林正文（2002）『指導者たちでたどるドイツ現代史』丸善（丸善ブックス095）.

近藤孝弘（1993）『ドイツ現代史と国際教科書改善——ポスト国民国家の歴史意識』名古屋大学出版会.

近藤孝弘（1998）『国際歴史教科書対話——ヨーロッパにおける「過去」の再編』中央公論社.

近藤孝弘（2007）「ヨーロッパ統合のなかのドイツの政治教育」南山大学ヨーロッパ研究センター『南山大学ヨーロッパ研究センター報』13：113-124.

近藤孝弘（2009）「ドイツにおける若者の政治教育——民主主義社会の教育的基盤」公益財団法人 日本学術協力財団『学術の動向』14(10)：10-21.

三森ゆりか（2003）『外国語を身につけるための日本語レッスン』白水社.

塩田勉（2001）『おじさん、語学する』集英社.

塩田勉（2017）『〈語学教師〉の物語　日本言語教育小史　第一巻』書肆アルス.

塩田勉（2018）『〈語学教師〉の物語　日本言語教育小史　第二巻』書肆アルス.

杉谷眞佐子（2019）「『異文化理解』と『視点を変える力』の育成——ドイツの『歴史』教科書にみられる図像資料から考える」『関西大学人権問題研究室紀要』関西大学人権問題研究室，77：1-35.

杉野俊子監修・著／野沢恵美子／田中富士美編著（2021）『「つながる」ための言語教育——アフターコロナのことばと社会』明石書店.

杉村昌昭（1998）「複数性と横断性」複数文化研究会編『〈複数文化〉のために——ポストコロニアリズムとクレオール性の現在』人文書院，234-236.

竹田青嗣（1989）『現象学入門』NHK出版.

竹田青嗣（1993a）『はじめての現象学』海鳥社.

竹田青嗣（1993b）『自分を知るための哲学入門』筑摩書房.

竹田青嗣（2020）『哲学とは何か』NHK出版.

竹田青嗣／西研編著（2020）『現象学とは何か——哲学と学問を刷新する』河出書房新社.

橘木俊詔（2011）『いま、働くということ』ミネルヴァ書房.

田中克彦（1993）『国家語をこえて——国際化のなかの日本語』筑摩書房（ちくま学芸文庫）.

多和田葉子（2012）『エクソフォニー——母語の外へ出る旅』岩波現代新書.

多和田葉子（2013）『言葉と歩く日記』岩波新書.

ドルーシュ，フレデリック総合監修／木村尚三郎監修／花上克己訳（1994）『ヨーロッパの歴史——欧州共通教科書』東京書籍.

夏目漱石（1978）『私の個人主義』講談社学術文庫.

畑村洋太郎（2005）『失敗学のすすめ』講談社文庫.

帚木蓬生（2017）『ネガティブ・ケイパビリティ——答えの出ない事態に耐える力』朝日新聞出版.

ヘーゲル，G・W・F（長谷川宏訳）（1998）『精神現象学』作品社.

丸山真男（1961）『日本の思想』岩波書店（岩波新書）.

安江孝司（1999）「レジャー理念の原郷」法政大学比較経済研究所：村串仁三郎／安江孝司編『比較経済研究所研究シリーズ14：レジャーと現代社会——意識・行動・産業』法政大学出版局，pp.3-38.

山川智子（2009）「市民の『ヨーロピアン・アイデンティティ』確立を目指す欧州評議会の挑戦と社会に与えたインパクト」早大文学研究学会『ワセダ・レビュー』54-71.

山川智子（2010）「『ヨーロッパ教育』における『複言語主義』および『複文化主義』の役割——近隣諸国との関係構築という視点から」細川英雄・西山教行編著『複言語・複文化主義とは何か——ヨーロッパの理念・状況から日本における受容・文脈化へ』くろしお出版，pp.50-64.

山川智子（2015）「『複言語・複文化主義』とドイツにおける『ヨーロッパ教育』——『記憶文化』との関わりの中で」文教大学文学部『文学部紀要』29/1：59-76.

山川智子（2016）「欧州評議会：ヨーロッパの『民主主義の学校』──『複言語・複文化主義』の背景にある理念とその課題」文教大学文学部『文学部紀要』29/2：1-21.

山川智子（2017）「ヨーロッパの概念を日本語にどう翻訳するか── Plurilingualism/pluriculturalism概念の日本語訳をはじめとして」文教大学文学部『文学部紀要』30/2：1-23

山川智子（2018a）「現象学の視点から考えることばの学習」文教大学英語英文学会『英語英文学』45：53-64.

山川智子（2018b）「日本の言語文化教育における『複言語・複文化主義』の位置付け──ヨーロッパの事情をふまえ、日本での可能性を考えるために」文教大学文学部『文学部紀要』31/2：1-25.

山川智子（2019）「国際比較を通して考える教育現場での『異文化理解』と『国際理解』」文教大学越谷校舎『平成31年度　教員免許状更新講習　選択領域・選択必修領域テキスト』147-151.

山川智子（2020）「文教大学文学部における『多文化理解コース』での学び──相手をリスペクトし、さらなる可能性を拓く」文教大学英語英文学会『英語英文学』47：3-13.

山川智子（2021）「『複言語・複文化主義』がもたらす知識の有機的つながり──多様性と豊かさを認識し、相互理解につなげるために」杉野俊子監修・著／野沢恵美子／田中富士美編著『「つながる」ための言語教育──アフターコロナのことばと社会』明石書店，pp.63-76.

山川智子（2022）「ヨーロッパ市民の意識を育むことばの教育──ヨーロッパ学校の実験から考える」文教大学大学院『言語文化研究科紀要』8：137-157.

米原万里（1998）『不実な美女か貞淑な醜女か』新潮文庫.

Byram, Michael（2008）*From Foreign Language Education to Education for Intercultral Citizenship. Essays and Reflections.* Clevedon, Buffalo, Toronto: Multilingual Matters.

Checkel, Jeffrey T., Katzenstein, Peter J.（ed.）（2009）*European Identity.*（Contemporary European Politics）Cambridge: Cambridge University Press

Council of Europe（2001）*Common European Framework of Reference for Languages: Learning, teaching, assessment.* Council for Cultural Co-operation Education Committee Modern Languages Division, Strasbourg, Cambridge University Press［＝吉島茂／大橋理枝他訳編（2004）『外国語の学習、教授、評価のためのヨーロッパ共通参照枠』朝日出版社］

Council of Europe（2020）*Common European Framework of Reference for Languages: Learning, teaching, assessment.* Companion Volume. Council of Europe.

Granovetter, Mark S.（1973）"The Strength of Weak Ties." *American Journal of Sociology*, 78: 1360-1380.［＝大岡栄美訳（2006）「弱い紐帯の強さ」野沢慎司編・監訳『リーディングス　ネットワーク論──家族・コミュニティ・社会関係資本』勁草書

房．123-158〕

Husserl, Edmund, Hrsg.: Biemel, W.（1962）*HUSSERLIANA Edmund Husserl Gesam-
melte Werke. Band VI. Die Krisis der Europäischen Wissenschaften und die Trans-
zendentale Phänomenologie.* Haag, Martinus Nijhoff.〔＝フッサール，E（細谷恒夫・
木田元訳）『ヨーロッパ諸学の危機と超越論的現象学』中央公論社（中公文庫 1995）〕

民主的シティズンシップ教育の
ローカライズを考える

「対話」を積み上げるための「異論」「複数性」「政治性」

名嶋義直

1. 本章で述べたいこと

　筆者はここ数年、ドイツの民主的シティズンシップ教育の紹介と普及活動を行なってきた。その取り組みの中で、民主的シティズンシップ教育の普及には日本の実情に合わせたローカライズが必要であると考え、自ら実践しつつそれを説いてきた。民主的シティズンシップ教育についての詳しい説明や学校教育現場の紹介はすでに刊行済みの拙編著に譲り、本章では「なぜ民主的シティズンシップ教育が必要なのか」「どうローカライズすればいいのか」について、これまで筆者自身がさまざまな機会を通して断片的に発信してきたことを1つの論考にまとめてみたい。

1-1　民主的シティズンシップ教育との出会い

　まずは自己紹介を兼ねて、筆者が初めて「自分の中の市民性のようなもの」を実感したエピソードとその後の研究者・教育者としての変遷を記したい。筆者はある時までは、現代日本語文法を語用論の枠組みで論じることを研究テーマとし、言語教育分野では日本語教員養成に関わっていた。しかし今は、批判的談話研究を研究テーマとし、日本語教員養成や外国人留学生向けの上級日本語授業を民主的シティズンシップ教育として実践している。

　変遷の契機は東日本大震災・福島第一原発事故であった。2011年3月11日の時は仙台に住んでおり、1週間後に津波の被害を実際に現場に立って自分の目で見て「この社会を元に戻すために研究者教育者として自分に何ができるのか、今まで自分がやってきたことは何の役に立つのか」と自問自答した。そして自分が、自身のアイデンティティと関連づけて社会のあり方を考え、社会に主体的に関わろうとする意識を持っていることに気づいた。自分自身も社会の構成員（市民）であるという自覚を初めて持ったのである。一方、地震に続いて起こった福島第一原発事故では政府・自治体や電力会社といった権力の振る舞いを目の当たりにした。言説を通して行なわれるそれら権力による支配・被支配に抗うために、自分が今までやってきたことを資源としてもっと社会と関わる研究が展開できないかと

考え、研究者・教育者としてのアイデンティティに悩んでいる中で批判的談話研究に出会った。そして批判的談話研究を通してドイツの研究者や教育者とつながり、民主的シティズンシップ教育を知ることになった。

　そのドイツ在住の研究者・教育者のおかげで2回にわたってドイツを訪れ、4つの学校と短時間ではあるが移民難民の支援機関を訪問し、実際に民主的シティズンシップ教育の現場を視察することができた。そして日本でも民主的シティズンシップ教育の理念や実践を広めたいと思うようになり、いろいろな方々の協力を得てシンポジウムや講演会で民主的シティズンシップ教育の紹介をしたり、ワークショップをしたり、書籍を出版したりしてきた。中学校の出前授業で話をしたり、主権者教育と関連させて教員免許状更新講習に講義を提供したりもした。2022年中に教材も出す予定で現在編集中である。

1-2　民主的シティズンシップ教育をローカライズする

　それらの活動を通して強く感じるようになったのは、日本で民主的シティズンシップ教育を実践していくためにはローカライズが必要である、ということであった。ローカライズという言葉はもともとIT用語で、「ある国で開発されたソフトやアプリケーションなどを別の国のIT環境で使用するためプログラムを書き換え移植すること」を意味する。つまり、ドイツの民主的シティズンシップ教育を日本向けに書き換えて移植する必要があるということである。筆者はそのローカライズには3つのポイントがあると考えている。「異論」「複数性」「日常の政治性（または政治の日常性）」である。本章では、その3つのポイントがなぜ民主的シティズンシップ教育のローカライズのポイントとなるのかについて、筆者なりの論理で説明を試みる。

2.　シティズンシップ教育について

2-1　イギリスのシティズンシップ教育

　シティズンシップ教育というと必ずといっていいほど言及されるのがイ

ギリスの事例であるが、そのイギリスでシティズンシップ教育という言葉が今のように広く使われ出したのはそれほど昔ではない。イギリスでは90年代の終わりに人権や民主主義の危機をうけてシティズンシップ教育の必要性が叫ばれ、1998年にはプロジェクトチームの代表者の名前を取っていわゆる「クリック・レポート」と呼ばれるものが公表され、イギリスのシティズンシップ教育を方向づけたと言われている。そのクリック・レポートでは「社会的道徳的責任」「共同体への参加」「政治的リテラシー」の3つが重要なものとして主張されたという。

　多くの研究者が「シティズンシップ」「市民性」というものの定義は論争的であると述べている。それは時代や社会の変化によって「市民」というもののあり方が変わっていくということでもある。実際、イギリスのシティズンシップ教育においてもクリック・レポートの9年後に出た「アジェグボ・レポート」では、先に挙げた3つのポイントに「アイデンティティと多様性、イギリスでともに生きること」が加わっていると言われている。言語や文化、歴史的背景が異なる人々の存在、移民なども含めてさまざまな市民が存在するということを前提にして、よりコミュニティとの関わりを重視していることが読み取れる。社会の変化に合わせて「市民に求められる資質」（市民性）も変化することがよくわかる。

2-2　市民性と民主主義の危機

　自由・人権・法の下の平等・公正・多様性といった概念は、民主主義社会において、その程度こそ異なれ、ある程度は普遍的で等しく価値を持つものと考えられるが、一方で今の社会はそれらの危機でもある。いわば、民主主義が危機に瀕していると言えるのではないだろうか。その危機は1つの国民国家単位での危機ではなくグローバルな危機である。若者の政治離れなどに危機感を抱きシティズンシップ教育の必要性を主張したイギリスにおいて、EUからの離脱「ブレグジット」が国民投票の結果決まったのは一種の歴史の皮肉にも思えるが、アメリカ・ヨーロッパ・アジアでも民主主義が危機に瀕していると言ってよいように思える。そのような時代のシティズンシップ教育においては、「グローバルであること」「民主的で

あること」が大きな意味を持つことになるのは当然であると思われる。

2-3　2つの「市民性」

　多様な人々がともに生きる社会の実現を目指している現在、日本の教育においても市民性の概念が不可欠なものになっていると言ってよい。日本の文脈では時として、主権者教育とシティズンシップ教育とが同じような意味で使われることがある。そのことからもわかるように、市民や市民性という言葉についても研究者・教育者によってそれらの意味や使い方に違いがある。そこでまず「2つの市民性」について考えてみたい。言い換えれば、まず市民性の概念について本章なりの意味と使い方を明確にするということであり、それも筆者の言う1つのローカライズである。

●狭義の市民性（国民、公民、主権者などとの関連で言及されるもの）
　• 国民国家の構成員が持つ特性。
　•「国家、民族、アイデンティティ、言語、文化、イデオロギー」
　　といったものへの帰属やそれらの共有を前提としている面がある。
　• 1つの中心になる何かに皆が合流していく垂直的・統合的な帰属
　　意識。

●広義の市民性（共同体の構成員との関連で言及されるもの）
　• ゆるやかな結束性のある社会やコミュニティの構成員が持つ特性。
　• 時間や空間を「ともに生きている」ということを前提としている面がある。
　• 異なるものと多様なベクトルでゆるやかにつながっている水平
　　的・拡散的な帰属意識。

　世界はグローバル化が進んでいる。言語や文化や価値観や行動理念など、何もかも違う人がともに同じ空間と時間を生きている社会がすでに実現している以上、国民国家における「良き国民」を目標とするような「狭義の市民性」ではなく「広義の市民性」が社会の構成員には求められる。別の

言い方をすれば、全体主義的社会や独裁強権国家であってもここで言う「狭義の市民性」は存在しうるが、それは現代の多くの社会で共有されている民主的な価値観を反映したものとは異なるはずである。

　言うまでもなく、本章がテーマとする民主的シティズンシップ教育における市民性は上で述べた「広義の市民性」であるが、その「広義の市民」の多くが日本という1つの国家体制の中で「狭義の市民」、言い換えれば国民・公民・主権者としても存在していることもまた事実であり、そこにシティズンシップ教育の難しさがある。ややもすると、「広義の市民性」教育を実践しているつもりでいるのに「狭義の市民性」に狭窄した教育を行なってしまいかねない危うさがあるからである。したがって、民主的シティズンシップ教育のローカライズを実践する前に、まず市民性という概念や特性をローカライズしておく必要がある。

2-4　ドイツの「政治教育」について

　ローカライズに関して、筆者が着目したのがドイツにおける「政治教育」である。近藤（2009：15）は政治教育をドイツの学校教育の根幹とも言えるものであると述べている。筆者はドイツの政治教育を、市民として社会に主体的に関わり自分たちで自分たちの社会を民主的な方法で作り動かしていく素養を育んでいくもの、であると理解している。ドイツの政治教育の歴史は古く、中川（2019）によると、政治教育的なものは第二次世界大戦前から行なわれていたようであるが、より重要視されるようになったのは戦後であり、今の形に近いものになったのは1970年代半ばを過ぎてからと言ってよさそうである。特に第二次大戦後は「歴史への反省」もあり、ナチスドイツの負の歴史を背負いつつ周辺諸国といかに良好な国際関係を築き他者と「ともに生きていく」かを考えた時に、民主主義の教育が重要だと考えたのだと思われる。そして現代のドイツは多くの移民や難民を受け入れ、言語も文化も理念も価値観も何もかも違う人が「ともに同じ空間と時間を生きる」社会になった。

　それは「狭義の市民性」、言い換えれば、権力にとって望ましい国民が持つ特性、国家＝民族＝アイデンティティ＝言語＝イデオロギー、といっ

た図式に当てはまらない市民性が必要になってきたということである。求められているのは「広義の市民性」であり、異なる人々が、分断や孤立ではなくゆるやかに結びついてともに生きる結束性のある社会、「同じこと」に価値を見出して結びつけるのではなく、「違うこと」が前提であり「違うものが違うままでともに生きていること」に価値を見出す逆転の発想であると言える。そしてその理念や姿勢は近年の世界のグローバル化でますます重要になってきている。

　とはいえ往々にして理念と現実とは異なる。それは現在のドイツにも当てはまる。ドイツで行なわれたある年の議会選挙で、AfD（「ドイツのための選択肢」という右派政党。極右と言われる場合もある）が第3党（野党第1党）になって委員会ポストも取ったことが日本でも報道された。ドイツでの衝撃は大きかったようである。また筆者がドイツを訪れた時にはいろいろな人の絵が使われている地下鉄会社の横断幕の中でスカーフを頭に被ったイスラム系女性の絵だけが切り裂かれているのを見たことがある。長年にわたって政治教育を行なってきてもこのように分断や排除がなくならないのならばその教育には意味がないのではないかという批判もありうる。しかしそれは逆である。政治教育を行なってきたから今の状態で留まっているのではないか。歴史が証明するように、民主主義は衰えやすく維持する努力を怠るとあっというまに消えてしまう。だからこそ民主主義を守り維持していこうとする素養を持った市民を育てる教育が必要であり、それを続けていかなければならない。そして試行錯誤しながらもドイツはそれを行なってきたし今も行なっているのである。

2-5　ボイテルスバッハ・コンセンサス

　ドイツの政治教育には重要な指針がある。「ボイテルスバッハ・コンセンサス」である。中川（2019）に詳しい記述があるが、1970年代に入り、政党間のイデオロギー闘争が激しくなり、民主主義の教育を目指していた政治教育もそのイデオロギー闘争に利用されていき、いわば政治教育の危機が訪れた。そこで1976年に政治教育の専門家や実践者がボイテルスバッハという町に集まり何日もかけて政治教育のあり方を議論したという。

結局その時には統一した見解は発表されなかったが、後から話し合いにおける最低限の一致をまとめたものが出され、それがボイテルスバッハ・コンセンサスと言われるようになった。それから45年経っているが、今もこのボイテルスバッハ・コンセンサスはドイツの政治教育の柱となっていると言われている。以下に近藤（2009：12, 2015：13）から要点をまとめる。

　　ボイテルスバッハ・コンセンサス
　　【圧倒の禁止】：教員は生徒を期待される見解をもって圧倒し、生徒
　　　　が自らの判断を獲得するのを妨げてはならない。
　　【論争のある問題は論争のあるものとして扱う】：学問と政治の世界
　　　　において議論があることは、授業においても議論があることとし
　　　　て扱わなければならない。
　　【個々の生徒の利害関心の重視】：生徒が自らの関心・利害に基づい
　　　　て効果的に政治に参加できるよう、必要な能力の獲得が促されな
　　　　ければならない。

　最初のコンセンサスはその後半にある「生徒が自らの判断を獲得する」という部分を読み落としてはならない。「教員が生徒を圧倒しないこと」と「生徒が自らの判断を獲得すること」とが相補的に意味を成しているからである。2つ目のコンセンサスは「中立性」に関わることを述べている。簡単に言うと、ある物事について意見が分かれたり複数の意見があったりした時に、どれか1つ（筆者注：それは往々にして権力者や体制側の意見になることがある）だけを取り上げたり、その物事に対して一切触れなかったりという「世俗的中立」ではなく、複数の意見があるならその複数を等しく取り上げるという「開放的中立」が大事であるということである（近藤2015：12）。「世俗的中立」は一見すると中立を保っているかのように見えるが、主流の意見だけ取り上げることは実は権力や体制側に立つことになるし、他の意見を取り上げないことはそれらの意見を無視し排除し否定することになって、結局は現状維持という姿勢を取ることと同じである、

という点で偏向していることになる。ゆえに近藤の言うところの「開放的中立」が重要なのである。3つ目のコンセンサスは「政治は『自分ごと』」と言い換えることができよう。私たちが教育に取り組む時、常にこのボイテルスバッハ・コンセンサスを意識して、これらの理念が自分の実践の中でどのように実践されているか考えてみるだけでも、その活動の意味や教育効果が変わってくるはずである。

3. 民主的シティズンシップ教育について

3-1 民主的シティズンシップとは何か

　政治教育はドイツの教育の核である（近藤 2009：15）と上で述べたが、その政治教育が英語に訳される場合に「民主的シティズンシップ教育」（Education for Democratic Citizenship）という名称になることがある。日本語の「政治」という語には忌避感のようなものがついてまわる。本章がここまで「政治」教育ではなく「民主的シティズンシップ」教育と述べてきたのもその懸念あってのことである。一方、欧州評議会でも民主的シティズンシップを重要視する教育を行なっている。そこで言う民主的シティズンシップとは「あるコミュニティの中で共に生きる人が持つ特性」（Starkey 2002 参照）のようなものであり、多様性を寛容に受け入れ、民主的な姿勢・態度・方法で、社会と主体的に関わりながら「ともに生きていく」ために求められる素養やそのように生きていくためのモデルとなるものと考えてよさそうである。民主的シティズンシップ教育については、すでにその言葉を冠した名嶋（編著）（2019）があるので詳しくはそちらを見ていただきたい。本章では上で述べたような市民性を民主的な方法で育てていくことを目的とした教育と定義づけておくに留める。

3-2 民主的シティズンシップ教育の重要性

　ドイツと日本とでは具体的な状況は異なるが、民主主義という普遍的な価値観はある程度共有できるのではないだろうか。すでに日本も実質的な移民社会になっていることを踏まえると、これからますます「他者ととも

に生きる」必要が高まり、「多様性に寛容な社会」を目指して一人ひとりが「主体的に社会と関わる」必要がある。そのような日本の状況を考えると、ドイツの政治教育、民主的シティズンシップ教育から学ぶものは多いと言えよう。

　徐々に民主的シティズンシップを備えた人が増えていくと、長期的に私たちの社会にどのような変化が出てくるだろうか。民主的シティズンシップ教育が社会に与える影響として筆者は以下のようなことを期待している。便宜上、少数派・多数派／弱者・強者という表現を使う。

- 「同じ社会でともに生きる」相対的な少数派をエンパワメントする。
- 「同じ社会でともに生きる」相対的な多数派をエンパワメントする。
- 民主的シティズンシップ教育が日本社会をよりよい形に変えていく力になる。

　現実問題として社会には弱者や少数派が存在する。社会における相対的な少数派はどうしても弱者側になり、往々にして強者や多数派によって差別されたり同化を迫られたり排除されたりする。したがって、主体的に生きるためには民主的シティズンシップを身につけた方がよい。民主的シティズンシップ教育が広く行なわれていけばどうなるだろうか。「複数性」「多様性への寛容さ」などを多数派の構成員が持つことになる。少数派も黙って支配されるのではなく自分たちのアイデンティティを大切にして「ともに生きる」ための民主的な方法を探るであろう。それは多数派と少数派との融和、共生の実践である。

　しかし少数派が自らをエンパワメントして多数派の仲間入りをすればそれでよい、または私たちが少数派をエンパワメントして多数派の仲間入りを支援すればそれでよいということでは決してない。それは多数派が少数派に対し同化を強いることになるからである。つまり少数派に対するエンパワメントとは逆方向のエンパワメントが多数派にも必要である。多数派

には、主流的立場から少数派を「受け入れてあげる」のではなく「お互い
が対等な立場でともに主体的に生きる」のだ、という意識変革が求められ
る。そこから多数とか少数とかいった権力関係を前提としない複言語社
会・多言語社会・異文化間理解が進む。意識改革と実践、複数性の理念の
浸透、複言語・複文化社会への理解と参加、異文化間理解が進み、それが
社会の多様性と寛容さを促す。民主的シティズンシップ教育が多数派にも
少数派にも作用し日本社会をよりよい形に変えていく力になるということ
が期待できるのである。

　主権者教育・歴史教育・道徳教育などを通じて日本の素晴らしさを学ぶ
ことは大切だと思うが、私たちが生きる世界は今やグローバルな世界であ
る。日本は素晴らしいという狭い世界観や根拠のない主観的な優越感では
グローバルな関係性を対等に築いていくことはできない。ここで言うグ
ローバルな世界とは多様なローカルが共存している世界である。そこでは
「自分の独自性」を認めつつ、他者との関係性の中で相対化して理解する
必要がある。複数性や多様性への寛容さを市民の素養と考える民主的シ
ティズンシップ教育は、オスラーとスターキー（2009）が言う「コスモポ
リタン・シティズンシップ」を育てる教育だとも言える。まさにグローバ
ルな教育として社会を変えていく可能性を持っているのである。

3-3　ローカライズの必要性

　しかしグローバル社会の時代において日本社会がローカルな社会である
こともまた事実である。したがって、ドイツにおける民主的シティズン
シップ教育に期待するものがあっても、それをそのまま横滑りさせて展開
するのは早計であろう。つまり「自分たちの社会」にローカライズするこ
とが重要である。そうすることで、ドイツの民主的シティズンシップ教育
は日本においても民主的シティズンシップ教育として教育効果が期待でき
るものとなる。

　ドイツで学校教育現場を見てきての結論を先に言うと、民主的シティズ
ンシップ教育は確実にその教育効果が期待できるものであるが、そのまま
日本に導入しても失敗しかねない。なぜならドイツと日本とでは市民の土

台というか、前提となるものや個々人のレディネスがかなり異なると思われるからである。たとえば、ドイツに比べると日本では「議論する文化」が質的にも量的にも異なるように思う。その違いの一端は、「批判的」という言葉についてまわる否定的な語感が鮮やかに示している。しかし批判的な検討なしに建設的で創造的な議論はできない。批判なき議論は、積極的であれ消極的であれ、単なる賛成の表明や確認で終わってしまう。よって民主的シティズンシップ教育を展開するにあたって、その前提となる議論（勝ち負けを決めるということではなく、対話と言ってもよい）をしっかりとじっくりと行なうということに対して肯定的に捉える価値観を醸成し共有し、そのような姿勢で実践を積み重ね、「対話」活動におけるレディネスを高めていく必要がある。

　何を議論するかという内容に関して言えば、たとえば、日常生活で、学校の授業で、社会や政治について普通に対話し議論することが当たり前のこととなるような土壌づくりも必要であろう。先に述べた「世俗的中立」ではなく「開放的中立」の姿勢で日常生活、つまり中央の政治の具体的な実現形について語る基礎力のようなものが必要である。だからそのまま真似するのではなく、自分たちの社会にローカライズすることが重要である。

4. ローカライズで目指す教育の形

4-1　3つの「シティズンシップ教育」

　ここまでシティズンシップ教育という言葉を1つのものを指すように使ってきたが、もう少し細分化し、本章がローカライズを施して実践したいシティズンシップ教育の形を明確にしておきたい。

　ビースタ（2014）は、シティズンシップ教育について「学習の社会化」と「学習の主体化」という特徴を挙げ、「学習の社会化」を批判しつつ「学習の主体化」が重要であるという旨の議論をしている。筆者なりの理解で言うと、「学習の社会化」とは既存の社会や政治制度に自分を適応させ、その社会や政治制度を自分の中に内在化させ、それを強化したり再生産したりしていくことを目指す教育や学習である。一方、「学習の主体化」

とは既存の社会や政治制度を前提化せず、それらに主体的に向き合い民主的な社会を作っていくその過程で市民になることを目指す教育や学習である。どちらが「主」または「従」であるかという視点で見ると両者の違いがわかりやすい。「学習の社会化」は、すでに存在している社会が「主」で学ぶ人は「従」である。一方、「学習の主体化」の場合は、「いま、ここ」で学んでいる「私」が「主」であり、社会は「従」である。民主主義というものの定義はさまざまであろうが、文字通り「民（たみ）が主（あるじ）であること」と考えるならば、「学習の主体化」の方が民主主義教育、シティズンシップ教育のゴールとなるのではないだろうか。そのように考えると、日本の主権者教育にしばしば見られるような「学習の社会化」的な教育ではシティズンシップ教育としては不充分であると言えよう。

このように考えてくると、「学習の社会化」以前のレベルのシティズンシップ教育もあるのではないかと思い至る。「学習のメンバーシップ化」とでも言うべきものである。ビースタは社会生活を送るために必要とされる知識やスキルなどを教えることを「学習の資格化」と呼んでいるが、本章で言う「学習のメンバーシップ化」はそれより広いものを指している。たとえば、教える側が市民に求められる知識や行動様式といった市民としてふさわしい資質を教授し、学ぶ側がそれを受け取り、それによって市民としての資格（メンバーシップ）を得る（与える）ことを目指す教育や学習である。このタイプも今の学校教育で行なわれている主権者教育に言える特徴ではないだろうか。

気をつけたいのは「既存の社会や政治制度」というところを「日本語や日本社会」に置き換えても概ね意味が通るということである。つまり言語教育にも「学習のメンバーシップ化」「学習の社会化」という面がありうるということである。これからの教育（当然、日本語教育もそこに含まれる）では「学習のメンバーシップ化」「学習の社会化」に終始するのではなく、その先に「学習の主体化」を意識する必要がある。

4-2 「民主主義の実験」の「場」をデザインする

ビースタ（2014）は他にも興味深いことを述べている。今の私たちには

「民主主義の実験が必要」なのだと言う。確かに近年よく若者の政治離れが叫ばれる。90年代のイギリスでもそれを1つの理由としてシティズンシップ教育が展開された。しかしビースタは、「若者の政治離れ」は「民主主義の危機」の原因や理由なのではなく、ことの道理は逆であり、「若者の政治離れ」は「民主主義の危機」の結果なのだと述べる。そして今の社会では民主主義が蔑ろにされているので民主主義を取り戻すために民主主義の実験が必要だと主張している。その民主主義の実験を筆者なりに解釈すると、以下の3点になる。

- 「異論を受け止める民主的な場」を作る。
- その「場」で「民主的な方法で対話」を行なう。
- その「対話」を通して「共通善」を志向する実践を行なう。

　この3点を実践するためには民主的シティズンシップ教育を行なう必要がある。つまり、筆者は民主的シティズンシップ教育がビースタの言う民主主義の実験の場になると考える。では民主主義の実験の場、言い換えれば、民主的シティズンシップ教育を機能させるにはどうすればいいだろうか。

4-3 「民主主義の実験」の場を機能させる

　私たちは生まれながらにして皆「いまここ」を生きる市民である。ならば「いまここ」から出発し、「ともに生きる」中で生じるさまざまな事例をテーマとすることで「自分ごと」として学ぶことができるのではないか。つまり、「自分たちの興味・関心・利害から出発し、現実の社会そのものに向き合い、自分たちで主体的に考える」ことを行なえばよい。
　また私たちはしばしば、学ぶ人たちを「何も知らない人」とみなしてそれを前提としてしまいがちだが、果たしてそうだろうか。教える側が知らないことがらを学ぶ側がよく知っている場合もあるだろう。また仮に今学んでいることがらを事前には何も知らないからといって知識を授けるだけの教育でいいのだろうか。教え込まれた知識はとりあえず記憶されるかも

しれないが、そのままでは「生きる力」にはならない。「自分で考えて主体的に学ぶ活動」が必要である。これは言語教育に限ったことではない。どのような教育でも「自ら獲得する」ことによって知識や技能が自分のものになる。「与えられたもの」は与えられただけで自動的に獲得はされない。「子どもを空の貯金箱に見立てて、教師がコインを貯金するかのように知識を注入」しても「生きる力」は獲得できない。知識だけでは行動できない。考えるだけでも行動できない。「主体的に考え」「気づき」「獲得する」ところに学びの実践があるのではないだろうか。フレイレ（2011）の言う「銀行型・預金型教育」からの転換が重要なのである。

　しかし「銀行型・預金型教育」から転換するということは、学ぶ側にとっては「自分で考えて自分で獲得する」ことが求められることでもある。そこで必要となるのが「批判的リテラシー」である。つまり、「一歩立ち止まって批判的姿勢で考える」という批判的リテラシーを伸ばす活動が不可欠となる。自分の考えを形成するためにも他者とのやりとりにも「じっくり多面的に考える」という意味で批判的リテラシーが不可欠である。自分に対しても他者の意見に対しても批判的な姿勢で臨むことで「気づき」が誘発されるのである。

　批判的に考えてたどり着いた自分の考えをさらに批判的に検討するためには自分の前提とする価値観や理念といった「自分の文化」から自由になることが求められる。それを促進する手段が「他者とのやりとり」であり「異文化間理解を促進する活動」である。さまざまな他者や他文化との接触、異なる意見の受け止め、調整体験を引き起こすことができるからである。詳しくは次で取り上げるが、ハンナ・アレントが述べていることを筆者なりに解釈すれば、他者に向き合うことで「私」がそこに現れてくるのである。そして「私と他者とのやりとり」によって、私は「私」と「他者」をさらに批判的に捉えることができる。グローバルな社会でのコミュニケーションを考えると、自分と異なる他者に自分の意見を受け止めてもらうには、情緒に頼るのではなく論理に立脚した主張が必要である。これは学ぶ側だけの問題ではない。教える側にもその素養が充分にあるか内省してみる必要があろう。同質的な世界、「言わなくてもわかってもらえる」

環境にいては他者と「ともに生きる」素養は育たない。「言わなければわからない」「わかってもらうために言う」「わかるために聞く」、そういう実践が誘発される学習環境を私たちが自ら作っていく必要がある。

そのように考えてくると、筆者にとって「民主主義の実験」の場を機能させるしかけは、ドイツの政治教育、端的に言えば「ボイテルスバッハ・コンセンサス」ということになる。

4-4　ハンナ・アレントの言う「活動」「権力」「現れ」

筆者の中でもう１つローカライズの形を考える際の理論的な柱となっているのがハンナ・アレントの主張である。ハンナ・アレントは『活動的生』『人間の条件』の中で、人間が生きるということを「活動的生活」と「精神的生活」とに分け、前者をさらに「労働／仕事／活動」に分けている。アレントの主張は、古代ギリシャのポリスの生活を念頭に置いている部分もありそのまま現代には当てはまらないと思われる場合もあるが、それぞれを簡単に言い換えると「労働」は「生活を維持するために最低限必要なこと」、「仕事」は「消費や観賞の対象を作り出すこと」、「活動」は「他者と言葉を介して関わること」のようになるかと思われる。そしてアレントは人間が最も人間的であるための条件として「活動」を挙げている。

この「活動」に関してアレントは興味深いことを述べている。ここでは３つのことを取り上げたい。１つは4-3で触れた「現れ」である。筆者自身の理解で単純化して言えば、ある人が別の人とともに「活動」を行なう際、そこに「自分」が現れてくるということである。さらに言うとそこには２種類２方向の「現れ」がある。１つは「相手に見せたい自分」、もう１つは「相手から見た自分」、その２つの「自分」が相手との「活動」の中で立ち現れてくる。そして同じことが相手側にも成り立つので、二人の間の「活動」の場には４つの「現れ」が同時に存在することになる。もし周囲に傍観者がいれば、その傍観者を意識した「現れ」が生じる可能性があるので、さらに質的に異なる「現れ」が存在することになる。そのように考えてくると、「現れ」の質的な差異、それぞれの人が持つ「ユニークさ」（唯一性）は社会の多様性につながるものであるから、多様性を豊かにす

るために「活動」が欠かせないということになる。また「活動」の場が変わり相手が変われば、同じ自分であっても「別の自分」が現れてくるため、「活動」の範囲が広がればそれだけ個人の「複数性」が豊かになる。そこからも、対話の場を設けるという方向はローカライズに重要な視点であると言える。

　２つ目はこの「活動」の場が唯一性のある「私」と「他者」とをつなぐ場であると同時に両者を隔てる装置でもあるという指摘である。アレントはこの特性を「公共のテーブル」というメタファーで表している。テーブルという人工物が、人の集う場となる面を持つと同時にそこに集まった人と人との間の距離を生み出すものとなる面を併せ持つということである。ここで言う「距離」には物理的な距離と心理的な距離の双方があると考えるべきであろう。つまり１つ目の「現れ」と関連させて言えば、「公共の場」とは本質的にはそれぞれが「唯一性」を持つ「複数の他者」によって構成される「異質なものからなる場」であり、相互の異なる「唯一性」を保持しつつお互いの「現れ」と「隔たり」とをいかに保障するかが公共性を維持する鍵となる。公共の場が「異なる者」同士を媒介・仲介する場であるとすれば、公共の場であるから同一性・同化を志向していく、という同調圧力の作用する方向性は公共の場のあり方としては望ましくなく、取るべき方向性はそれぞれの「唯一性」「異なり」「多様性」を許容し一定の「隔たり」を維持する方向であると言える。

　３つ目は「権力性」である。アレントは「権力性」をこの「活動」において生じる一過性のものであると考えていて、いったん「活動」が終わると（つまりある人とのやりとりがいったん終了すると）、その「権力性」も消えてしまうのだという趣旨のことを述べている。その考え方は一般的な政治学の定義とは大きく異なるが、広く解釈すれば「日常生活は政治である」という考え方にも通ずるものであり、民主的シティズンシップ教育と方向を同じくするように思える。これについては第７節で考えてみたい。

　さてここで確認したアレントの３つの指摘を「教育の場」というものに関連づけるとどういうことが言えるだろうか。教育の場は、唯一性を持つ「私」と、同じように唯一性を持つ「他者」という「複数の異なる者」が

出会い、そこで「やりとり」を行なう場であると言える。当事者間に生じる「権力関係」の下で、お互いの「現れ」を保持しつつお互いを尊重し、授業という「公共の場」を「ともに生き」、「学び」という「活動」が終われば受講者同士は「隔てられた他者」の関係に戻る。一方で、伝統的な教育観から見れば、「教師と受講生との間の権力関係」は授業中も授業が終わってからも存在することが多い。教育という場はそのような「固定化された権力性」が介在する「公共」的な場所であると考えることができる。

　ではその教育の場をいかにして民主的シティズンシップ教育の場として機能させていけばよいか。なによりも当事者の唯一性を担保し、受講生間の対等な関係性を保障し、教師の権力介入を必要に応じて制限し、受講生の主体的な活動をエンパワメントすること、それらを通して多様性への寛容さを育てる場とすることが重要である。それは言い換えれば、ボイテルスバッハ・コンセンサスの理念を実践することである。そこで次節からはボイテルスバッハ・コンセンサスを具体的にどうローカライズするかという問題を論じていく。

5. ローカライズを考える（その1）
　　　──「異論」に着目する

5-1　なぜ異論か

　筆者は、ローカライズの基本かつ最も重要な視点はボイテルスバッハ・コンセンサスの2番目、いわゆる「論争のあるものは論争のあるものとして扱う」という姿勢ではないかと考えている。なぜなら4-4で述べたように、権力性を排除すると同時に複数性・多様性を保障することにつながるからである。その理念を実際に実践に移すためにはどうすればいいだろうか。まず対話を生み出す必要がある。ではその対話を意味のあるものにするためには何が必要か。一人ひとりが「自分のことばで社会を語る」ことが必要である。一人ひとりは異なる人間なので当然のこととして複数の「異なる声（異論）」がそこから生まれてくる。「異論」が生まれることで、それを受け入れるかどうかは別として、まずその異論を受け止めて知ろう

とする動機づけがお互いに生まれる。私は私にとっての自論（それは相手にとっては異論である）を語り、相手は相手自身にとっての自論（それは私にとっては異論である）を語る。そこに対話する意味が生まれるからである。

　自分の声と他者の声とが邂逅する時、それはハンナ・アレント的に言えば「活動」が始まる時と言ってもよいと思うが、私個人というローカルにおいて「相手に見せたい私」が現れ「私から見た相手」が現れる。同じことが相手というローカルにも生じ、「私に見せたい相手」が現れ「相手から見た私」が現れる。それらは「いま、ここ、わたしたち」がともに活動するグローバルな場に立ち現れる。そのローカルな複数性とグローバルな複数性という関係性の中で異論が対話を動機づけ、その対話が新たな異論を呼び起こす。自論と異論との邂逅と対話の往還がさらに対話を促進し「現れ」をさらに豊かなものに変えていく。このように対話には異論が必要である。ではどうやって異論を生み出せばいいのだろうか。

5-2　異論を生み出すのは難しい

　自分とは異なる意見を、否定したり排除したりすることなしにいったんは受け止めて、対話という民主的な方法でコミュニケーションをとることは実はとても骨がおれることである。対話を「拒否」したり相手を「排除」したり「無関心」を決め込んだり「無視」したりする方が疲れない。また、対話するよりも「他者に合わせる」方が楽だと考えることもよくある。コンフォーミズム（体制順応主義）と呼ばれる行動であるが、阪口（2010）によると、そのような行動は非合理的な行動として否定されるべきものではなく合理的な行動なのだという。阪口はコンフォーミズムが合理的である理由を他の情報を参考にする方が「よりよい決定」ができる場合もあるからだと述べている。何をよりよいと考えるかはさまざまな場合があろう。たとえば、自分で判断する時間や労力を最小限にしたい場合、自分で判断を導くだけの確かな情報や根拠がない場合、自分が判断することよりも他者との人間関係を優先する場合、自分で判断することによって生じるリスクを避けたい場合などがあろう。いわゆる「おまかせ民主主

義」などもコンフォーミズムの一例だと言える。しかしそのような「コスト減少」「リスク回避」というメリットがあるとしても、そこには阪口の言うように「批判的検討をしないことで誤った判断をしてしまう」というデメリットも確実に存在する。したがって誤った判断をしないためには自論（往々にして自分ではそれを正論だと思い込んでいる）だけではなく、代替可能性を持つ選択肢としてのさまざまな異論が必要なのである。

とは言っても、日本社会において異論の存在を許容することはなかなか難しい。ここにもローカライズが必要であろう。読者の皆さんも個人的体験から納得できると思うが、樋口／内藤／阪口（2007：308）が言うように、私たちは主義主張を持っている人に対して強い違和感を抱く傾向があり異論は煙たがられる。なぜ異論は必要であるにもかかわらず煙たがられるのだろうか。

5-3　なぜ人は異論を排除したいのか

阪口（2010）は異論が排除される理由として下の3つを挙げている。

(1)「確信の強さ」と「確信の弱さ」
(2)「権力の自己保存」「反体制的な活動の芽を摘む」
(3)「権力による抑圧を世論が下支えする場合」

（1）は異論の存在によって自論の「確信の強さ」が揺らぐため人は異論を排除したがるということである。そこに権力や既得権の維持といった動機づけが絡むと（2）のような理由で異論を排除することになる。(3) は流行語にもなった「忖度」、よく見聞きする例で言えば、市民団体のイベントを政治的であること（往々にして政府や政権に対する異論であること）を理由にして自治体などが後援を拒否したり会場の不使用を決定したりするような場合である。(2) の「権力の自己保存」を「私たち」が率先して手伝うわけである。それに対し阪口は、「思想の自由市場」で「自由な競争」に委ねるべき、というホームズやミルの考えを紹介し、異論を最初から排除・規制するのではなく、まず人々に提示し、自由な議論という方法

で評価させ、取捨選択・淘汰させていくことの重要性を説いている。

　異論の重要性がどこにあるかについて、阪口は異論の「公共性」と「複数性」に着目する。「異論の公共性」とはすぐ上で触れた「思想の自由市場」に見られるような「公共性」であり、「異論の複数性」とは、まずなによりも複数の人がいれば「複数の考え」があって当然で私たちの社会はそういう社会であるはずである、という社会のあり方の本質的な特性を踏まえた意見である。筆者の読みで言えば、阪口は公共性よりも複数性の方をより重要と見ているようである。

　ここに異論と複数性との接点が見えてくる。一人の「個」が自分の中にさまざまな意見を持っているとしよう。その場合、そこには個のレベルで複数性・多様性が存在する。そして、私と他者とは異なる人間なので、私と他者とが「活動」の中で向き合った時、そこには「自論と異論との邂逅」がある。その二人は「いま、ここで、ともに生きている」という点において１つの「公共の場」、「社会的な場」を構成する。そしてその「場」は複数性・多様性を持つことになる。このように考えると、「個の・複数性・多様性」が「公共の場」で保障された時、「社会の・複数性・多様性」を生み出していくことになる。異論が社会の構成員（つまりそれは市民である）間の関係性の紐帯として機能し、社会全体の複数性・多様性を担保するのである。言い換えれば、異論の存在は多様性に寛容な社会の指標であるとも言えよう。

5-4　異論の存在する社会、異論を言える社会

　阪口（2010）の言うように、異論を言えば不利益を受ける、それならば異論を口にするのはやめておこう、と人々が考えるのはある意味普通のことである。実際、そのようなコンフォーミズムは今の社会にも広がっている。しかし異論の存在を認めず異論を排除する社会は正論を強いる全体主義的な社会である。それは自分たちの目指す社会ではないと思ったら、一人ひとりが自分のコンフォーミズムの程度や実践の度合いを変えていく必要がある。「異論を言おうとしない社会でいいか」という異論を掲げて社会に問うていく必要があろう。社会の中の固定化された権力性にも批判的

な目を向けていく必要があろう。

　答えははっきりしている。社会に異論は必要である。もちろん異質なものとの接触には摩擦や衝突など負の影響も起こりうるが、しかし私たちはそれを調整し、時には失敗をして反省し、その反省を次に活かして乗り越えてきた。異質なものとの接触が新しいものを生み出してきたことは歴史が証明している。異質なものを受け止め、調整し、社会をよりよい形に発展させていく、そういう市民性が私たちの今の社会をここまで作ってきたのである。そう考えるとやはり「社会に異論は必要」である。均一的で同質的で暗黙のうちに同調を強制する社会は流れない水が腐っていくように徐々に衰退していくだろう。異質なものが社会を活性化する。私たちが生きている社会にも同じことが言えるのではないではないだろうか。

5-5　異論を生み出す他者に着目する

　ここまで異論の重要性について考えてきたが、異論の持ち主である「他者」の存在をどう考えればいいだろうか。異論を口にする人がいるということは、私の考えとは異なる意見を持つ他者がいるということになる。したがって、異論を必要なものと考えることは他者をこの社会に必要な存在としてみなすことになる。逆方向に考えれば、異論を排除するということは他者を重要ではないと考え、他者を排除することにもなる。その他者から見れば今度は私が他者になるため、私という存在も潜在的には他者による排除の対象となる。その「私から見た私」も「他者から見た私」も「ともに、いま、ここ」で「私の中に」確実に存在している。それは私にも相手にも言えることである。あまりにも当たり前のためか普段は意識をしないが、このように、社会は「複数の私」と「複数の他者」とから成り立っているのである。

　そしてその「私」と「他者」とが存在している事実は、ハンナ・アレントが『人間の条件』の中で述べているように、「対話」という「活動」の中で「現れ」てくるのである。私たちが生きている社会は「異なる他者」からなる社会で、かつ民主主義的であろうとしている社会である。全体主義的な社会や専制的な社会ではなく民主主義的な社会を目指すならば、複

数性・多様性に寛容な社会を民主的な手法で作り維持していく必要がある。そのためには「他者」と「異論」、「異論を共有する対話」と「対話の場」が絶対的に不可欠なのである。

5-6　可能な限り「排除」より「包摂」を

　ここまで対話、特に他者・異論との対話が大切だと述べてきたが、それは先に述べたコンフォーミズムという点から難しいものでもある。異論を受け止められる社会、言い方を変えれば、自分の中の複数性、社会における複数性を維持するためにはどうすればいいのだろうか。その答えは「可能な限り排除より包摂を」ということになる。自分とは異なる対象を排除していけば、最後は排除する対象がなくなり自分だけが残る。多様性や複数性を豊かにしようとする姿勢とは逆の方向になるわけだが、問題はそれだけではない。その単一性ゆえに他者との関係性を写し鏡にして自分が規定できず、ハンナ・アレント的に言う「現れ」を担保できず、自分のアイデンティティを構築したり確認したり維持したりできなくなるのである。

　それとは逆に自分とは異なる他者を包摂するとどうなるか。他者を包摂すればするほど自分の中に他者が増え他者と自分との関係性が多様になり、その分だけ多様な「現れ」が生み出される。結果的に、自分のアイデンティティが際立ち、かつ全体での複数性・多様性が増すことになる。

5-7　仲間内だけではなく他者とこそ「対話」を

　他者を拒否したり排除したりすることは「ともに生きる」可能性を潰すことである。対話なしに正論の受け入れを迫るのは全体主義的である。民主的な方法で調整するには対話しかない。「対話のための対話」から始めることに意味があるのである。民主的に対話しているつもりであっても注意が必要である。たとえば、AかBかといった二元論的な議論には排他的な側面がある。Aという選択はBを拒否し排除することでもある（逆もまた真）からである。しかしこのような単純な議論であってもさまざまな対話の可能性がある。大文字のAとBとがともに存在する可能性を探ってみる、大文字のAを小文字のaにする可能性を考えてみる、それをBについ

ても考えてみる、小文字のaとbとがともに存在する可能性を探ってみる、などである。そのためには対話による調整が必要である。対話の中で異論を受け止める、異論が新たな対話を引き出す、その新たな対話がまた別の異論を生み出す。そのような「対話と異論との連関」「対話の積み上げ」の実践を教育の中に取り入れていくことで、いろいろな教育に民主的シティズンシップ教育の要素を組み込んでいくことが可能になるのである。

6. ローカライズを考える（その2）
──「複数性」に着目する

6-1　なぜ「複数性」か

　異論を生み出すことができても、それを無視したり排除したりしては対話の組上には載らず、したがって対話も生まれない。異論をいったんは受け止めて（筆者注：「受け入れて」ではない）対話へと発展させるためにはどうすればいいか。そのために必要なのは「異なるものに対する寛容さ」ではないだろうか。異なるものを無視したり排除したりしていては対話は始まらない。まず異論を受け止めるためには「異なるものへの寛容さ」が必要である。ではどうすれば「異なるものに対する寛容さ」を醸成できるだろうか。本章では「複数性」にそのヒントがあると考える。

6-2　「複言語主義」から考える「複数性」

　西山（2011）は、欧州評議会の言う「複言語主義」について、個人が複数の言語を使える状態を2つの点で捉えている。1つは「能力としての複言語」状態である。これは文字通り、複数の言語が「できる」ことであり、言語ごとにできることが違ってよいし、1つの言語の中で「読む／書く／聞く／話す」などの技能が同程度にできる必要もないと述べている。もう1つは「価値としての複言語」状態である。「能力としての複言語」の方は理解しやすいが、「価値としての複言語」という言い方では「価値」という言葉が翻訳的に使われていて個人的には少しわかりにくく感じるため、「アイデンティティ」という語に置き換えてみたい。「価値としての複言

語」というのは、言語は「私」のアイデンティティであり自分の中に複数のアイデンティティが複数の言語と結びついた形で存在していて、それぞれが等しく価値を持つ状態である。私の中が多様な状態、複数の「異なる私」を受け入れて調整している状態と考えることもできる。日本語教育でも利用されているCEFRだが、「能力としての複言語」状態を測るツールだと思っている人も多いのではないだろうか。それは間違いではないが、なぜ「能力としての複言語」状態を測るのかについて理解しておく必要がある。そうでないとCEFRが単なる物差しだけのものとなってしまうからである。

西山（2011）は「価値としての複言語」の方がより重要な観点だと考えているようである。それに筆者も賛成する。CEFRが欧州の統合という動きの中で作られ提唱されたという歴史的経緯を考えると、アイデンティティの問題がCEFRの理解にも大きな意味を持つと考えられるからである。自分の中の「価値としての複言語状態」を豊かにするためには、今の段階（ある言語の学習のスタート地点）における自分自身の「価値としての複言語状態」を知る必要があるということである。言語教育でコースデザインを行なう際に最初の段階でレディネス調査をする必要があるのと同じことである。その今の段階における「価値としての複言語」状態を測るにあたって、「ことばとアイデンティティ」が結びついていることを踏まえれば、より測りやすい「ことば」の現状を測ることで、「アイデンティティの実態」、つまり「価値としての複言語」状態を把握することができるわけである。

筆者はCEFRを表面的な言語能力、つまり「能力としての複言語」状態を測る物差しとして使うことを全否定はしないが、「能力としての複言語」状態は「価値としての複言語」状態を示すものでもあること、したがって「能力」を測ることで「言語とアイデンティティとの関係」を推し量ることができること、欧州評議会の唱える複言語主義はその「異なる言語と結びついている異なるアイデンティティ」を「等しく価値のあるもの」と考えていること、その考え方が欧州の平和な統合の1つの鍵となっていること、つまりCEFRは多様性に寛容な多元的社会の実現に寄与する理念でも

ありツールでもあることを理解した上で使う方がよいと考える。詳しくは西山・大木（編）（2021）等を参照されたい。

　念のために、アイデンティティとしての複言語ということを簡単に自分ごととして理解できる例を挙げたい。感情が昂ぶった時、たとえば怒っている時や喜んだ時に地域語が出る。非常にリラックスして自分らしさが何の気兼ねもなしに出せる時に地域語が出る。そういうことはないだろうか。それは「地域語と結びついたアイデンティティ」が前面に出ている状態である。また地域語と共通語、地域語と標準語の問題は言語政策という政治の問題であり、そこに言語を通した「力の行使＝支配／被支配」があり、それがさらにアイデンティティと関係している。地域語を恥ずかしいと思ってその使用を控える人がいるのはなぜだろうか。それは標準語政策によって地域語を劣ったものであると思わされてきた歴史があり、その地域語と自分のアイデンティティとが結びついていて、地域語を使う自分を低く評価してしまうからだと説明できる。また外国語を運用する時に母語で話している時と比べて少し性格が変わるようなことはないだろうか。それはその時だけ別のアイデンティティを前面に出していると言える。これらの例から、アイデンティティと言語とが絡み合った「価値としての複言語」という状態がどういう状態か理解できよう。そして地域語の例からもわかるように、複数性の観点に立ち「価値としての複言語」状態に意味を見出すことで、固定化された権力性を批判的に捉え直し、その権力関係から自由になることも可能になるのである。

6-3　複数性の担保された社会

　複数性の担保された社会はどのような社会と言えるだろうか。自分とは異なる他者や考えを寛容に受け止め、排除したり攻撃したり、教化したり同化を強制したりしない社会、他者に無関心でもなく、他者を放置するでもなく、同じコミュニティをともに生きる社会、それぞれにそれぞれの人なりの居場所がある社会、個々の多様性と全体のゆるやかな結束性とが両立する社会といったところだろうか。一方、個人の複数性を推し進めると、多様な私と多様な他者が増えていく。「私とは異なる人」が増えていくこ

とで、社会がばらばらになるということはないのだろうか。また「ばらばらな人」からなる「まとまりのある社会」は成立するのだろうか。「ともに生きる人」をまとめるためにどのような方法があるだろうか。

　すぐに思いつくのは「(1) イデオロギーのような強い力で異なるものを強固に束ねる方法」である。それとは逆の方法もある。「(2) 前提そのものを組み換える方法」である。異なるものが複数集まっている社会であるという前提の下で自分がその異なる一人であることに当該社会に帰属する価値を持たせ、それによってゆるやかに束ねる方法である。2つの方法は一概にどちらがいいとか悪いとかの問題ではない。そしてどちらの方法でまとめるにしても教育が重要な意味を持つ。(1) では「1つのものに同化させていく強い力」に価値を持たせるために全体主義的教育が不可欠となる。一方 (2) では「異なるものが複数集まっている社会である」という前提に価値を持たせるために多様性に寛容な教育が必要となる。そして複言語主義を掲げる欧州評議会が採っているのは後者である点に注目したい。

6-4　共生社会と「複数性」

　よく共生社会ということばが使われるが、共生と言う以上、その社会は別々の人が集まってともに生きる空間であって、お互い関わりなくばらばらに存在してばらばらに生きている空間ではないはずである。したがってその社会でともに生きる市民には「異なるもの（多様性）への寛容さ」が求められる。やはり複数性の理念は非常に大切なものと言えそうである。しかし「異なる考えの人と一緒にいるのは疲れる」「同じ考え方の人たちとだけ付き合っている方が楽だ」という声も聞こえてくる。それは確かにその通りでお互い多くを語らなくても共感し合えて摩擦や衝突もない方が楽なのは当然である。自分もそう思う時がある。

　しかし公共の社会ではそれは難しいことである。現実的に社会は異なる人から成り立っている多様性豊かな世界だからである。とはいえ、人は楽な方を選びがちで、異なるものから距離をとり、時にはそれを排除しようとさえする。なぜそうなってしまうのか。その方が生きやすいと考えるからであるが、実は逆なのかもしれない。5-5、5-6で異論について論じる中

で述べたように、排除の行き着く先は全体主義的社会であり、その社会は完全な思考停止状態にならない限り決して生きやすい社会ではないからである。つまり可能な限り排除より包摂を志向した方がよいということになる。それは個人の複数性を多様で豊かなものにすることが、ひいては社会全体の複数性を多様で豊かなものにすることになるからである。

　対話というものに引き寄せて言えば、複数性が対話を誘発するとも言えるし、対話が複数性を豊かにするとも言える。対話が「私（自論）」と「他者（異論）」とをつなぐ。ハンナ・アレントの言い方で言えば、私（自論）と他者（異論）とが対話という「公共のテーブル」につくことで、お互いの複数性が豊かに耕され、さらには自論と異論のやりとりからゲシュタルト的にもっと豊かなものが生まれる可能性もある。「対話のための対話には意味がない」と言った政治家がいたが、「対話は対話のための対話から始まる」のであって、だからこそ「対話のための対話には大きな意味がある」と言える。

　とはいえ対話を行なってもそれが排除の実践になってしまっては意味がない。異なる人・異なる意見・異なる価値観、異なるものと出会った時、たとえ一時的であっても異なるものと「ともに生きる」時、お互いが何らかの「折り合い」をつけるのが市民的な姿勢であろう。そのためにも対話が不可欠なわけである。これはその時その対話の場に生じる「公共善」を目指す行動だと言い換えることもできる。市民性とはそのようなことができる素養である。民主的シティズンシップ教育が目指すのもそういう市民性である。

6-5　今の日本社会と「複数性」

　今の日本社会は複数性・多様性という点から見るとどうだろうか。筆者が自分の半生を振り返っても、ずいぶん多様性に寛容な社会になったものだと思う。たとえば2021年の夏の青少年読書感想文全国コンクールの課題図書を見ると、高校の部では「LGBT」がテーマの本が課題図書に挙げられていた。昔と比べて社会の多様性は格段に変化している。外国にルーツを持つ大人も子どもも増えている。さまざまな人たちと「ともに生き

る」必要性が高まり、インクルーシブ的な動きは確実に進んでいる。

　しかし政府や自治体の施策、政治家の言説、企業の言動、マスコミの報道、ネットでの発言などを見ていると、一人ひとりの中の複数性はまだまだ充分に育っていないように思わざるをえない。ヘイトスピーチやネットでの炎上、弱者へのハラスメントなどの事例も後を絶たず、社会の分断や排他主義的行動が懸念される。五輪関連の報道ではグローバルに活動しているスポーツ選手を「日本・日本人」という枠に嵌め込んで、いわゆる「日本すごい！」という論調で報じる例が多く見られたし、ホームレスの人々を猫と比べて猫の方を選別する主張をYouTubeにアップした「有名人」もいた。多様性に寛容な社会が実現できるかどうかは、この社会を「ともに生きる」私たち市民一人ひとりの問題であり、政治家に任せておくのではなく、自分たちが自分たちのできるところで主体的に取り組む課題だと言える。

6-6　目指すは「複数性を基盤とした市民性」

　国家や国籍という枠組みを超越した社会（コミュニティ）が実現し存在している今、「社会＝国家」という考え方は実態に合わない。福島（2011）が指摘するように、「国家＝国民＝国籍＝アイデンティティ＝民族＝言語」というような考え方はもはや幻想である。そのような幻想の力で外から1つにまとめあげるのではなく、社会に属する人は皆「ともに生きる人」という利害関係者であり、一緒に自分たちが属する社会を自分たちで考え作っていくという市民性でゆるやかに内からつなげていくことが重要である。そのためには、繰り返しになるが、「複数性を基盤とした市民性」が必要である。複数性の大切さを理解し行動する市民が増えなければ「多様性に寛容な社会」には近づけないからである。そこでシティズンシップ教育、それも対話に重点を置いた民主的シティズンシップ教育が求められるのである。

　私たち一人ひとりはどのように位置づけたとしても本質的に異なる人である。したがって社会はそれ全体をマクロ的に見れば自然発生的に複数性の基盤を有しているが、構成員間の水平的なつながりが希薄な場合、多数

性は存在しても複数性は有機的には存在しない状態になる。個人の中の複数性を豊かにすることだけでは自動的に社会の複数性を担保することができないのである。ではどのようにしてその水平的なつながり、ハンナ・アレント的な言い方で言えば「活動」の実践を動機づければよいのであろうか。どのようにすれば「個人の複数性」を「社会の複数性」につなげていくことができるのであろうか。本章ではそのヒントを「日常の政治性（または政治の日常性）」に求めたい。それが「共通善」の出来につながるからである。

7. ローカライズを考える（その3）
──「日常の政治性」または「政治の日常性」に着目する

7-1　民主的シティズンシップ教育と政治性

　いきなり「社会について主体的に関わろう」とか「政治について語ろう」と言われてもできない人がほとんどであろう。政治を「自分のことば」で語るレディネスが圧倒的に欠けているからである。だからこそローカライズが必要だと筆者は述べるわけだが、ではどうすればいいだろうか。答えはそれほど難しくない。対話するもの同士の接点や共通点を見つけだしてそれを語ればいいのである。ではそれはどういうものか。不特定多数の社会の市民に接点や共通するものが存在するのであろうか、存在したとしても簡単に見出せるのだろうか。すべての市民に接点があるのはその市民が「いま、ここで、ともに生きている社会」である。その「いま、ここで、ともに生きている社会」の出来事や問題は市民に共通するものである。だから一人ひとりの市民が「いま、ここで、ともに生きている社会」を「自分のことば」で語り合えばよいのである。それは言い方を変えれば「共通善」を志向するということである。

　しかしこの共通善は意識しないと可視化されない。ではその見えにくい共通善を可視化するにはどうしたらいいか。そこでも対話が大きな役割を担う。異論を出し合って対話する中から共通善が立ち上がってくるのであ

る。逆説的な言い方になるが、対話は「いま、ここで、ともに生きている社会」を「自分のことば」で語ることから始まる。それによって「異論」を創出し、お互いが異論を出し合って「活動」し、さまざまな「現れ」を相互に受け止めて「複数性」を豊かに耕していくことができる。その過程で、固定的な権力関係は後退し、時には解消される。そして対話がさらに促進し、共通善が立ち上がってくるのである。

　どのような社会であれ、その社会における共通善は政治的な性格を持たざるをえない。したがって、「自分のことば」で政治を語り、「自分にとっての社会」に主体的に関わればいいのである。それを可能とするのが「日常の政治性、または政治の日常性」への着目である。

7-2　日常生活と政治性との関連

　私たちは政治という言葉にある種の特定の意味を感じ取る。それはもはや日本語における政治という言葉に抜き難く焼き付けられていると言えよう。そこから自由になることもローカライズの１つとして必要である。私たちが政治という言葉からイメージするものは、一般的な主権者教育における政治と相似形であるように思われる。しかし、多くの場合、主権者教育が教える政治は狭い意味での「政治に関する知識」である。ではシティズンシップ教育、民主的シティズンシップ教育における政治とは一体どのようなものであろうか。

　筆者は「政治とは私たちの日常生活のそのもの」であると考える。主権者教育の考える政治とは、基本的に自分たちの外にあるものである。選挙に立候補し当選して議員の資格を得た特定の人、つまり職業人的な政治家だけが関わるものである。多くの一般市民にとって政治は一種の非日常世界であり、普段はその非日常世界の観客であるが、政治家という特定の人を選ぶ選挙の時だけは観客から主演者になる。しかしその役目を果たした後は政治の場から退場し観客席に戻る。一方、シティズンシップ教育にとっての政治とは自分たちの世界そのものである。政治家のような一種の資格を得た人も関わるが、全ての市民が演者として参加できる。毎日の生活が政治だからである。批判的談話研究を専門とする野呂香代子氏（ドイ

ッベルリン自由大学）はしばしば「2つの政治」という話をする。「大文字
の政治」「小文字の政治」という区別である。野呂氏はそれぞれを以下の
ように説明する。それに対応させて筆者は「狭義の政治」「広義の政治」
という言葉を使っている。

- 大文字の政治：いわゆる「永田町／霞ヶ関」の政治、狭義の政治
- 小文字の政治：日常生活、広義の政治

　たとえば、今日の昼ごはんは何にしようかと考えた時、そこにはさまざ
まな政治が絡んでくる。昨日までは540円だった弁当が今日から550円に
なったのは消費税増税政策の結果である。おかずの野菜は有機野菜・無農
薬野菜だろうか、それとも化学肥料や農薬を使っているのだろうかという
疑問が生じたら、それは食材の産地や安全性の問題であり、農林水産省・
環境省・厚生労働省などが関わっている世界の話になる。緊急事態宣言で
お店が閉まっていたりテイクアウトしかできなかったりとなればそれもま
た新型コロナ対策という政治の問題である。このように「政治とは私たち
の日常生活のそのもの」なのである。

7-3　いわゆる「公共善」を志向する

　主権者教育には「大文字の政治（狭義の政治）」だけを教えるものもある
が、民主的シティズンシップ教育は「大文字の政治（狭義の政治）」だけで
はなく「小文字の政治（広義の政治）」も射程に入れているという大きな相
違点があると言える。日常生活で不便や困難や危険などを感じているもの
は全て「大文字の政治（狭義の政治）」が具現化したもので「小文字の政治
（広義の政治）」である。思いつくまま例を挙げるが、危険な通学路、街灯
のない歩道、待機児童、病気、障害者、介護、老後、ジェンダー、育児休
暇、サービス残業、リモート勤務、オンライン授業、緊急事態宣言、自粛
要請、ロックダウン、低賃金、非正規雇用、失業、教育格差、部活におけ
るハラスメント、などの社会の問題は全て「政治の問題」であると同時に
「私たちの日常生活の問題」である。

民主的シティズンシップにおいて、市民による社会への主体的参加という素養は非常に重要な意味を持つと考えられる。なぜなら、国家という枠組みを超越した社会（コミュニティ）が実現し存在している今、社会に属する人は皆ともに生きる人という利害関係者であり、そのさまざまな他者が混じり合って公共善について対話を積み上げていく必要があるからである。自分たちが属する社会を自分たちで考え、一緒に作っていくという政治性を育てる必要がある。その点において、民主的シティズンシップ教育は身近な政治を入り口にして市民の政治性の涵養と主体的参加を促すポテンシャルを持っているのである。

8. 「対話」を積み上げる民主的シティズンシップ教育の必要性

8-1　多様性に寛容な社会のために

　社会における搾取や分断、排除を進めたい人とそうではない人とどちらが多いだろうか。融和で平和な社会を実現し維持していくためにはそれを希求する人を増やすことが大切である。そのために民主的シティズンシップ教育は何ができるだろうか。

　他者がお互いに関わり合いを持つことなく孤立して無交渉ならば、たとえ社会の中にさまざまな市民がマクロ的には存在していても多様な「個」が「現れ」てはこないし、それぞれの市民の複数性も豊かにはならない。自分が持つ他者との違いは、自分が存在するだけでは自分にとっても他者にとっても認識できない。鏡に映った自分を見るかのように他者に自分を照らし合わせることで初めて自分自身が「現れ」、自分自身で認識できるようになるし他者にも認識されるようになるからである。いくら異なる他者がいても自分との間につながりがなければその他者は存在していないのと同じであるし、他者が自分を見ていなければ自分もその他者の生きる社会には存在していないことになる。したがってそこに自分も他者も「現れ」ない。選挙を例に言えば、投票に行くつもりのない有権者には立候補している政治家は「現れ」ていないし、投票しないであろう有権者の声や

姿は政治家の意識の中に「現れ」ない。しかしSNSや街頭演説でつながれば、お互いの「現れ」がその場に生じる。

　このように考えてくると、私（自論）と他者（異論）とが相互にその存在意義を発揮し多様性の効果を生み出すためには、それぞれが社会に主体的に参加し「他の人たちと混ざり合う」ことが不可欠だと言える。混ざり合うためには、何か１つのもの、たとえば公共善について「ともに関わる」ことがきっかけになる。そのきっかけを作り出すためには、社会を「自分ごと」と捉えて主体的に関わろうとする市民性が求められる。それは対国家レベルという「大文字の政治」の話である必要はなく、対コミュニティレベルの「小文字の政治」の話でよい。つまりさまざまな活動を民主的シティズンシップ教育の射程で捉え直し、実践する場をもっともっとあらゆる領域で増やしていくことが、市民性を涵養し多様性に寛容な社会につながっていくのである。それは当然、私たち一人ひとりの問題であり皆がそれぞれの持ち場で取り組むべきことなのである。言語教育に関わる人、日本語教育の関係者もその例外ではない。

8-2　民主的な社会のために

　ではそのような教育を行なうために教師はどのような姿勢で臨めばいいだろうか。抽象的な言い方になるが、複数性の重要さを理解し、その複数性を基盤とした市民性を育て伸ばしていく教育が必要だと言えよう。ここで言う民主的というのは「多数決で決める」ということではない。多数派の意見も少数派の意見もその社会の市民の声であることに変わりはない。教室を例にして言えば、一人だけの意見でもクラスの子どもや学習者の声であり、数の多寡という点では多数の意見と優劣はない。少数というだけで排除するのではなく、いったんはその異なるものを受け止め、自分の中で考えてみる、その人の立場で考えてみる、一時でも自分の中の複数性を豊かにしてみる、そして対話を通して調整していくということが民主的な方法である。結果的に多数の意見に決まるにしても、そこにたどり着くまでの民主的な対話プロセスが重要なのである。

　それは時間もかかるし、はっきり言って面倒くさい。そう思う人も多い

であろう。しかし楽な方に傾けば「異なる声」「小さな声」は社会や組織や学校や教室から排除されて、「同じ声」「大きな声」ばかりがこだまする全体主義的な非公共的空間になっていく。そうならないようにするためには、複数性の理念を繰り返し確認し、言葉で言語化していくことが重要である。とはいえ、その理念も知識の状態では飾り物でしかない。その理念を実際の行動に移すことも必要である。そしてその行動を繰り返す。そのような繰り返し繰り返しの実践が重要なのである。

　民主主義はしんどくて大変なものであり、手を抜くと廃れてしまうものであるから、諦めずにしぶとく理念を確認し、実践を継続し、次世代に引き継いでいくことが重要である。それは持続可能な社会を目指していくということでもある。日常生活の政治性を理解し、民主主義の理念を理解・尊重・実践する市民、市民性を育てていくためには民主的シティズンシップ教育が重要なのである。

8-3　グローバル・シティズンシップを育てるために

　現代はグローバル社会だと言われる。それは1つの価値観や言語が世界を支配するということではない。真の意味のグローバル社会とは「さまざまな異なるローカル」が「いま、ここ」を「ともに生きる」社会である。1つの理念や価値観・言語・文化・行動様式などが規範とされ皆がそれに従う、という社会ではなく、複数の多様なものが存在しそれぞれが平等に価値を持つ社会である。

　「さまざまな異なるローカル」が「いま、ここ」を「ともに生きる」ということは、自分の価値観や前提などが他者にとっては共有されていなかったり充分に理解されていなかったり非常識だったりすることもありうる。だから、「言わなくてもわかる、聞かなくてもわかる」から「言わなければわからない、聞かなければわからない」へと価値観や行動様式を変えていく必要がある。「『皆が同じ』が普通」から「『皆が違う』が普通」へというパラダイムシフトが必要である。そのようなグローバルな社会で求められる素養は何か。それは自分も相手も尊重するという姿勢である。相手と対等な関係で、自分を主張し、相手の主張を受け止める。違いを認

識し、それを調整する。そして、「ともに生きよう」とする。それらを民主的な方法で実践する。そのような姿勢である。つまりそれは民主的なシティズンシップであり、それゆえに民主的なシティズンシップ教育が求められるのである。

9. 民主的シティズンシップ教育の実践に向けて

9-1 皆さんが行なってきたことには意味があった

　読者の皆さんは民主的なシティズンシップ教育を、何か新しいもの・自分からは遠いもののように感じているかもしれないが、これまで皆さんが行なってきた教育実践の中には、自分では気づいていないだけで、民主的シティズンシップ教育の実践として考えられるものがたくさんあるはずである。そしてこれからできることもまだまだあるはずである。そのためにも今までの実践を民主的シティズンシップ教育として再定義してみよう。そして言語教育の現場に民主的シティズンシップ教育の理念と実践を取り入れることを提案する。

　そのためには単純な模倣ではなくローカライズが必要である。ドイツと日本とでは具体的な状況は異なるが、民主主義という普遍的な価値観は共有できるのではないか。実際、ドイツの政治教育（民主的シティズンシップ教育）から学ぶものは多いと思われる。しかしそのまま真似するのではなく、自分たちの社会にローカライズすることが重要である。日常生活で、学校の授業で、社会について普通に対話し議論する土壌づくりがこれまで以上に必要であろう。そのためには、教師も学習者もともに意識改革が必要であるし、教師と学習者という固定化された権力関係から自由になってともに学ぶことも不可欠である。

　市民性はその社会における共通善を志向する過程の中で立ち現れてくる。共通善を顕在化させるものは、自分とは異なる他者であり、その他者との対話である。シティズンシップ教育の最も重要な目的は、ビースタ（2014）の言葉で言えば、社会で生きていくために必要な知識・技能・経験・考え方を習得する「学習の資格化」や、社会に自分を合わせていく

「学習の社会化」ではない。かといって筆者がその特徴を指摘したところの、社会への参加資格を得る「学習のメンバーシップ化」でもない。シティズンシップ教育の究極の目的は、すでにビースタが主張しているように、社会と主体的に関わっていく力を伸ばしていく「学習の主体化」にあると筆者は考える。つまり、「学習の主体化」を「民主的な姿勢」で行なうのが民主的シティズンシップ教育である。

　ここで言う民主的な姿勢とは多数決に限らない。民主的な姿勢とは少数の意見や立場も「ともに生きる他者の声」として尊重する姿勢、複数性を尊重する姿勢である。その姿勢を実践する手法が対話である。対話を実践することによって実際に自分と他者とがつながり、その時間・その空間を他者とともに生きることになる。

　このように民主的シティズンシップ教育は、社会や政治の制度を知識として学び選挙に行く人を育て投票率を上げることを最終目標とするような旧態依然とした主権者教育とは大きく異なる教育である。民主的シティズンシップ教育は、民主的な手法による実践を通して、民主的社会を他者とともに主体的に生きる市民に求められる特性を伸ばしていく教育なのである。

　その教育実践における民主的な手法としての対話の重要性という点からもわかるように、言語教育は民主的シティズンシップ教育としての大きな潜在力を秘めている。その潜在力は言語教育を民主的シティズンシップ教育として再定義することで顕在化させることができ、現実のものとして実践につなげていくことが可能になる。言語教育や日本語教育を「ことばだけの教育」ではなく「ことばの教育を通して市民を育てる教育」であると再定義して、次に進もう。

9-2　何をどう教えていけばいいのか

　では具体的にどうすればいいか。まずなによりも、個々人の身近な問題から出発することが大切である。社会との接点は個によって異なるからである。しかし、個別の問題を「ともに生きる社会の問題」として展開するには、個々人の問題で終わらせず、抽象化や一般化を経てコミュニティ全

体の共通善の問題へと展開させる必要がある。その共通善には絶対的な答えはない。個々人にとっての理念や価値観は同じではないからである。正しい答えが決まっているわけでもなく、正しい答えがないのが普通である。状況が変われば答えも変わる。だからこそそこに言葉を使った他者との対話、異論との対話や調整が必要となる。

　そういうことを考えて社会に関わっていく素養を伸ばすためには、言語知識の習得と運用だけの言語教育では不充分であり、その知識を実際に活用する体験へと展開させる必要がある。トップダウン的な教化ではなく、実践に裏付けられたボトムアップ的な獲得を導くことが重要である。そのためにはいくつかのしかけを活動の中に組み込むのがよいであろう。頭による理解だけではなく身体性を伴う体験のしかけ、他者との関わりの中で現れる自分に気づくしかけ、他者との関わりの中で現れるリアルな他者に気づくしかけ、実体験を振り返り気づきを抽象化したり一般化したりして共通善につなげていくしかけ、成功体験でも失敗体験でもいいので実際に社会を変えていくリアルな体験ができるしかけ、などである。

　言語教育の中でこれらのしかけを発動させ機能させるためには、「異論」の存在、異論を生み出し受け止める「個々人の複数性」、その異論をリアルな場で機能させるための文脈化を支える「日常の政治性（または政治の日常性）」が欠かせない。よって、民主的シティズンシップ教育のローカライズにおいては、まずなによりも「異論」「複数性」「日常の政治性（または政治の日常性）」に着目して行なうのがよいと筆者は考えるのである。

付　記

　本章の内容は、科学研究費助成事業（学術研究助成基金助成金）基盤研究（C）課題番号 20K02431（代表：名嶋義直）による研究成果の一部である。

参考文献

アーレント，ハンナ（森一郎訳）（2015）『活動的生』みすず書房.
アレント，ハンナ（志水速雄訳）（1994）『人間の条件』筑摩書房.
オスラー，オードリー／スターキー，ヒュー（清田夏代／関芽訳）（2009）『シティズン

シップと教育——変容する世界と市民性』勁草書房.

クリック，バーナード（関口正司監訳，大河原伸夫／岡崎晴輝／施光恒／竹島博之／大賀哲訳）（2011）『シティズンシップ教育論　政治哲学と市民』法政大学出版局.

近藤孝弘（2009）「ドイツにおける若者の政治教育」『学術の動向』14-10：10-21，公益財団法人日本学術協力財団. https://www.jstage.jst.go.jp/article/tits/14/10/14_10_10_10/_article/-char/ja（最終閲覧日：2021年9月29日）

近藤孝弘（2011）「ドイツの政治教育における政治的中立性の考え方」総務省HP. https://www.soumu.go.jp/main_content/000127877.pdf（最終閲覧日：2021年9月29日）

近藤孝弘（2015）「ドイツの政治教育における中立性の考え方」『考える主権者をめざす情報誌　Voters』26：12-13，公益財団法人明るい選挙推進協会. http://www.akaruisenkyo.or.jp/wp/wp-content/uploads/2015/05/26%E5%8F%B7.pdf（最終閲覧日：2021年9月29日）

阪口正二郎（2010）「異論の窮境と異論の公共性」阪口正二郎編『自由への問い3　公共性——自由が／自由を可能にする秩序』岩波書店，pp.21-43.

中川慎二（2019）「ドイツの政治教育」名嶋義直編著『民主的シティズンシップ教育の育て方』ひつじ書房，pp.23-48.

仲正昌樹（2014）『ハンナ・アーレント「人間の条件」入門講義』作品社.

長沼豊／大久保正弘編著，バーナード・クリック他著（鈴木崇弘／由井一成訳）（2012）『社会を変える教育　Citizenship Education——英国のシティズンシップ教育とクリック・レポートから』キーステージ21.

名嶋義直編著（2019）『民主的シティズンシップ教育の育て方』ひつじ書房.

名嶋義直／神田靖子編著（2019）『右翼ポピュリズムに抗する民主主義教育——ドイツの政治教育に学ぶ』明石書店.

西山教行（2011）「講演会記録　外国語教育と複言語主義」. https://noriyukinishiyama.com/wp-content/uploads/2019/10/2011_conf_Kanazawa-1.pdf（最終閲覧日：2021年9月29日）

西山教行／大木充編（2021）『CEFRの理念と現実　理念編　言語政策からの考察』くろしお出版.

ビースタ，ガート（上野正道／藤井佳世／中村（新井）清二訳）（2014）『民主主義を学習する——教育・生涯教育・シティズンシップ』勁草書房.

樋口陽一／内藤正典／阪口正二郎（2007）「鼎談　共生に向けて何を提起するか」内藤正典・阪口正二郎編著『神の法 VS. 人の法——スカーフ論争から見る西欧とイスラームの断層』日本評論社，pp.274-311.

福島青史（2011）「『共に生きる』社会のための言語教育 欧州評議会の活動を例として」『リテラシーズ』くろしお出版，8：1-9. http://www.literacies.9640.jp/dat/litera08-1.pdf（最終閲覧日：2021年9月29日）

フレイレ，パウロ（三砂ちづる訳）（2011）『新訳 被抑圧者の教育学』亜紀書房.

第7章　民主的シティズンシップ教育のローカライズを考える［名嶋義直］　237

ミル，J・S（塩尻公明・木村健康訳）（1971）『自由論』岩波文庫.

Starkey, Hugh（2002）"Democratic Citizenship, Language Diversity and Human Rights: Guide for the development of Language Education Policies in Europe, From Linguistic Diversity to Plurilingual Education, Reference Study." Language Policy Division, Council of Europe: Strasbourg. https://www.google.com/url?sa=t&rct=j&q=&esrc=s&source=web&cd=4&ved=2ahUKEwj5vtno8vDeAhWDa7wKHf7rAjYQFjADegQIBRAC&url=http%3A%2F%2Fciteseerx.ist.psu.edu%2Fviewdoc%2Fdownload%3Fdoi%3D10.1.1.431.871%26rep%3Drep1%26type%3Dpdf&usg=AOvVaw1Q6NlCrY78G9kFHA9bu0K4（最終閲覧日：2021 年 9 月 29 日）

第8章

人・ことば・社会の
つながりを考える大学英語教育

オーリ・リチャ

1. はじめに

　あらゆる分野のエキスパートたちによるスピーチ配信サービス "Ted Talk" にて 2006 年に配信された、Sir Ken Robinson によるスピーチの "Do Schools Kill Creativity" においてあげられた次のエピソードが私の印象に強く残っている。絵を描いていた 6 歳の女の子とその先生のやり取りがおもしろい。

　　先生：「何を描いているの？」
　　少女：「神様の絵を描いているの」
　　先生：「でも、神様がどんな人か誰も知らないわ」
　　少女：「すぐにわかるわ」

　どこにでもありそうなやり取りのようだが、二つの観点から興味深いのである。一つ目は、先生の頭の中には、神様の規範がないから描きにくいだろうと決めつけてしまっているのに、6 歳の子供は自由な発想をしており、自ら神様の姿を創造してあげようとしているという点である。つまり、子供は規範などいらず、独創力でクリエーティブなものをつくりたがる一方で、大人は規範に従ってしまうことが多いのである。二つ目は、少女は規範がないからこそ失敗を恐れていないともいえるという点である。間違いや失敗という概念がまだ確立してないので創造力で様々なことにチャレンジする精神があり、その度胸がある。失敗は規範よりずれているという怖さが素になっているのでその概念がない子供は堂々と創造力を働かせる。一方大人は、成長するにつれて、規範に従い、それを真似し、一番上手に真似た人が評価されるという現実があるので、段々と創造力を失っていくように感じる。
　私は、日本で仕事として英語教育に携わる一方で、日本語学習者でもある。自分が発したことばが評価されることの恐ろしさは身をもって知っている。ここでいう評価とは、教育現場での評価だけではなく、毎日のコミュニケーションにおける日本語母語話者による暗示的な評価も含む。多

くの場合、学習者は表現の構造が正確・不正確という安易な評価基準で言語能力が決められてしまうことがある。ことばの教育において、創造力を試すための冒険が必要なのに、失敗を恐れるあまり、発言を慎むことや良い評価を求め言語規範に沿った発言しかしないことが常態化してしまうことも珍しくない。正確に真似たことばが評価されることから、自分のことばを発信するより、そのときに求められた言語的な正確さに安心感を覚えてしまう。しかし、真似て評価されるような言語生活を繰り返していると、空虚感を覚えることがある。なぜなら、我々はただインプットされた言語知識を繰り返すためのロボットではなく、五感で感じ、感情をもつ人間であるからだ。自分のことばは、考えたこと、感じたことを発信するための大切なツールである。このことは、母語はもちろんのこと、外国語や第二言語についてもいえることである。

　私は日本語学習者として、長い間自分のことば（日本語）を育ててこなかったように思う。間違えるのが怖くて周りの「日本人」に自分のことばが拒否されるのを恐れていたからだ。長い間自分のことばをもたないで生活していると、体が常に硬直したような不思議な感覚がする。自分のことばをつくる行為は、自分と向き合うことであり、自由への大切な一歩であると思う。それがいろいろな自由への第一歩になると思う。

　私は日本の大学院で日本語教育を専攻したが、現在は日本の大学で英語教育に携わる仕事をしている。日本語学習者でありながら日本語教育を専攻し、英語教育を仕事にしていることは、実は、非常に都合が良い。なぜなら、日本語教育事情に関する知識を、独自の視点や方法で英語教育に応用ができるからだ。日本語教育と英語教育はおかれている社会的文脈は異なるが、ことばの教育の重要な目的は社会参加であるところが交差している。現在の大学英語教育は学校で学ぶ「スキルとしての英語」の延長線上にあり、機能しない大学英語教育といわれるまでになった。一方日本語教育は、「共に生きる」ことが中心課題となっているため、視点を「言語」から「人」へと転換し、議論が進められている。その背景にある理念は、住みやすい社会を目指すには、社会的行為主体であることばを学ぶ人が、そのことばを通じて社会変容を試みる、となっている。英語教育と日本語

教育のことばの教育へのアプローチの仕方がかなり異なることがわかる。実践現場に関わる者として、言語から人への視点の転換こそが現在の大学英語教育で求められているパラダイムシフトだと痛感している。この理念を素に自身の授業をデザインし、社会の中でよりよく生きるための意欲や態度を育てる大学英語教育とは何かを模索している。

　本章では、英語を有機的・生態的なものとして把握し、人・ことば・社会は相互に構築されるものとして論を展開する。そして、人・ことば・社会のつながりを考える専門教養の英語の授業実践を紹介し、それを経験した学生の声を記述する。最後に、授業実践の背後にある教育理念の詳細を述べつつ、大学英語教育の現状を打破できる手がかりを探る。

2.　専門教養としての大学英語教育は何を目指すのか

2-1　専門教養としての大学英語教育

　大学英語教育に携わる者にとって、大学ではどのような英語教育が望ましいのか、また、大学で英語を学ぶ意味はなんなのか、は大切な問いである。英語を主専攻としていない学生に対して大学英語教育は「教養教育」として位置づけられる。平成14年の文部科学省中央教育審議会の「新しい時代における教養教育の在り方について（答申）」では、新しい時代に求められる教養において、異文化交流を重要な柱とし、次のように述べている。「異文化との総合交流を通じて、自分とは何かを考え、自己を確立するとともに、自分と異なる人や社会や文化などを理解し、これらを尊重しながらともに生きていく姿勢を身に付けることは、教養の重要な柱である」。また、平成14年の文部科学省中央教育審議会の「新しい時代における教養教育の在り方について（答申）」では、大学教育における一般教育（GE：General Education）、専門教育（SE：Specialized Education）、教養教育（LE：Liberal Education）、および共通基礎教養（CC：Common Core）の関係とその在り方は次の図のように示している。

　図1をみてもわかるように、専門基礎教養の教育については、一般教育と専門教育が重なる部分であり、同提言ではそこはそれぞれの学生にとっ

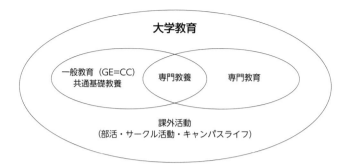

図1　大学教育における一般教育、専門教育、教養教育のあり方について
（「提言：21世紀の教養と教養教育」日本学術会議）

て、科学的・社会科学的・人文的要素を培うものでなければならないものとしている。古家・櫻井（2013）は、この専門教養という部分は、ESP（English for Specific Purposes）に置き換えることができると指摘する。また提言の中でも、英語教育に関しては次のように述べられている。「グローバル化が急速に進展している現代世界では、国際共通語としての地位を確立しつつある英語の教育の充実を図ることも重要である。大学における英語教育は、従来の外国語教育とは別のカテゴリーに属するものとして、言語と文化を異にする他者との交流・協働を促進し、豊かにするために、口頭によるコミュニケーション力だけではなく、むしろアカデミック・リーディング、アカデミック・ライティングおよびプレゼンテーションを核とするリテラシー教育として充実を図ることが重要である」（pp.20-21）。ここでいうリテラシー教育とは、自分と異なる人や社会や文化などを理解し、これらを尊重しながら共に生きていく姿勢を身に付けることを目的とした教育であるといえる。

　以上からわかるように、大学英語教育では英語のスキルを身に付けるだけではなく、人・ことば・社会のつながりを実感できる教育が求められているだろうと思う。

2-2　専門教養としての English for Specific Purposes

私が勤めている大学で行われている English for Specific Fields は English for Specific Purposesと類似している授業である。これはPurposesが Fieldsに置き換わっただけであり、対象や内容に変わりはない。本授業は 2年次対象の普遍教育の必須授業で国際日本学として区分されている。授業形態は講義とされており、対面授業である。授業の概要や目標は英語で次のように紹介されている（日本語訳は筆者によるものである）。

　　　本授業では、定められた教科書を使用し、プレゼンテーションスキルを復習する。教科書やその他のオーディオ／ビデオ教材を使用して、内容、プレゼンテーションでの伝達方法、英語でのインプットと練習を行う。学生は、ディスカッションスキル、プレゼンテーションスキル、振り返りを通して、様々な問題について批判的に考える能力を高める。

　本授業の主な目標は、1）アカデミックスキルを身につけ、トピックに対する自身の見解をもち、スピーキング、プレゼンテーション（以下、プレゼン）の活動を通して発展させ、洗練させていくこと、2）自分の主張を強化・支持するために、補助的な資料を見つけて使えるようになること、 3）議論の長所や短所を評価し、相手を説得や批判ができるようになること、と述べられている。
　授業計画や授業内容については、第1・2週目は授業のオリエンテーションとして英語での一次・二次調査について紹介する。学生のプレゼンの日程はオリエンテーション後に決定し、2週間ごとにグループでテーマを設定しプレゼンをする。学生は興味のあるテーマを教科書から選ぶことができ、2週目にはそのテーマに関連したプレゼンを行い、それが評価対象であるということが書かれている。15週目の授業はオンデマンドと定められている。授業外学習としては、学生は毎週課題をこなすことが求められる。これらの課題は、プレゼンスキルを向上させるためのトピックの研究などを含む。課題の中には、ビデオやTed Talkの視聴も含まれる。本授業のシラバスのキーワードとして、英語のオーラルプレゼンテーション、学習者中心の授業、教科書のトピックを研究することがあげられる。

評価の配分は、授業参加：30％、課題提出：30％、プレゼンテーションスキル：40％である。本授業を受講することで、知識力、探究力、批判力、情報力のようなコアコンピテンシーが育成される、とされている。

　ここまで大学英語教育の一環として開設されたEnglish for Specific Fields の授業とその背後にある専門教養の理念についてみてきた。次に、上述した日本学術会議の提言や文部科学省などの答申に述べられている教育理念がなぜ大学英語教育に活かされてこなかったのかについて考えてみることにする。

3. 大学英語教育に求められるパラダイムシフト

　平成 15 年 3 月に文部科学省が発表した「『英語が使える日本人』の育成のための行動計画」は、「英語が使えるようになっていない」という前提のもとに計画され、「仕事で英語が使える」能力を大学で育成することを目標として掲げている。また、平成 26 年 6 月に文部科学省から発表された「大学改革実行プラン」では、これから求められる人材として、「異なる言語、世代、立場を超えてコミュニケーションできる人材」とし、その育成には幅広い教養教育に関係する知識を全体的に把握・俯瞰し理解する能力が必要とされている。以上からもわかるように、大学英語教育は、コミュニケーションの手段としての英語のスキルの向上のみならず、多文化社会的背景を理解し、現代の問題について考え、広い視野に基づいて解決策を提示できるような能力の教育が求められている。しかし、日本の大学英語教育はスキル中心の教育（例えば、2.2 で述べたディスカッションスキル、プレゼンテーションスキルなど）から中々脱却できない現状がある。

　本稿を書くにあたって日本の大学英語教育について調べていく中で「なぜ大学英語教育が機能しないのか」という問いを掲げて論じている論文をいくつか読んだ。この問いに着目した理由は、文部科学省等が教養教育としての大学英語教育の進むべき方向性を示しているのにもかかわらず、なぜ大学英語教育が現状を打破し、求められる変化についていけないのかについて探りたかったためだ。

大津（2009）は、「大学英語教育全体の地盤沈下」と苦言を呈し、英語を効果的に学ぶのにメタ言語能力が大切であることからまずは母語でメタ言語意識を伸ばす必要があると指摘する。その理由として、「優れた英語運用能力を身につけた人々の多くは母語運用能力も優れており、その基盤はメタ言語能力に支えられた言語意識が横たわっている」からであり、大学英語教育は「しっかりした言語学・英語学教育を実践しなくてはなりません」（p.30）としている。また、大学英語教育が機能していないという状態を山中・木村（2021）は次のように説明している。大学生の多くがモチベーションを十分に喚起されていないことや自律的に英語力向上に取り組めていないこと、TOEFLのスコアが他の国と比較して低いままの状態が続いていること、これらの状態を抜本的に改善するために大学英語教育がほとんど寄与できていないことがわかるという。これに加え、うまくいかない理由として、学ぶ側にとって1）教室空間が「白け」から解放されないこと、2）英語学習のモチベーションが起こらないこと、3）自己肯定感が低く「できる」実感がわかないことの3点をあげている。以上の批判は、言語学的なアプローチで問題解決を図るという提案や、大学英語教育が機能しない要因を提示しているが、問題の本質に迫っていない。長年日本の大学英語教育に携わってきた者として、以下の課題が目立つことを共有したい。

3-1　大学英語教育は「言語」中心であり「人」中心ではない

　言語中心な考え方とは、いわば学習者中心ではないということである。つまり、英語教育の問題は、何を学ぶのか、どう学ぶのかということについての議論はあるが、なぜ学ぶのかという、ことばの教育において大切根本的な問いについて語られてこなかったように思う。日本社会は主に日本語使用というのがその主な理由だろうが、その状況も変化しつつあることは否定できない。日本社会における外国人が増加していること、日本企業では昇格の一条件としてTOEICのスコアがあること、企業によっては会議中は英語使用であること、大学によっては大学の4年間に一度は海外留学をしなければいけないという条件があることなど、社会状況が変化し

ている。つまり、英語を学ぶ目的を仕事や、英語話者とのコミュニケーションのように限定して考えることにはもはや限界があるということである。ことばの教育とは、そのことばを使って自律的に生きることを意味している。そのためには、英語をスイミングのような一つの習い事という位置づけから解放することが必要であろう。また、大学英語教育は、学習者を発達させること、言語の様々なスキルの向上を図ること、言語的規範を提示しそれに近づくためのリソースを提供すること、ネイティブスピーカー並みの使用者に仕立て上げること、疑問なく学習言語の文化に適応させることが目標になっていることが多い。言語規範に従ってもらい、規範に近ければ近いほど高評価される。例えば、英語での授業は全てを英語で表現すべきであり、英語ネイティブの教師が概念説明のために「日本語」を使うことは「規範」から逸脱しており、否定的に捉えられる。そのため、ネイティブの教師は日本語能力が問題にならないし、むしろ日本語ができることを学生に知らせてはいけないというルールがあるところも少なくない。しかしながら、概念説明などのために補助的に日本語を用いることで学生の理解が促進されるだけではなく、教師・学生間の心的距離が縮まることは、自身の英語教育経験からいえる。ことばを学ぶ上で、教師・学生の信頼関係は学生のモチベーション向上につながり、大切であることも主張したい。また、トランスランゲージングの観点からいうと、英語での授業においても様々なルーツをもった学生を想定した授業を考える必要があるため、英語以外の言語も自由に使える環境の方が自然で望ましい。このようなことばの教育が「人」中心であろう。人中心のことばの教育については、第4節で詳しく触れる。

3-2　スキル中心の大学英語教育から脱却できていない

　大学の英語の授業は、様々なスキル獲得に重点がおかれることが多く、その結果、4技能のHOW（スキル）は学べるが、肝心のWHAT（内容）が伴わない。しかし、社会で役に立つのはHOWよりもWHATであることは強調するまでもない。従って、テストのためにスキルを暗記することが多いので内容が実用的ではないと感じている学習者も少なくない。

これは人・ことば（英語）・社会がそれぞれ独立した概念であるという考え方がもとであり、このままでは永遠に英語教育、特に大学英語教育が抱える課題は解決されないと危惧している。人・ことば・社会は総合に構築されるものであり、有機的・生態的なものであることに対する理解が必要である。例えば、プレゼンの授業で使用される教科書に載っているプレゼン開始時のopenerや終了前に使うcloserなどはあくまでも一つの事例であり、それを重点的に教え込むことやテストなどでその言語的正確さを測っていることに疑問を感じる。このようなスキルが評価対象になることで学習者はスキルにばかり気が囚われてしまい、肝心のプレゼン内容が薄くなってしまうことが現実問題としてある。また、評価のために暗記したスキルも内容とつながっていないことが多いので忘れられることが多い。これが永遠のループとして繰り返され、「日本人は英語ができない」につながる一因となっているのではないだろうか。

3-3　大学英語教育は教科書に依存し過ぎている

　日本学術会議（2010）が掲げる21世紀の教養と教養教育において、大学英語教育はコミュニケーションスキル向上よりもリテラシー教育が重要視される必要性が強調されている。それは、異文化・多文化社会的背景を理解し、現代の問題について考え、広い視野に基づいて解決策を提示できるような能力の育成であるため、「社会的文脈」が重要なポイントであるといえる。一方で、ディスカッション、プレゼンテーション、インタラクション、ライティングの教科書の多くはそれぞれのスキル向上のために開発されており、学ぶ内容よりもスキル向上に特化した授業が行われる現場も多い。そこで登場するのも海外の文脈が多く、扱われるトピックの内容も学習者の身近な社会課題とはかけ離れた内容の場合も少なくない。それ自体は問題ではないが、まずは学習者の身近にある日本社会の文脈からトピックを取り上げた方がよりスムーズに理解が進むと思う。

　日本学術会議の同提言において、次のように述べられている。「一般教育と専門教育かが重なり合うところで行われる『専門基礎教養』の教育は、当該専門分野の基礎的素養のない学生でも積極的に取り組むことのできる

内容構成と方法により行われることが重要である。この専門基礎教養の教育は、人文社会系の学生にとって意義のある科学的リテラシーを育むもの、人文系・理系の学生にとって意義のある社会科学的リテラシーを育むもの、理系・社会科学系の学生にとって意義のある人文的素養を培うものとして、充実を図ることが重要である。」（p. vi）。これはつまり、「英語の教科書」だけに頼ることはできないことを意味し、インターネットなどを有効活用しながら授業で取り上げるトピックの内容理解のために補足資料を用意することが求められる。第4節でも詳しく述べるが、授業で取り上げるテーマに関する補足資料は、learner autonomy（学習者の自律性）を促す意味でも学生が主体となり、自分たちの興味・関心に合った補足資料を探して読んだ方が多様な学びが生まれ、より活発な議論につながることも期待できる。

3-4　評価基準の見直しの必要性

　ことばの教育全体についていえることだが、大学英語教育も評価は重くのしかかる問題のように思う。実際にある専門教養の授業で採用されたプレゼンテーション評価の基準を例にみてみよう。その授業で、プレゼンテーションの評価は以下のような内容で、5段階（5が最も高い〜1が最も低い）に設定された。

1. プレゼン開始：greeting, opener, topic statement, preview
2. プレゼン終了：signal phrase, review, closer, asked for questions
3. プレゼン内容：graphs, videos, pictures from reliable sources, powerpoint/google slides
4. プレゼン中：eye contact, spoke loudly and clearly, rhythm and intonation, notecards, gestures

　このように、プレゼンテーションスキルだけが評価の対象になっているケースの場合、学習者はスキルを重点的に「暗記」し、内容には気を配る

余裕がないという悩みを直接学生から何度も聞いたことがある。実は、このような評価基準こそが大学英語教育が抱える問題のベースにあると考えている。高評価を得るために内容よりスキルに注目しプレゼンを用意する学習者に非はなく、そうさせてしまう評価基準を見直す必要があることを強調したい。

　プレゼンの本来の目的は内容を伝えることであるため、「何を」（WHAT）伝えたいのかが一番大切である。その「何を」を、どのように（HOW）効果的に伝えられるのかを、学習者がピアレビュー（peer review）（学習者相互のプレゼンの批判的なフィードバック（critical feedback））を通して学んでいくという持続的なプロセスが大切である。また、ピアレビューから得た批判的なフィードバック、自己評価（self-assessment）、プレゼンテーション内省シート（presentation review）なども最終評価の手段の一つである。

　強調するまでもないが、プレゼンテーションスキルの評価に縛られない、内容重視のプレゼンテーションの方が教養教育の観点からも充実した内容になると専門教養の授業を担当して実感した。

3-5　大学で英語を学ぶ価値についての議論が少ない

　大学英語教育は学校でなされている英語教育の延長のようになっていることが多い。例えば、3-4でも触れたプレゼンスキルは、高校で学んだことのある学生もいる。それを大学でも同じように繰り返すのでは意味がない。大学では「何を」伝えたいのか、つまりコンテンツに力点をおく必要がある。また、大学での専門教養の授業は、学生の専門科目を英語で勉強するということが目的である。それにもかかわらず、専門的な内容よりも英語のスキルに力点をおいて授業をするのは、学校でやってきたことの繰り返しになってしまう。大学英語教育は、大学でしか学べないことを授業として用意する必要があり、そのためには英語教員も学生と共にその専門科目について学ぶ姿勢が大切である。もっといえば、学ぶ内容は学生に委ねてもよいし、スムーズな意見交換や発表などのアウトプットしやすい授業のデザインを考えることに集中してもよい。

4. 人・ことば・社会のつながりを考える専門教養

　戦後の日本の英語教育の展開をみるとわかるが、当初は、教師主導の言語形式・構造重視のオーラル・アプローチやパターンプラクティスのような言語そのものを学ぶ（「知ることを学ぶ」learning to know）ということが重視されていた。オーラル・アプローチ以降、昭和後期から今日に至るまで日本における英語教育の主要なキーワードといえば、「コミュニケーション」である（小川 2017）。コミュニケーション能力を上げるための鍵を握っているのはコミュニカティブ・アプローチと呼ばれる教授法で、文法的な正確さよりも流暢さ（「為すことを学ぶ」learning to do）を重視する教育的アプローチへとシフトしていった。それが英会話ブームにつながり、公教育の文脈においてもコミュニケーション中心主義に基づく語学行政が推進されるようになり、ALT（Assistant Language Teachers）システムが導入され、現在に至っている。小川が指摘するように、日本の学校における英語教育は言語構造重視のオーラル・アプローチやパターンプラクティスのような言語そのものを学ぶもの（「知ることを学ぶ」learning to know）から、流暢さが重視されるコミュニケーション能力を学ぶもの（「為すことを学ぶ」learning to do）に教育方針が変更され、今に至っている。大学において英語で専門教養を学ぶ学生も、英語が流暢に話せるようになることが漠然とした目標となっていることが多い。しかし、日本学術会議が21世紀の教養と教養教育の提言として、「大学における英語教育は、従来の外国語教育とは別のカテゴリーに属するものとして、言語と文化を異にする他者との交流・協働を促進し豊かにするために、口頭によるコミュニケーションだけではなく、むしろアカデミック・リーディング、アカデミック・ライティングおよびプレゼンテーションを核とするリテラシー教育として充実を図ることが重要である」（p.21）と述べている。では、ここでいうリテラシー教育とは具体的にどういう教育を指しているのか。それは、言語的・文化的背景が異なるもの同士が様々な社会課題と向き合い、いかに平和な共存を実現させるかということであろう。

　では、大学の英語の専門教養（以下、English for Specific Fields）の授業

を考えた場合、人・ことば・社会のつながりを実感できる授業とはどのような ものなのか。英語で他者を理解しつつ自己表現をし、共に住みやすい 社会を目指すべく社会課題について考えることはどのように可能なのだろ うか。ここでは、文学部の歴史専攻の English for Specific Fields の授業を 例に提示していきたい。

4-1　English for Specific Fields の授業デザイン

　本授業の受講者は 30 名で計 14 回の対面授業を行った。授業開始の 2 回 分をオリエンテーションとし、学生と授業デザインを共有した。ここでい う授業デザインとは、授業の進め方のことである。大学側が定めた English for Specific Fields という授業の基本ガイドライン（2-2 を参照）のこと、 担当教員の教育方針、学生のそれに対する希望、の三つについて話し合っ た。

　まずは、大学側の基本ガイドラインとしては、指定されている教科書 （21st Century Communication. Listening, Speaking and Critical Thinking (Book 2), Author Jessica Williams, Publisher National Geographic, Cengage Learning. TED talk）を使うことと、学生のプレゼンスキルを向上させるこ とが求められているため、学生によるプレゼンは必須であることを伝えた。

　次に、担当教員の教育方針を共有した。その要点は以下の通りである。

- 制限（教科書使用、プレゼン）の中で、何を、どのように学ぶか は自由であること
- 学生の、学生による、学生のための授業（of the students, by the students, for the students）であること
- 個人のテーマを通して、人・ことば・社会がどのようにつな がっているのかを発見することが本授業の目的であるため、その テーマを単元のトピックや専攻である歴史と結びつけて考えてみ ること
- 担当教員が教壇に立って授業をするような形式は取らないこと。 むしろ、担当教員も学ぶ目的で授業に参加すること

- 使用言語は英語だが、概念などを伝えやすくするために英語以外の言語は使用可能であること
- どんな意見も歓迎であること。正解はなく、いろいろな観点があることを知ること
- 「安心して間違える」こと。間違いを恐れないこと。間違えることは創造性を育むのであえて間違えてみるのも可であること
- 担当教員は必要なときに学生を補助すること
- とにかく楽しむこと

　以上の情報を踏まえ、学生との交渉の末、授業デザインの詳細が決まった。その結果、30名が六つのグループに分かれ、教科書の単元をグループプレゼンすることとなった。教科書は、計8単元の中からそれぞれがやりたい内容を決め、20ページ前後ある各単元をWeek AとWeek Bの2週間に分けて扱うことになった。各グループが、さらに単元の前半（3人）と後半（2人）の担当したい内容で分かれ、教科書の中から扱いたい内容を選別し、個のテーマや歴史と結びつけ、プレゼンテーションという形で学生自身が授業を進めていくことが決まった。教科書付属のDVDに基づいたリスニング活動や、リーディングベースの課題は宿題としてやってくることで全員合意し、授業は主にプレゼンで扱うトピックについて考えることやコミュニケーション・ディスカッションなどを重視することが決まった。課題は授業開始10分以内で担当教員と答え合わせすることで合意ができた。
　こうやって人・ことば・社会のつながりを考えるEnglish for Specific Fieldsの初めての授業の試みがスタートした。

4-2　English for Specific Fields の授業の実例
　本授業で使用した教科書の "Engineered by Nature" という章に焦点を当てて、授業の進め方を紹介する。5人グループの学生が教科書の一章をパート1とパート2に分けて、それぞれ小グループで扱った。本章を終えて学生が獲得できるスキルは、Listening、Speaking、Critical Thinking、

Pronunciation、Note-Taking、Presentationとしている。

　まずはパート1として、以下のようにGoogle Classroomにて担当グループからクラス全員宛に授業前日が締め切りの課題が通達された。課題は主に語彙とリスニングの内容で次の授業で答え合わせをすることになっていた。

> This week's assignment:
> 1. vocabulary C pg. （ ）
> 2. listen for main ideas E pg. （ ）
> 3. listen for details H pg. （ ）
> 4. Watch the Ted Talk in Unit 5

　授業前日に学生が作成したパワーポイントのプレゼンテーションがgoogle classroomに上がった。パート1では章で扱われているトピックを様々な観点から導入することを試みた。教科書に載っているディスカッション問題の箇所から興味をもっているテーマについて詳しく調べ、問題をクイズ形式につくり直したり、新しい情報をコンパクトにスライドにまとめたりした。例えば、教科書では、'Engineered by Nature' のサブトピックとして、'The Science of Surfaces' の中で科学者が自然世界にいる動物や植物の真似をして新しい製品をつくり出すことが、リスニングアクティビティとして取り上げられている。それに興味をもった学生は、'biomimicry' という概念を数件の事例を示しながら紹介し、'biomimicry' の将来性を問うディスカッションクイズを用意した。いずれも、教科書にはない内容で様々なリソースを調べたと報告した。また、歴史と 'biomimicry' の関係性は教科書からヒントを得て、Leonardo da Vinci が初のbiomimicry inventors（生体模倣の発明者）だったことをクイズを交えながら詳しく取り上げた。私はトピックに関する幅広いリソースを提供することや内容の論理的なまとめ方への工夫に関するアドバイスをしたが、それを採用するかどうかの最終決定権は学生に委ねられていた。ちなみに、今回私のアドバイスは取り入れられていなかったのが個人的に感心したこと

だった。授業当日は担当学生が授業を進めていくが、私は課題の確認や補足説明の際に登場した。パート1が終了後、パート2担当の学生が次週の課題を共有し、パワーポイントのプレゼンテーションを授業の前日までにgoogle classroomに上げた。

　パート2では、TED talkやそのスピーカーの紹介、歴史とトピックの結びつきがメインだった。マイクロロボット工学者のスピーカーを紹介した後、教科書にはない形でマイクロロボットを詳しく取り上げ、その日常応用についてのディスカッションクエスチョンをクイズ形式で用意した。パート1との関わりをもたせるため、'bioinspired robots'（バイオインスパイアードロボット）について写真を提示しながら説明を行い、歴史との関連性は、潜水艦、ナイロン、マジックテープ、面ファスナーなどをクイズ形式で紹介した。パート2に関しても学生が自ら様々なリソースを活用し、プレゼンの準備をしたことが印象的だった。

4-3　English for Specific Fieldsの授業を終えた学生の声

　大学2年生を対象に令和3年度から開始したEnglish for Specific Fieldsの授業では、教養教育の新しい在り方に触れることが求められている。平成14年の文部科学省中央教育審議会の「新しい時代における教養教育の在り方について（答申）」では、新しい時代における教養教育の在り方とは、「個人が社会とかかわり、経験を積み、体系的な知識や知恵を獲得する過程で身に付ける、ものの見方、考え方、価値観の総体ということができる」と述べている。言語（英語）教育という文脈に置き換えていえば、個人・社会・知は結びついているものであるため、個人のテーマを通して人・ことば・社会のつながりについて考えるということであるといえる。

　大学側の定められたガイドラインに沿って実施された本授業において、人・ことば・社会を結びつけて考えるというコンセプトを学生はどのように理解し、活動につなげたかを学生自身の声を中心にみていくことにする。学生が本授業の感想として記述した内容を以下の六つのカテゴリー（項）に分け、そのことばを引用しながら解説を試みる。

(1) 個のテーマを通して社会課題を捉え直すことについて

　日本社会における日本人の「共生」の実現のためにどうすればよいかをテーマにした学生は、次のような記述をしている。

　　　私は○○と日本人が共生することを目指し、大学で○○や中東・東南アジアの歴史を勉強している。また、NPO法人○○のご協力のもと、文化交流サークルを設立する計画も立てている。現在、センター職員にご協力いただき、○○に関する講座の受講・○○祭（○○教の大祭礼）に参加している。私は本授業を受け、相手の立場を想像することの大切さを学んだ。貧困地域に住む人々の生活を想像することは、実際の映像やデータを見ない限り、日本に住む私にとって容易ではなかった。しかし、想像しなければ貧困問題に真っ向から取り組むことができない。私が興味のある分野から見ると、○○の立場になって日本を捉えないと、○○に向けられる偏見の目や差別を解消することができない。その意味で、私が目標とする「共生」の定義を捉えなおすことができた。共生とは、ただ異なる民族が不自由なく同じ土地に暮らすのではなく、お互いがお互いのことを理解して暮らすということだと考えた。

　"貧困地域に住む人々の生活を想像することは、実際の映像やデータを見ない限り、日本に住む私にとって容易ではなかった"この語りは、貧困の悪循環を打破するにはどうすればよいかをトピックに考えた際のことを指していると思われる。このトピックを取り上げたグループは、教科書からヒントを得ながらそこにない情報を収集して、ウガンダ国が抱える貧困の課題を具体的な数字と共にクイズ形式で提示した。それらの数字をみて、曖昧だった概念をより具体的に想像ができて、自身のテーマであった「共生」の定義を捉え直すことができたと語っている。

(2) 社会に対する問題意識をもつことについて

　細川（2021b）は、人にとって何かを表現しようとするとき、最も重要

なことは自分のことばをつくることであると述べている。その中身とは、自分にしか語れない自分のテーマであり、自分のテーマは自身のオリジナリティであり、そのオリジナリティは他者とのやり取りの中から生まれると指摘する。しかし、多くの場合大学英語教育は個のテーマを育てるような内容になっていない。

　本授業の大きな目標は、学生一人ひとりが他者とのやり取りの中で、自分のテーマを通して、人・ことば・社会がどのようにつながっているのかについて考えることであった。それと同時に、自身のテーマの不在を発見することや、そもそも人・ことば・社会がつながっているというのはどういうことかについて考えることも大切な学びの目標であった。以下の記述からもわかるように、学生たちは他のグループメンバーとのやり取りの中で得たものが多いようである。

　　私はこの生徒たちが、あるテーマを深く調査し授業を 1 から作っていくというこの授業の進め方に強く賛成する。なぜなら、教師がただ一方的に教科書の内容を生徒に教えるという受け身的な授業はもの凄く退屈だと感じるが、生徒が自ら授業を進める主体的な授業は一 人一人の参加意欲をはるかに引き出すからである。生徒たちがあるテーマを調べていく中で、今まで知らなかった世界が存在することを知り、それを授業内で皆と共有することでさらに新たな考え方を知ることができる点でこの授業形態は推奨されるべきだ。

　　In this class, I learned about the current state of the world and the importance of imagining things even if they are not actually happening to me. For these reasons, this class was very beneficial.（この授業では、世界の現状を知り、実際に自分の身に起こっていないことでも想像することの大切さを学びました。このような理由から、この授業はとても有益なものでした。）（筆者訳）

　　確かに一から授業を作るのは簡単なことではないけれど、それ

ぞれのテーマについて調べてどうやったらわかりやすく伝わり積極
的に授業に参加してもらえるかを考えることで、そのテーマについ
ての知識を得られるだけでなく、テーマについて深く学び、社会に
対しての問題意識を持つことができるようになりました。チームの
メンバーと連携して、授業が完成して発表が終わった時はとても達
成感がありました。また他のグループの発表も一つ一つ丁寧に準備
されていて、全く興味のなかった分野でも積極的に授業に参加でき
るような工夫がされていました。自分の発表の参考になるようなグ
ループも多かったです。

以上からもわかるように、学生同士が一つのトピックについてプレゼン
をつくるにあたって、多くのディスカッションを重ねたことから得た学び
の方が大きいようである。"知らなかった世界が存在することを知り""実
際自分の身に起こってないことでも想像する大切さを学び""テーマにつ
いての知識を得られるだけでなく、テーマについて深く学び、社会に対し
ての問題意識を持つことができるようになりました"という発言からも、
社会に対しての問題意識をもつことの大切さや自分と社会のつながりにつ
いて考え始めていることが明らかである。

（3）専門科目を英語で学ぶことについて

大学英語教育の専門教養は学生の専門を英語で学ぶことが求められる。
本授業では、以下のような内容に気を配った。

1) 学生の豊かな交流を促すための授業デザイン（例えば、グループ
   ワーク、グループ（ペア）プレゼンなど）が望ましい。
2) 主要言語は英語だが、概念説明など必要に応じて複言語使用を
   基本方針にすることが活発なディスカッションを促すために有効
   である。そうすることで学生は英語だけではなく、伝えたい内
   容・コンテンツに集中できる。
3) 教科書には過度に頼らない。インターネットなどから多様なリ

ソースを有効活用することが求められる。

4) 教科書を使用しなければいけない場合、その教科書で扱われて
いるトピックと専門科目を関連づけて考える必要がある。本授業
の場合も、歴史とは関係ない教科書だったが、インターネットな
どのリソースを活用しながら授業を進めた。

I could learn various topics and the connection between a lot of
topics and history in this class. Also, I should think about the pres-
ent problem of poverty more because I learned about the present
situation of poverty in the world. I think this class was useful for
me because I could learn various topics that are related to social
and environmental problems, new technology, and so on. Then, I
could learn the various ideas of contents and structures of English
class by listening to other students' classes. I like the way this
class was conducted. We students could make English class by
ourselves. During the class, I felt everyone was able to participate
positively in the class because there are a lot of opportunities that
everyone says their thoughts and opinions.（この授業では、様々な
トピックや歴史との関連性を学ぶことができました。また、世界の貧困
の現状を知ることができたので、現在の貧困問題についてもっと考えて
いかなければならないと思いました。社会問題や環境問題、新しい技術
など、様々なトピックを学ぶことができたので、この授業は自分にとっ
て有益だったと思います。また、他の生徒の授業を聞くことで、英語の
授業の内容や構造など、様々な考え方を学ぶことができました。私はこ
の授業の進め方が好きです。自分たちで英語の授業をつくることができ
ます。授業中、みんなが自分の考えや意見をいう機会が多いので、積極
的に授業に参加できていると感じました。）（筆者訳）

I liked the way the class was conducted because most of presen-
tations and discussions we had were interesting. I am sure that

classes composed of only checking the answers for quiz of vocabulary, grammar, listening, or whatever on the textbook would have never satisfied me as now. What I liked about the class was intellectual discovery.（プレゼンテーションやディスカッションがおもしろいものが多かったので、この授業の進め方が好きでした。教科書に載っている単語や文法、リスニングなどのクイズの答えを確認するだけの授業では、きっと今のような満足感は得られなかったと思います。私がこの授業で気に入ったのは、知的発見です。）（筆者訳）

In this class, I learned about the current state of the world and the importance of imagining things even if they are not actually happening to me. For these reasons, this class was very beneficial. As a student of history, I have to admit to Bismarck's words, "Nur ein Idiot glaubt, aus eigenen Erfahrungen zu lernen. Ich ziehe es vor, aus den Erfahrungen anderer zu lernen, um von vornherein eigene Fehler zu vermeiden." It would be best if each and every one of us could move to this way of thinking, but that's hard to do, so we're going to have to do some history. It was very interesting and new to see students create English lessons in a format that is not often done in Japan.（この授業では、世界の現状を知り、実際に自分の身に起こっていないことでも想像することの大切さを学びました。このような理由から、この授業はとても有益なものでした。歴史を学ぶ者として、ビスマルクのことばには納得せざるを得ません。「自分の経験から学べると思ってるのはバカだけ。私は、自分が失敗しないために、他の人の経験から学びたいと考えている」。一人ひとりがこのような考え方に移行できれば一番いいのですが、それは難しいので、歴史をやっていくしかないでしょう。日本ではあまり行われていない形式で、生徒が英語の授業をつくるというのは、とても興味深く、新鮮でした。）（筆者訳）

このEnglish for Specific Fieldsという授業では、教科書の内容からは現在の世界の状況とそのために我々がどうするべきなのかということを学んだが、最も価値のあることはグループのメンバーと協力して教科書の内容を整理し要点をまとめ、それを英語で発表するということだったと思う。

　学生のコメントからもわかるように、本授業では様々なトピックや歴史との関連性を学び、英語のみならず世界の事柄についての知的発見があったようだ。学生自身は好奇心旺盛できっかけさえあれば優れたクリエーティビティを発揮すると実感した。

(4) 学生が授業を行うスタイルは学びが多いことについて

　本授業は、学生の、学生による、学生のための授業（of the students, by the students, for the students）だったので、定められた教科書を使い、学生が何を、どのように学ぶかを自由に決められた。学生はお互いにとって楽しくて学びの多い内容にすることに多くの努力を重ねたことが以下の記述からも明確である。

　　私はこの授業で、クラスの皆にどうやって面白くて分かりやすい授業を披露するかを学ぶことが出来た。また、地球環境問題や貧困問題といったSDGsに関するテーマを扱う授業を通して、それらについて自分がいかに無知であったかが自覚させられた。この授業は、たくさんのディスカッションと各自での授業作りによって、それらに対する理解をより一層深めることと身近に感じさせることを可能にした点で、私にとって非常に役に立った。

　　自分たちでプレゼンテーションを作って自分たちで授業を行うというスタイルは本当に新鮮で新しい学びの多い時間でした。私はプレゼンテーションの発表の順番が比較的早かったので、まだどのように授業を行えば良いのかという前例があまりない中で取り組んだ

のですが、グループの仲間たちとテキストを解釈しながら授業を作っていく過程はとても楽しかったです。チームで一緒に目標に向かって取り組むということが一つ学んだことです。また、他のグループの発表を聞くことで同じテーマでも様々な視点観点を持つことができるということも学びました。

　このESFの授業は自分たちにとって非常に有益なものとなりました。先生が補助はしてくださるものの生徒が授業を全てするというスタイルは、今まで行ったことがなかったので不安ではありましたが、複数の生徒で一つのグループを作りそれぞれ一つの単元を担当したからこその視点や意見を元に唯一の授業ができ、さらに自分の担当の単元では授業を作る側だからこその、ただ授業を受けるまたは復習するだけでは知り得なかったことを知ることができました。

　生徒がそれぞれ担当をもち、その分野について調べ発表するという形は自分で調べ、まとめる力がつくためとても良いと思いました。また先生の所々に挟まれる補足のおかげでより授業を理解することができたと思います。

　このような授業スタイルを初めて経験した学生がほとんどだったが、最初から授業を企画し、お互いにとってどのような内容が楽しくて学びが多いのかについて考えること自体が大きな知的な刺激だったようである。担当教員の私はリソースをどのように活用すればよいかなど、所々しか補助をしなかったが、いつでも頼れることは伝えてあった。また、コメントにもあるように、授業中も時々概念説明の補足を挟んだりした。

(5) 英語が上達したことについて

　大学英語教育はスキル中心の教育であるべきだという考え方は恐らく、それでこそ英語が上達するという論理に基づいている。しかし、英語を学ぶのではなく、英語で学ぶことでこそ、自分のコミュニケーション能力を

育てることができるし、語彙なども覚えやすくなるということが授業を終えた学生のコメントからも明らかである。

　　授業を英語で進めることで自分の英語の語彙を広げることができるのも大きな利点だろう。語彙を様々なテーマと結びつけて学ぶことで非常に効率的に暗記することができた。また、自分の意見を即興で英語で表現する力を以前よりも身につけることができ、自分の語学力が向上した実感が湧いている。

　　これはこれから社会に出るうえでたいせつなグループメンバーやほかの人に対するコミュニケーションと英語力を養うのにとても効果的だった。またほかのグループの発表を聞くことで彼らがどういったことに注目して、それを何とつなげて考えていたのかを知ることができ、とても参考になったと思う。

以上の学生のコメントからいえることは、自分たちで授業を進めることで語彙を広げるだけではなく、様々のテーマと結びつけて学ぶことができたことが大きな成果の一つだったように思う。また、他のグループのプレゼンテーションを聞くことでその内容について英語で聞いたり考えたりすることができたことも大きな成果だろう。

(6) 安心して間違える場について

本授業の大切な方針の一つとして間違いを恐れないことを掲げた。むしろ、あえて間違えてみることで学ぶことも多いと強調した。それが学生にとってどのようなメッセージになったのかを、以下の記述からみていくことにする。

　　I'm not good at speaking English. So, I thought that I can't communicate with my classmates and I imagined that I feel agony for this class. But while I take this class, I don't feel that for even a second. In addition, I enjoyed this class and communication with classmates speaking English. Thank to you. My English is not good. But, I will do my best to speak English as much as possible. (私は英語を話すのが得意ではありません。だから、クラスメートとコミュニケーションがとれず、この授業は苦痛だろうと思っていました。でも、この授業を受けている間は、そんなことは一瞬たりとも感じなかったです。また、英語でのクラスメートとのコミュニケーションも楽しかったです。ありがとうございました。私の英語は上手ではありませんが、これからもできるだけ英語を話せるようにがんばります。）（筆者訳）

　何か間違ったことを発言してしまっても誰も自分を責めないのも、授業に参加するモチベーションを後押ししてくれました。

　私は英語を間違えるのが怖いのもあって今まで積極的に発言するのを避けてきましたが、この授業ではグループで話し合ったり、宿題の答え合わせであったりと発言の機会があり、毎回緊張して授業に励んでいました。そのような中で学んだこととして第一に過度に間違いを恐れるべきではないということがあります。話し合うメンバーは英語の文法が乱れていても熱心に聞いてくれるし、先生も学生が答えに詰まったときなどできているからと励ましその先を促してくれました。

本授業が最後を迎えた日にある学生からいわれたことばが印象に残っている。「先生は間違えても私の英語をバカにしなかったからすごく嬉しかった」ということばである。大学英語教育に限らず、間違えることは大切な学びのプロセスの一つなので、言語的正確さに異常に拘るのは逆効果である。日本の学校教育では間違えることはよくなく恥ずかしいことみたいに扱われることはよく耳にする。正しい・正しくないという安易な評価基準が学びを妨げる一番の要因だろうと思う。特に、ことばの教育に関し

ていえば、言語のいろいろなバリエーションを試すことが言語を習得する上で必要不可欠なことだろうと日本語学習者の一人として思う。

　次節では、本授業の背景にある教育哲学について述べる。第1節でも触れたが、日本語教育は私の教育哲学に大きな影響を与えてくれた。グローバル化や少子高齢化により、日本社会も大きく変わりつつある。その結果、これからも英語を使用する機会が増えることは確実で、それに伴い英語教育も変わらなければいけないことは明らかである。そこで外国人に対する日本語教育はどのように発展を遂げてきたのかについて述べ、それを大学英語教育に引きつけて考えてみると興味深い論点が浮かび上がり、示唆に富んでいることがわかる。

5.　日本語教育の論点とそこから得られる示唆

5-1　「言語」中心から「人」中心へ

　一見して英語教育と日本語教育は社会的文脈も異なり、交わりがないように思える。しかし、ことばの教育としての共通点があり、最終目標として学習者の社会参加というとこるが交差する。日本学術会議によってまとめられた21世紀の教養と教養教育に関する提言において、大学英語教育は、言語と文化を異にする他者との交流・協働を促進し、豊かにするためのリテラシー教育としてその充実を図ることが重要としている。他者との交流・協働を促進し、豊かにするには、英語をそれが使われている環境から切り離して構造的なシステムとして理解するのではなく、人・ことば・社会は相互に構築されるものであり、生態的なものであるとして理解する必要があるということである。

　他者との共存・共生を学習によってもたらそうとユネスコ（国連教育科学文化機関）が設置した「21世紀国際教育委員会」は、学習とは何かについて、「学習：秘められた宝」（Learning：The Treasure Within）というわかりやすい概念を提示している。これは、平和への期待を掲げ、未来の教育の方向性を探る中で、人間はなぜ学ぶのか、学びとは一体どのような行為なのか、学ぶことの目的や目標を明示しているものでもあるといえる。

特筆すべきは、この報告書の委員会が掲げた教育の基本としての「学習の五本柱（最初は四本柱だったが、のちに五本柱に変更）」である。その五つの柱は生涯にわたる発達的要素を内在し、知るという個人的欲求、即ち、「知ることを学ぶ」learning to know、「為すことを学ぶ」learning to do、「人間として生きることを学ぶ」learning to be、ということから、共に生きる他者へと、次のように視点が広がっている。即ち、「共に生きることを学ぶ」learning to live together、「自身を変容させ、社会を変容させることを学ぶ」learning to transform oneself and societyといったようにである。共に生きることの本質とは、社会の中で他者と関わりをもちながら活動をすること、そして、その過程の中で自身を変容させ、やがては社会を変容させていくのであると考えられる。このことは、欧州評議会によって2001年に公開出版された『ヨーロッパ言語共通参照枠』（CEFR）を通してみると、より明確に理解できる。CEFRは、欧州において言語・文化が異なる人と「共に生きる」ための空間をつくるための言語政策のツールとして作成されたものである。

　細川（2021a）はCEFRの知見を、日本語教育の枠組みとその展開の中で説明しつつ、共生社会のための言語教育への示唆として、60〜70年代には構造言語学的アプローチで日本語の構造・形式に関する知識（learning to know「何を学ぶか」）が重視されたが、70〜80年代には、応用言語学的なコミュニカティブなタスクなどが広く使われたコミュニケーション能力育成（learning to do「どう学ぶか」）へ教授法の転換があった。90年代後半からは、自己・他者・社会について考える活動（learning to be「なぜ学ぶのか」）が注目されるようになり、「共に生きる」が日本語教育の中心的課題となっていったと述べている。「共に生きる」ための言語教育を考えた場合、視点を人が話す「言語」から、言語を話す「人」に転換する必要がある。つまり、人が社会的行為主体であるため、「社会的行為」（社会参加）が行えるような言語教育でなければいけないということである。この言語と人をつなぐ概念として市民性形成のための教育があると細川は指摘している。社会で生活をするということは、異なる価値観をもつ他者を理解し、その関わりの中で自己表現をしなければいけないということであ

る。その最終目的は、より住みやすい社会の実現であろう。要するに、市民性形成とは、社会的行為主体である「人」が、ことばを通して、より住みやすい社会を求め、自身を変容させ、社会を変容させるということであるといえる。

　市民性形成とは具体的にどのようなことなのかについては、よりイメージがわきやすいように、私自身の経験を交えながら説明したい。それは例えば次のような概念であると考えられる。私は日本で生まれ育ったわけではなく、日本の大学院に入学して以来、永住者として日本で暮らしている。日本で子育てをしているため、学校生活の中で子供が直面する様々な問題について、何度か学校の先生と話し合いを重ねたことがある。その一例を紹介する。学童に通っていたうちの子供がある日しょんぼりした様子で帰ってきた。その理由を尋ねると、親の肌の色のことで同級生に良くないことをいわれたから悲しいという。世界には（日本にも）いろいろな肌の色の人が暮らしている話を子供としたら、子供が日本人も肌の色がそれぞれ違うのになぜみんな「肌色」ということばを使うのかという疑問をぶつけてきた。子供が抱く疑問を学校教育でも取り上げた方が良いと考え、その詳細について担任の先生と何度か話し合いを重ねた。最初はただ同級生の子供を「叱る」というスタンスだった先生が、徐々に多様性について授業で取り上げていくことを話してくれた。この一件で全ての課題が解決したということではないが、社会的行為主体（私と学校の先生）が言語を通じて話し合いを重ねた結果、社会変容（授業で多様性を扱うこと）のプロセスが始まった。そのきっかけになったのは、子供にとって住みやすい社会への希望であったといえる。

5-2　人は何のためにことばを学ぶのか

　ことばを学ぶということは、そのことばを使う活動において、ことばの市民として自律的に生きることを意味している（細川 2016）。これはつまり、教室の中での学習を考えた場合、言語を学ぶ学習者が、価値観が異なる多様な他者との関係において、その言語を通じて他者を理解しつつ自己表現をし、共に住みやすい社会を目指すことを、教えたり学んだりするこ

とを意味しているといってもよい。そうすると必然的に、「ことばはそれが使われている環境から切り離した構造的なシステムである」と捉えるのではなく、「人・ことば・社会は相互に構築されるものであり、有機的・生態的なものである」として理解する必要がある。つまり、人・ことば・社会とはそれぞれ独立した概念ではない。いうまでもないが人は社会の中で機能するためにことばを用いる。それによって、人はアイデンティティの交渉を行い、所属する（できる）文化・コミュニティを確認し、使用可能な言語状況への自覚をもち、人権の交渉を行うような市民性形成に必要な複雑な営みに参加する。このような背景の中で、教室で行われる言語教育はどのような活動なのかを明確にしておく必要があると思われる。これはどういうことなのか。言語を学ぶことは、学習者にいろいろな影響を与える。言語知識をもっていればエンパワーされることがある一方で、その欠如によってディスエンパワーされることもあるだろう。言語教育はこのようなコンテキストで行われていることを認識する必要がある。Pennycook（1994）が指摘するように、単純に言語を教えるという活動は存在しない。言語教育も中立で技術的な活動ではなく、特別な価値観とイデオロギーを再生産する活動であるという。

ここでもう一つ大事な点は、言語学習は必然的に言語のバラエティを生み出す活動であるということだ。ハインリッヒ（2021）はこれをWL：Welfare Linguistics（ウェルフェア・リングイスティクス）の観点から次のように説明している。「WLの立場をとるなら、言語学習は可能な限り『ネイティブのようになる』活動ではなく、むしろ教師と学習者が協力しながら、自律性（autonomy）、有能感（feeling of competence）と関連性（relatedness）の確保、あるいは、改善に取り組む活動である」（p.25）。

人はなぜことばを学ぶのかについて深く考えていくと、人・ことば・社会とつながっていることが理解できる。大学英語教育において、学生が英語で社会課題についてなぜそのような課題があるのか、様々な観点から考え、解決策を見出していけるような教育が必要である。そうすることで英語が自ずと自分のものになっていくのである。それが結局は学習者のwell-being（よく生きること）にもつながるはずである。その過程の中で、

トランスリンガルで新しい創造的な英語使用があってもよいわけで、厳格に英語の「規範」に従う必要はない。なぜなら、リテラシー教育としての大学英語教育は、ただの表面的な口頭でのコミュニケーションの枠を超え、社会の中で英語がどのように機能するのかを実際の社会課題等を通じて習得していくことを指すからである。

6. おわりに

　最後に、本書の主題の「共生社会のためのことばの教育」に寄せてまとめたい。

　本稿を書くきっかけになったのは、本授業を終えて寄せられた学生の声だった。令和3年度から新設された大学2年生向けのESFの授業で学生は、このテーマを通して社会課題を捉え直したこと、社会に対する問題意識がなかった者はそれをもつことができたこと、自分に引きつけて課題について考えることができたこと、トピックを専門である歴史と関連づけて考えられたこと、授業内容を一から企画し誤用を恐れずに自分らしい英語で学びを発信できたこと、英語が上達したことについて記述をした。

　このような授業デザインは、第5節に述べた日本語教育の理念の影響を受けたものである。細川（2021b）は、我々が何かを表現しようとするとき、最も重要なことは自分のことばをつくることであると指摘している。自分のことばをつくるということは即ち、与えられたように表現をするのではなく、「自分とテーマの関係は何かを考え、その上で、自分の表現する内容と表現の構造を相対化する眼を養うことが大切」（p.109）であると述べている。つまり、これは表現の構造以上に、関心のあるテーマに関する自分の考えをもつことが大切だという指摘である。そう考えると、そのテーマに関して一つの正解はなく、多様な考え方があってよいわけで、それを安易に評価の対象にはできないということになる。さらにいえば、評価されることの圧力から解放された、間違いを恐れずに考えたことを感じたままに表現してよい環境こそがことばの教育には最適だということがいえる。細川は、自分のことばをもつことは、ブレない〈私〉の軸をつくる

ことであると述べている。それが、人として生きるとは何かとか、何のために、誰のために生きるのかという、いわば人のwell-beingに関わる大切な問いについて考えることであり、ことばの教育にとっても重要な課題であろう。

付　記

　本稿はJSPS科研費基盤研究（C）（課題番号19K00716）の成果の一部である。

参考文献

宇都宮裕章（2021）「生態学が語ることばの教育——ウェルフェアを実現するために」尾辻恵美／熊谷由理／佐藤慎司編『ともに生きるために——ウェルフェア・リングイスティクスと生態学の観点からみる言葉の教育』春風社，pp.37-66.

大津由紀雄（2009）『危機に立つ日本の英語教育』（編著）慶應義塾大学出版会.

小川修平（2017）「英語教育の歴史的展開にみられるその特徴と長所」『盛岡大学紀要』34：55-66.

加納なおみ（2016）「トランス・ランゲージングと概念構築——その関係と役割を考える」『母語・継承後・バイリンガル教育MHB研究』12：77-94.

中央教育審議会（2002）『新しい時代における教養教育の在り方について：答申』.

日本学術会議　日本の展望委員会　知の創造分科会（2010）「提言 21 世紀の教養と教養教育」.

ハインリッヒ，パトリック（2021）「ウェルフェア・リングイスティクスとは」尾辻恵美／熊谷由理／佐藤慎司編『ともに生きるために——ウェルフェア・リングイスティクスと生態学の観点からみる言葉の教育』春風社，pp.1-35.

古家聡／櫻井千佳子（2013）「日本の大学における英語教育の役割——教養教育の観点から」『The Basis ——武蔵野大学教養教育リサーチセンター 紀要』3：5-19　http://id.nii.ac.jp/1419/00000028/（最終確認日：2022/7/10）

細川英雄（2016）「循環する個人と社会——市民性形成を目指すことばの教育へ」細川英雄／尾辻恵美／マルチェッラ・マリオッティ『市民性形成とことばの教育——母語・第二言語・外国語を超えて』くろしお出版.

細川英雄（2021a）「目的論の不在を乗り越えるための共生社会とWell-being」言語文化教育研究所. http://alce.jp/dat/spec20b1.pdf（最終確認日：2022/7/10）.

細川英雄（2021b）『自分の〈ことば〉をつくる——あなたにしか語れないことを表現する技術』ディスカヴァー携書.

村岡英裕／サウクエン・ファン／高民定共編（2016）『接触場面の言語学――母語話者・非母語話者から多言語話者へ』ココ出版.

山中司／木村修平（2021）「今のままの英語教育ならもういらない」山中司／木村修平／山下美朋／近藤雪絵『プロジェクト発信型英語プログラム――自分軸を鍛える「教えない」教育』北大路書房, pp.1-39.

ユネスコ「21世紀教育国際委員会」編（天城勲訳）（1997）『学習：秘められた宝』ぎょうせい.

Pennycook, Alastair（1994）*The Cultural Politics of English as an International Language*. Longman

第 9 章

評価が育てる学生、教師、日本語教育

デザイン力育成を目指した留学生と日本人学生の協働学習を通して

岡本能里子

1. はじめに

1-1 背景

　本章は、留学生と日本人学生の協働学習を通し、価値観の多様化する現代社会において、異質な他者との対話と協働を通して新たな価値を見出し社会を組み替えて行く力を育むための評価のあり方を「評価が学生、教師、日本語教育を育てる」という視点から検討することを目的とする。

　筆者は、外国語教育の目的が文法や語彙の習得を超えたコミュニケーション能力育成を自明とし、日本語教育においても「円滑なコミュニケーション能力」育成を目指す教育のあり方が謳われる中で、自身の日本語教育実践をスタートさせた。筆者の日本語教育の関心事は、一貫して、他者と共に協力して問題を発見していける「外国語教育」とはどういうものなのか、学習者が主体的にことばを獲得し、新しい世界を切り拓いていける「授業デザイン」とはどのようなものなのかの模索だった。その背景には、学習指導要領にとらわれない、教科書もない自由な学びの発見と楽しさを見出せる場として中学校ではじめて学ぶ英語の授業に出逢った経験がある。そもそも小学校で学んだローマ字が英語だと思いこんでいて、「a」は「あ」だと考えていた。そのためなぜ［ei］［ə］など多様な音で発音するのか、どういう時にどの発音をするのか、なぜ、日本語とは異なる思考の流れを強いられる単語の並びになっているのか、なぜ日本語では「わたし」はいつも「わたし」なのに、英語では、'I' 'my' 'me' と全く異なる単語になるのか…などなど、疑問が次々と生まれ頭の中がはてなマークだらけになっていた。また、日本語では味わったことのない英語を話す時の身体感覚への戸惑いと新鮮さ、異なる世界の切り取り方があることへの気づきなど、英語を通して異なる言語文化を持つ人々の多様な考え方にふれることになった。特に、文法規則を教えない授業の中で、クラスメートと英語と日本語でコミュニケーションを行うことを通して、例えば 'a' と 'an' の使い分けの基準は何かなど、共に規則を発見していく楽しさ、興奮を味わうことができた。そして、そこにある新しい窓を戸惑いつつ開いた時に目の前に解き放たれた別世界が広がる魅力に取りつかれていった。このよ

うな楽しさや驚きをクラスメートと協力して子供達にも体験してほしい、それぞれの子供の心に新しい窓をプレゼントしたいと考え、英語の教員を目指した。

　ところが、英語教育実習では、自身の教案が添削され、その通り書き直して教育実践を行うことになる。その結果、教職免許は取得したが、ぎりぎり合格ラインの評価だった。先述の、自身が中学1年生で体験したはじめての英語授業は、英語母語の先生と日本語母語の先生が協働で教室に入り、教科書はなく、帰宅してから文法規則や語の意味などについて調べないようにというものであった。そのため、授業中も授業後でも、クラスメート同士で文法規則を発見しようとする雑談が自然になされていたのだと今になって思う。このような楽しさや気づきを引き出す授業を目指し、多様な手作り教材を用意したのだが、その熱い思いによってデザインした授業は、完全な挫折を味わう結果となったのである。あれは、指導の先生がデザインした授業で、私の授業ではないとのもやもや感が残ることになった。

1-2　英語教育から日本語教育への転向

　自身の目指した授業——戸惑いや新鮮な気づきを味わう自由なコミュニケーションが創発する授業——は完全に挫折することになったのである。そのため高校や大学受験のために決められている語彙や文法を教えたり、与えられた音声テープを流してリピートさせるといった答えやゴールが決められ、同じ方向に向くことを強いられる英語の授業を行うことを生涯の仕事とすることは絶対したくないと思った。そこで、英語教師になることをやめた。ただ、当時は、自身のデザインし目指した英語の授業ができないことを、学習指導要領や教案添削を通して経験した指導の壁が原因だと考えていた。そのような折、外国語として日本語を教える仕事があるということを偶然知ることになる。国家資格も学習指導要領もない日本語教育の自由さにも惹かれ、自身の新しい窓を求めて日本語教育の世界に飛び込むことになったのである。

　上述の体験から、日本語教師になる上で、私の追求したいテーマは、外

国語学習は、文法や語彙の意味を理解するだけでなく、ことばを使って異なる考え方の他者がいることを知り、自己の当たり前に気づき、自己を表現し、問題を共に解決していく学習者を育てることだと考えていた。そのため、日本語非母語話者の学習者が日本語を学び、日本語でコミュニケーションができることは、学習者の人生を豊かにすることになるとの思いを抱き、日本語母語話者の自然な日本語のやりとりを調べて収集し、その方法を教えることができれば、新しい世界への窓が開かれると思ったのである。

1-3 コミュニケーション能力育成の模索

　その当時は偶然上述のように、外国語教育の目的が、文法や語彙の習得を超えたコミュニケーション能力育成を目指したコミュニカティブアプローチ全盛期であり、日本語教育においても「円滑なコミュニケーション能力」育成を目指す教育のあり方の研修がさかんに行われていた。そのため、学習者に新しい窓をプレゼントすることで、他者と共に問題を考え、自分の考えを表現できる学習者を育て、新しい視点を獲得して新しい自分になっていくことが実感できるような授業デザインを目指して、積極的に研修にも参加するようになった。

　そこで、日本語母語話者の自然な会話を収集する方法として、メディアを通して配信される日本語のやりとりを録音録画し、抽出し分析し、日本語母語話者の賛成反対の言い方、断り方などを規範として設定しそれをもとに「円滑なコミュニケーション能力」とは何か、その育成はどうすれば良いかの模索を続けていた。しかし、学習者からの思いがけない抵抗にあい、文法規則を教えるのではなく発見してもらうことが重要だと考えながら、いつの間にか、日本語母語話者の言い方を規範として設定し、それを教えることがコミュニケーション能力育成だと思っていた自分に愕然とした。誰にとって「円滑」なのか、誰のための日本語なのか、そもそも「円滑」である必要があるのか、などを問い直すことになったのである。さらに、近年のメディアの発達により、文字のみならず、動画やイラスト、音楽など多様なモードの「意味表現体」を通して情報が配信され、国境を越

えて瞬時に意味が伝えられる。対面コミュニケーションにおいても、私達は言語だけでなく、表情やジェスチャーなど多くのパラ言語要素を使って意味を他者に伝えている。言語教育の目的が、主体的な「表現者＝人間の育成」にあるならば、文法能力や聴解能力などといった教師が正解を決めている個々の「能力」ではなく、メディアの発達によって益々多相化する意味表現体を駆使して自己を表現し、伝えようとする表現主体を育てるためのコミュニケーション能力について考える必要があると思うに至った。そこで出逢ったのがメディアリテラシー育成とその発展としてのマルチリテラシーズ育成だった。

1-4　マルチリテラシーズ教育実践を通した評価の捉え直し

　筆者は数年来メディア研究を先導してきた母語としての英語教育集団（The New London Group）がメディアリテラシー育成をもとに発展させている英語教育運動「マルチリテラシーズの教育学」に注目し、授業実践を行っている。その背景には、多様なモードを通し、時間と空間を超え、様々な情報や意味が伝達され、多様な他者と国境を超えてコミュニケーションが行われているという社会状況の変化がある。このような変化は、コミュニケーション能力のあり方とその評価の捉え直しを確実に迫るものであった。

　さらに、常に評価のあり方についての質問から見える大きな問題点は、「評価」と「評点」との混同である。これは、評価のあり方を議論する以前の問題でありながら、見逃されている点である。

　本研究では、身近な問題から社会問題を捉え、新たな価値を見出し、社会を組み替えて行く力を育むことを目指した留学生と日本人学生の協働学習活動を通して、評価のあり方を「評価が学生、教師、日本語教育を育てる」という視点から検討していく。

2. なぜ評価の捉え直しが必要か

2-1 評価の捉え直しへの要請

　先述のように、人の移動、メディアの発達などにより、価値観が多様化し、人々が経験したことのない出来事が頻発するようになった社会では、その変化に対応できる人材の能力や資質への関心が高まっている。そのような能力や資質のための評価の捉え直しが議論されてきた。

2-1-1 教師中心の評価から多様な評価へ

　「評価」は何のために誰のために誰が行うものなのか、そのあり方についての主な論点を以下にあげる。

> ①結果よりもプロセスを見る。
> ②「筆記試験」だけでなく、「パフォーマンス評価」を取り入れる。
> 　　点数（100点満点等）から、目標に合わせた「到達度」として「○○ができる」に注目する。
> 　　例えば、ルーブリック、ポートフォリオ　ジャーナルなどを分析する。
> ③「教師の評価」だけでなく、「自己評価」「ピア評価」などを取り入れる。

　このような評価の捉え直しの背景を日本語教育の変化から考えた場合、細川は以下の日本語教育の課題の変化があったという（2007）。

> 60〜70年代：内容　何を教えるのか
> 80年代：方法　どのように教えるのか
> 90年代〜：関係性　教師と学習者　学習者同士はどのような関係か

　筆者は、第1節で述べた通り、育成すべき能力やその方法、教師の役割は何かは、社会の変化と連動していると考えており、言語教育観について

表1　21世紀を生き抜くための言語教育観の転換

	従来の言語教育観	21世紀を生き抜くための言語教育観
①学びの方法	教師による教育	社会実践のなかの学習／共育
②学びとは	知識の受容	新しい自分の発見・不断に自己変容していく過程
③教師の資質	言語の知識 教授法の知識	言語をことばで説明できる能力 学習活動を創り出す能力
④教師の役割	知識伝達の指導者	「考える場」、「学びがおこる」 環境デザイナー 学習者の声の「引き出し役」
⑤評価	知識の量 点数化できるもの	自己のことば／声による表現能力 他者のことばを尊重し聴く能力 点数化できないもの
⑥言語学習のイメージ	わからない つまらない 役に立たない	わかる おもしろい 役に立つ

（岡本 2004：130 を一部修正）

不断に授業を通して模索してきた。

　これらの変化は、当然評価のあり方と表裏一体である。よって「評価」は何のために誰のために行われるものなのか、そのあり方について、試行錯誤してきた。岡本（2004）では、表1のように提案している。グローバリゼーションが進む中、「地球益」という「グローバルな」観点を持ちながら、個人が自由に自己の学びたい言語や表現が選べることの保証を人権として捉える「ローカルな」視点の併存を目指す「グローカル」な視点をもって、「学びの共同体」を構築していく必要性を提唱した。それから既に20年近く経ち、ICTやAIの活用が推進され、ことばの教育における教師の役割や教室活動のあり方が問われている。このような変化に対応するための、評価のあり方を考える上で、必要な視座は何かを次節で考える。

2-1-2　「アンラーニング」の必要性

　評価の捉え直しの必要性が認識されてきた背景には、先述のように近年、価値観の異なる人々と出逢う機会が劇的に増加したことと、意味表現体の多層化という二重の多様化がある。さらに、近年の気候変動により、人々が経験したことのない事象が頻発するようになったことがあげられる。例えば、日本は、長く台風や地震をはじめとした自然災害が頻発してきたこ

とで、私達は、学校での避難訓練などそれへの対応を幼い時から体験してきている。それでも、東日本大震災をはじめ、毎年のように予想をはるかに超える自然災害が頻発している。その度に、現地の人々を取材した報道では、「未曽有の」「過去に経験したことのない」ということばによって災害の大きさを説明し、戸惑う人々の姿が配信され続けている。つまりこれまでの規範や常識が通用しないということである。よってその変化に対応できる能力や資質の育成への関心が高まっているのである。

なかなか出口の見えないコロナ禍の中、大きな社会変化に対応した変容が遅れた大企業に対し、「アンラーニング」[1]の必要性が指摘され、医療、教育現場でも「まなびほぐし」[2]が取り上げられるようになっている。社会全体が変化の多い時代だからこそ、古い考え方の捉え直しを経て柔軟に対応していく必要がある。アンラーニングが経営者や起業家から注目を集めているのは、このような急激な環境の変化に対応可能な人財が社会から強く求められているためだ。新しい価値観・知識を身に付けるには、時には慣れ親しんだ価値観・知識から離れる必要がある。また、一度失敗しても、そこからまた立ち上がろうとする精神力やレジリエンス（柔軟な復元力）の必要性が指摘されているのである。

これらは、表に示した通り測定できないものであり、今教育現場で点数化できない力として注目されている「非認知能力」と重なる。「非認知能力」とは、テストやIQ（知能指数）といった数値で表せない、総合的な人間能力であり、教科書を使った勉強では養われない「くじけない心」「想像する力」「問題を見つけ解決する力」「コミュニケーション能力」などを指す（ボーク 2018）。

その一方で、地球規模の観点から社会変化を捉え直し、「コロナとの戦い」という視点ではなく、「withコロナ」ということばに象徴されるように、「ウイルスとの共生」への変容の必要性も唱えられるようになっている点に注目したい。世界各地に甚大な被害をもたらしている気候変動は、2021年になってようやく、温暖化が原因であり、明確に「人為」であると報告された[3]。人間を自然界に生きる生物の1つとして捉え直し、動物との「共生」、ひいては自然界との「共生」の観点から、withコロナ時代

をより良く生きるウェルビーイングとしての「生きる力」が問われている。評価は、文字どおり、「価値」を示す「枠組み」なのであり、従来の学校教育で謳われている「生きる力」の内実の吟味とそれに応じた評価の捉え方が求められているといえよう。

　そこで、本章では、以下の2つのリサーチクエスチョン（以下：RQ）を立て、「自律した学習者と教師」を育てる評価のあり方について、授業実践を通して考えていく。

　　RQ1「身近な問題から社会問題を捉え、新たな価値を見出し、社
　　　　会を組み替えて行く力」を育むための評価のあり方とはどのよう
　　　　なものか
　　RQ2「自律した学習者と教師を育成する」ための評価のあり方と
　　　　はどのようなものか

　そこで、次節では、まず、評価の枠組みを考える上で、先に述べた混乱の生じている評価と評点の違いを整理する。それをふまえ、上記のRQに答えるための理論的枠組みを紹介する。

3. 評価をめぐる議論の問題点と求められる視座

3-1　評価と評点
　細川は毎週1回配信しているブログにおいて、以前より、ことばの教育についての講演会やワークショップなどを行う度に、未だに日本語教育の「評価」に関して出される質問について述べている。2021年12月の記事で数回に分けてその原因に言及し、評価について考える際の最大の問題点として、「評価」と「評点」を混同していることをあげている。
　細川は、2000年はじめから提唱してきている「実践＝研究、研究＝実践」という「実践研究」の思想について、それが教授法の1技術ではなく、「ことばによって個人と社会が形成されていく活動そのものが日本語教育（言語教育）であり、その活動こそが、実践という活動だという考え方で

ある」と説明している。そしてこのような立場に立つことにより、「実践研究とは、自分がだれであるかを示し、その独自の人格的アイデンティティを積極的に明らかにする活動である」としている（同ブログ 816 号）。また、講演やワークショップなどで「正解のない活動」が重要であると説明する度、必ず 2 つの質問が飛んでくると述べている。1 つは、「それでは教師は何をすればよいのか」であり、2 つ目は「評価はどうするのか」という問いである（同ブログ 817 号）。

　1 つ目の質問について、学ぶべき文法規則や語彙や漢字といった「正解」を、教師が握っていて、それを学習者が学ぶことが言語教育であるという教師中心主義的イデオロギーともいえる思想がいかに強いかを痛感する。

　2 つ目の質問については、細川は、「評価」と「評点」が全く異なること、「評価は『認識』の一形態であり、人間である限り、認識そのものを辞めることはできず、評価は常に存在する」と述べている。一方で「評点」は、「人間を数値によって序列化することでもあるので、徹底的に排除しなければならない」としている。その上で、個人を点数化しないための評価のあり方を考えていく必要性を指摘している。実は、私自身もこの質問が投げかけられる場面に何度も遭遇してきた。少なく見積もっても 15 年以上続いているように思える。また細川は、2021 年 4 月の 788 号に「評点のない社会へ──評価と評点」と題した記事を配信している。そこでは、私達は自己と他者をめぐって相互評価を繰り返しており、評価という行為は人間として自然な行為であり、評価という行為を通して、多様な価値を確かめていると述べている。

　「あの人は上司に評価されている」という表現は、プラス評価しているということだと解釈されるのではないだろうか。つまり、評価とは人の価値を見出すことであり、決して序列化ではないはずだ。評価するということは、自らの拠って立っている価値観に気づき、それを絶えず更新していく活動だといえよう。「教師中心主義的イデオロギー」[4] と、点数化できる知識や能力による「学習者の点数による序列化イデオロギー」は表裏一体のものであると思われる。それをどのように乗り越えていくかを、実践

を通して学習者と考え続けていくことこそ、実践研究の中心的な課題であると考えている。

3-2　能力観の捉え直し

　先述の評価と評点の違いをふまえ、自身が評価を捉え直す上で、示唆を得たSNAとマルチリテラシーズの教育学について説明する。そこから得た視座をもとに現在も実施し、模索を続けている授業実践の1つを紹介し、RQについて検討していくこととしたい。

3-2-1　ソーシャルネットワーキングアプローチ

　ソーシャルネットワーキングアプローチ（Social Networking Approach、以下SNA）は、當作（2013）が提唱する言語教育アプローチである。SNAの言語教育目標をまとめると以下となる。

> 1　言語を使うことにより新しい関係を構築し、社会を創ったり、社会を変える能力を育成する
> 2　言語教育の最大目標は「グローバル社会領域」の「つながる」能力を獲得し、言語を使い21世紀に人類が直面する様々な問題を解決し、社会を変え、あるいは社会を創ることである

　このような能力観の捉え直しは、必然的に評価のあり方に変化を迫ることになるとしている。

　SNAは、このような能力観をもとに、知識の理解を超えて、「言語」「文化」「グローバル」の3領域においての「わかる」「できる」「つながる」の3つの能力を多角的総合的に、学習者と教師が協働を通して評価することを提唱している。そのための評価のあり方の変化を以下のように整理している。

> 1　伝統的評価と新しい評価を組み合わせる
> 2　多角的に評価する

3　信頼性重視から妥当性重視へ

　4　評価は学習者と教師の共同作業である

　具体的には、例えば1では、「形成評価」などの伝統的評価と「パフォーマンス評価」などの新しい評価を組み合わせること、3については、「○×形式」や「多項選択」から「ロールプレイ」「プレゼン」、社会活動への変化をあげている。また、4については、「教師による評価」から「自己評価」「ピア評価」「グループ評価」「外部評価」への変化をあげている。その上で、「学習効果を高めるルーブリック評価」を推奨している（国際フォーラム 2012：66-70）。

　筆者が、授業実践を通して模索してきた評価の観点としてSNAに注目したのが、2の多角的な評価を、4にある学習者と教師の協働活動を通して行う必要があるという点である。筆者は評価とは、「学習者の次への学びの意欲にエールを送る活動だ」と考えてきたため、「評価は、学習効果を高めるためのものであること」が示されている点に共感を覚えた。先述の評価と評点の区別の混乱から、評価を序列化や管理のための固定的な教師からの一方的なものとして捉えるものではないという視座が見出せる。さらに、実践の中でことばの意味が「わかり」「理解し」、人や社会との「つながり」を構築し、社会を組み替えていく「自律的学習者」育成の重要性をあげている。そこでの評価は、ある特定の能力ではなく、「自律した学習者と教師を育成する」ためのものでなければならないとしている（国際フォーラム 2012）。つまり学生と教師相互の人間形成に焦点が当たっている点に注目したい。

　ただ、上述のように1では、「形成評価」などの伝統的評価と「パフォーマンス評価」などの新しい評価を組み合わせることが述べられている。この点については、前節で述べたように、単に多様な評価を組み合わせれば良いというものではないことに注意が必要だ。また、提唱されている「学習効果を高めるルーブリック評価」についても、「学習者を点数化する」ものではなく、学習者と教師が相互に、自身の価値観を捉え直し、更新していける「枠組み」となっているか、批判的な吟味が必要だと思う。

同様に、現在「日本語教育推進法」の中で、日本語CEFRが議論されているが [5]、細川（2020）が指摘しているように [6]、十分にCEFRの背景や目的そのものを理解せず、個々の「できる」という能力に焦点があてられ、教師側からの従来の数値化序列化のための評価意識に一部が組み込まれていく危険性をよく認識する必要がある。

3-2-2　マルチリテラシーズの教育学

　先に述べた2つ目の複数性における変化を考える時、メディアの発達によって私達は言語のみならず複数（言語、視覚、空間、音声、身体）モードを組み合わせ、相互作用を通して意味を創り出し、伝え、理解し合っていることがわかる。それがマルチリテラシーズの教育学の基本となっている。マルチリテラシーズの教育学は、メディアリテラシー育成から発展してきたものである。

　筆者は、専門科目において、「言語を含めた多様な道具を相互作用的に活用し、自律的、主体的に判断し、多様な他者との協働を通して社会を創っていく能力」というOECDの提唱する「キー・コンピテンシー」[7] をふまえ、従来のコミュニケーション能力を超えるデザイン力育成を目指し、授業を実施してきた [8]。メディアリテラシーとは、多様な形態で「コミュニケーションを創り出す力」（鈴木 1997）であり、コミュニケーションの回路を生み出していく複合的な諸能力（水越 2002）である。よって、メディアリテラシー育成の基本は、メディアに騙されないようにという受け身的な考え方ではなく、対話を通して批判的分析力とコミュニケーションを創り出し発信する複合的な能力を育成することにある。

　先述の The New London Group は、このような能力を引き出し、育てようとするマルチリテラシーズ教育学の中心概念であるデザイン過程を提唱する。そこで、文字を持つ世界の言語の中で、日本語の独自性である複数表記の使い分けに焦点化し、新しい意味が構築される過程を説明する [9]。

（1）既存のデザイン（Available Designs）：規範とされる既存のデザイン

　意味構築が行われる上でのリソースとなるもの（Resources for Meaning）。

①その社会の成員が規範として了解している文法や語彙、表記の方法, メタファーなどの言語的規則や非言語規範など、②CDA（（批判的談話研究））で提示される共同体のメンバーが暗黙の内に共有しているMR（メンバーズリソース）としての談話の秩序、③個人の持つ価値観や経験からの解釈などが含まれる。

　具体例としては、次の文字のつながりから「広島」を捉えてみよう。

　　A　広島、岡山、山口

　漢字で書かれた場合、「都道府県名」と日本の地理を知っている人なら、この３つの組み合わせから、ここでの「広島」は、中国地方の１つの「県名」として理解されるだろう。

(2) デザイン過程（Designing）：規範をズラし、新たな意味を創り出すデザインのプロセス。

　　B「ヒロシマ、ナガサキ」
　　C「ヒロシマ、ナガサキ、フクシマ」

　Bからさらにこと記載された場合で、地名は漢字で表すという規範的な表記からカタカナ表記にシフトされるプロセスを指す。

(3) デザインされたもの（The Redesigned）：(2) の過程を通して変容され構築された新たな意味

　(2) の表記の規範をズラした過程と地名の組み合わせの変更を通して、まず、Bでは、日本社会の人々の共通の知識をリソースとして、「ヒロシマ」は、「ナガサキ」と共に「原子爆弾」すなわち「核兵器の犠牲になった都市」という意味を伝える。さらに、2011 年以降、Cの「フクシマ」が加わり 10) 並置されることで、東日本大震災の原発事故へと繋がり、「核兵器」の中の「核」という共通イメージに焦点化され、共に「核の犠

牲になった都市」という新たな意味が構築されていく。

　マルチリテラシーズの「デザイン過程」とは、この例では、文字という言語要素と漢字からカタカナへという文字シフト（岡本 2004，2008，2013）という視覚要素との複数モードの相互作用を通して、当該社会の成員が共通に持つ規範をズラし、新たな意味を協働で創り出す過程をいう（以上、Cope & Kalantzis 1999，岡本 2013，2019，2020）。

　「円滑なコミュニケーション能力」は、既存の規範に従う過去志向の能力観であり、多言語多文化社会を生き抜くことは難しい。円滑なコミュニケーション能力超えるものとして、既存の規範や「当たり前」を問い直し、せめぎ合いを乗り越え新しい価値やルールを協働で創造する「デザイン力」の育成を目指して模索してきた授業を紹介し、評価のあり方の枠組みを考えていく。

4.　メディアリテラシー育成を目指したメディア制作協働学習

　本授業は、学生達がメディア制作を通して日本語の 4 種類の文字シフトやフォント、写真や色などのビジュアル要素にも注目し、既存のメディアを批判的に分析し、「自律的に」新たな意味や価値を創造していくメディアリテラシー育成活動である。

　授業概要を以下に示す[11]。

　　実践期間：2015 年 9 月〜 2016 年 1 月、2019 年 9 月〜 2019 年 12 月
　　科目名：「メディアとことば」（国際関係学部国際メディア学科専門科目）
　　履修者：1 年生から 4 年生、留学生 32 名、日本人学生 50 名
　　履修者の学部：本学の全学部（国際関係学部、経済学部、商学部、人間社会学部、言語コミュニケーション学部）[12]
　　目標：

（1）日本語の複数文字表記と正書法を「わかる」「できる」「つながる」の実践として学ぶ

（2）日本語の複数の文体について「わかる」「できる」「つながる」の実践として学ぶ

（3）マルチリテラシーズ教育学の視点からのデザイン力を育成する

（4）「自律的に」「協働」し、社会に埋め込まれた価値観やイデオロギーに気づき新たな意味や価値を創り出す力＝メディアリテラシーを育成する

（5）評価活動を通して、自己の価値観を捉え直し、他者を理解する力を育成する

それを通して、不断に「なりたい自分」へと主体的に自己を更新していくための評価の枠組みを考える。

背景理論：

メディアリテラシー：ターゲットオーディエンスなど

SNA＝ソーシャルネットワーキングアプローチ（Social Networking Approach）

マルチリテラシーズの教育学（The New London Group 2000）

日本語の文字、表記論の再デザイン

手順：

まず日常見かける商品のラベルなどを持ち寄り、文字シフトや文体シフトがどのような商品の価値を伝えているかを分析、考察する。その後、グループで商品のラベルや広告など、制作するメディアを選び、自由に制作する。

A：広告の基本的な知識を学ぶ

メディアリテラシーの8原則を学ぶ。

映像言語、ターゲットオーディエンス、ネイミング、キャッチコピーについて学ぶ。

B：商品ラベルや広告の分析と考察（個人活動）

（1）文字シフト、文体シフトについて学ぶ

市販の商品のラベルなどを持ち寄り、教室でシフトの効果を発表

する

(2) 文字や写真など多様な要素を使って商品の価値を伝える

マルチリテラシーズ教育学（The New London Group 2000）の
デザイン過程をふまえ、日本語の文字、表記を再デザインする。

C：メディア制作　→　協働活動

ABの学びをもとに広告や商品ラベルなどを制作する。

D：グループ発表：授業内

(1) 制作品について：以下を決める

種類：例　商品のラベル　広告など

品名：ネイミング

キャッチコピー

ターゲットオーディエンス

(2) 留意点

商品の説明に「文字シフト」と「文体シフト」を必ず入れる。

文字表記：日本語の４種類の表記（漢字、ひらがな、カタカナ、
ローマ字）の中から二種類以上の表記を入れる。

文体：日本語の３つの文体（体言止め、常体（である体）、丁寧体
（ですます体））を２つ以上入れる。

1）文字シフトとは

日本語の文字と語種の規範的な組み合わせをズラすこと（岡
本 2008）。

規範文字と語種の組み合わせ

一般的に次の組み合わせが規範とされている。

漢語－漢字　　和語－ひらがな　　外来語－カタカナ

規範をズラし、新たな意味を構築する

例1　「広島　長崎　福島」を　「ヒロシマ　ナガサキ　フク
シマ」と表記する

例2　「チョコレート」を「ちょこれぇと」と表記する

2）文体シフトとは [13)]

日本語の文体には「丁寧体（ですます体）」「常体」（である

体）「体言止め」がある。

　　規範：文体の統一

　　　国語科教育においても日本語教育でも、作文やスピーチでは、
　　　文体を統一するよう教えられる。

　　規範どおりに　「丁寧体（ですます体）」に統一した例

　　　「打ちました　大きいです　入りました　ホームランです」

　　規範をズラした場合

　　　例　「打ちました　大きい　入った　ホームラン」

　　「丁寧体（ですます体）」→「常体（である体）」→「体言止
　　め」と変化させる

　　これが野球の実況放送の場合、2つの例についてどう感じるか。
　　文体をシフトさせることで何が伝わるかなどについて、意見交
　　換する。

E：レポート執筆　→　個人活動

（1）以下を入れて提出する。

　　①メンバー名（全員　学籍番号と氏名　を明記）

　　②商品名

　　③ターゲットオーディエンスとキャッチコピー

　　④説明文（800字以内にまとめる）

（2）文字シフトと文体シフトをどのように使用したか

　　それによって伝えたかった商品の価値や意味を説明する。

（3）色、フォントなどのマルチモードによって伝えたかった商品の
　　価値や意味を説明する。

F：評価活動

　　制作品ごとにピア評価、自己評価を行う。

G：定期試験

　　レポートと重なるが、改めてそれを文字化し振り返りができるよう
　　以下の試験問題を出した。

　　試験問題

　　（1）あなたの制作品において、その商品の価値を伝えるために

「文字シフト」と「文体シフト」は、どのような意味や価値を
　　　創出しましたか。
　　(2) 他のグループの制作品で、一番印象に残った作品を選んでく
　　　ださい。
　　　選んだ理由を具体的に説明してください。
　　　どのような意味や価値が創出されていたと思いますか。

　以上の授業概要から、授業目標が達成できる評価活動について考えてい
く。

5．対話を通した多様な評価活動の試み

5-1　作品1
（1）レポートより
　〈概要〉
　　制作品：JAL2020年夏季オリンピック限定機体モデルの広告
　　キャッチコピー：じゃぱにいず　ほすぴたりてぃ
　　　日本特有のひらがな、縦書きで日本感演出
　　　キャッチコピーの下「ジャパニーズ　ホスピタリティー（Japanese
　　　　Hospitality)」とは、日本の「おもてなし」
　　ターゲットオーディエンス：日本語が少しできる外国人観光客　日本
　　　人観光客
　　文字シフト：じゃぱにいず　ほすぴたりてぃ

（2）試験より
　1）文字シフト
　　1　どのように入れたか
　　　文字シフト：じゃぱにいず　ほすぴたりてぃ
　　　「ジャパニーズ・ホスピタリティー」を全て**ひらがな**にした。
　　2　どのような意味や価値を創出したか

図1　作品1（1）

（岡本 2021 から引用転載）

図2　作品1（2）

（岡本 2021 から引用転載）

対象者である外国人観光客に**日本らしさ**を伝えるためである。

本来カタカナで表記されるものをひらがなで表記。ひらがなで表記することにより、日本の「和」をイメージさせることができる（日本の和、日本感、日本らしさ）。

2) 文体シフト

1　どのように入れたか

「ジャパニーズ・ホスピタリティー」とは…日本の「おもてなし」（体言止め）

当機は2020年東京オリンピック限定モデルです。（丁寧体）

「おもてなし」で終わることで、ホスピタリティー＝おもてなしという印象が強くなる。

2　どのような意味や価値を創出したか

「皆さまの思いを乗せて…」というように途中で止めてある。これは、飛行機に乗る人がわくわくした気持ちが生まれるようにと、そしてその気持ちを一緒に乗せていきましょうという意味でもある。

「じゃぱにいず　ほすぴたりてぃ」とひらがなにし、行書体にするとともにフォント統一で相乗効果を狙う。

日本では、ホスピタリティーのことを「おもてなし」というのか、と興味を湧かせる。

丁寧体は説明文であるということを伝えるために使用。

3) その他の工夫

①英語表記と日本語表記でわかりやすくし、「おもてなし」を名詞止めにして強調した。「当機は2020年の夏のオリンピック限定モデルです」の丁寧体から「皆の思いを乗せて」へのシフトで、完結文にせず、余韻を残している。

②フォント、縦書きVS横書き：キャッチコピーは縦書きだが、横書きの「皆の思いを乗せて」を同じ行書体のフォントに日本感（親近感、優しさなど）を伝えられるようにした。

③朝飛び立つところと昼間飛んでいるところを対比させ、オリンピック開催決定の際に有名になった「おもてなし」を使い、オリンピックへの期待や観光客の夢を運ぶ会社というイメージを創ろうとした。
　④背景を世界でも日本らしさとして象徴的な富士山にし、図1は、実際の作品では空は茜色で、朝焼けの中、飛び立つところを、図2は、空は青色で描かれており、昼間に青空の中を飛行しているイメージを伝えている。

（3）ピア評価より

・東京オリンピックが開催されることで、日本をよりアピールする機会ができると思う。そこに目を付けたのは素晴らしいと思う。また、オリンピック招致の際に話題となった「お・も・て・な・し」を「じゃぱにぃず ほすぴたりてぃ」と言い方を変えつつも残しているのが良かった。五輪のマークにJALのマークが入っているのも良い。

　以上のように、日本語の最大の特徴である複数表記の文字シフト、文体シフト、色やフォントなどの「見る」要素と文字テクスト、日本のイメージを伝える富士山の写真との相互作用を通して、新たな意味や価値の構築を狙っている。ピア評価からもそれがある程度伝わっているといえよう。また、オリンピック開催決定の際に有名になった「おもてなし」を使い、オリンピックへの期待や観光客の夢を運ぶ会社だという価値を構築し、社会とのつながり（當作 2013）にも成功しているのではないだろうか。

5-2　作品2

（1）レポートより

〈概要〉
　　制作品：指輪のパンフレットの表紙
　　品名：マーメイドティア
　　キャッチコピー：キミをボクのダイヤモンドにする
　　ターゲットオーディエンス：結婚を考えて指輪を探している人

図3　作品2

広告の文：
　「昔々……マーメイドの涙はダイヤモンドになるという伝説があり
　　ました。
　悲しい涙でも幸せな涙でもダイヤモンドは永遠に残り続ける……
　その感情は一生わすれない…」
文字シフト：キミ　ボク

(2) 試験より

1) 文字シフト
　1　どのように入れたか
　　「君」を、漢字から「キミ」とカタカナに文字シフトさせた。
　2　どのような意味や価値を創出したか
　　　外来語の「ダイヤモンド」と同じカタカナにすることでキミとダ
　　イヤモンドは同等の価値があるということをアピールした。

2) 文体シフト

　　「昔々…伝説がありました。」から「残り続ける…」に文体シフトしており、物語（伝説）の説明から、感情的な表現に変え、商品への思い、プレゼントをする相手への思いを強調した。

　　　　1行目　丁寧体：お客様にわかりやすく説明
　　　　2行目　普通体：お客様の心に語りかける　お客様が自分のことを語るような意味へ

　　　　　　丁寧体は完結感があるが、繋ぐ文は普通体へシフトし、…で未完結に、最後も……で余韻を残し心に訴え残るようにした。

　　指輪のブランド名が「マーメイドティア」なので、人魚の涙の物語を少し入れた。その時に最初は丁寧語で始まり、その後文体が変わり、体言止めになる。これにより、昔あったおとぎ話という感覚を演出。

　　キャッチコピー「ダイヤモンドにする」の普通体は「男らしさ」を演出した。これを入れると普通体→丁寧体→普通体とシフトする。

3) その他の工夫

　　レイアウトも「横書き」「縦書き」「横書き」となっている。

　　ダイヤモンドという高級感、洋風感を伝えようとし、お客様に高級という価値を生み出すことができた。

(3) ピア評価より

- シンプルかつキレイにデザインされており、本物の広告のようだった。さらに「キミ」という文字シフトも漢字ではなく、カタカナを使うことで上品さが出ていて良かった。
- 見やすい色で色遣いが抜群のセンスだった。
- 「昔々…」の文が伝承を交えつつも、商品をアピールしているのがおもしろかった。
- 絵がとても上手だった
- 大量の明るい色でバラとハートを書いて、真ん中に大きいダイヤモンドを置き、見た人に愛でいっぱいにするイメージを伝えたいのが感

じられた。

5-3　自己評価

　自己評価において、「新しい発見や気づき」「楽しさ」「日本語力の向上」
などのコメントが複数見られた。その主なものをあげておく。

- 留学生と日本人学生共に、日本語の文字シフトや文体シフト、縦書
  き横書きなどによる多様な意味や機能に気づいたことが大変貴重な学
  びだった。
- 日本人学生から、新しい語彙や、知っていた単語の適切な使い方が
  学べて日本語力が向上した。
- 留学生から、異なる見方によるおもしろいアイデアがあり、非常に
  楽しかった。
- イラストや色などを駆使したデザイン能力の高さに感心した。

　これらの結果から、先述の「言語を含めた多様な道具を相互作用的に活
用し、自律的、主体的に判断し、多様な他者との協働を通して社会を創っ
ていく能力」という「キー・コンピテンシー」をふまえ、従来のコミュニ
ケーション能力を超えるデザイン力育成を目指し実施してきた本授業実践
における評価について検討する。

6. 新たな意味や価値を創造するデザイン力育成の ための評価枠組みとは

　第5節の結果をもとにはじめに設定した目標について考察する。

(1) 日本語の複数文字表記と正書法を「わかる」「できる」「つながる」
　　の実践として学ぶ
　　- 文字シフトを制作品で伝えたい価値の創出に向けて、デザインし
　　　ている。

- 文脈に応じて協働して意味を創出している。
- その説明ができている。
- 他者が読み解いた意味とのズレがあるが、制作品の価値は伝わっている。
- コメントした学生達も、文字の社会の中での意味を読み解いている。
- ターゲットオーディエンスを想定することで、他者と社会と繋がりを果たしている。

(2) 日本語の複数の文体について「わかる」「できる」「つながる」の実践として学ぶ
- 制作品に文体シフトを入れることで文脈や相手に応じて以下のような価値や機能を創出している。

　　　物語と情報を伝える文の区別

　　　説明文と感情を伝える文の区別

　　　「丁寧に」と「簡潔に」との区別をしている

　　　商品に興味を湧かせるなど広告の目的にそった機能を創出している

- これまで学んで「わかっていた」敬語や親疎での使い分けを超えて、商品のアピールとして活用し、ターゲットオーディエンスと「つながる」ことができている。

(3) マルチリテラシーズ教育学の視点からのデザイン力を育成する

　教室で学んだひらがな、カタカナ、漢字の「既存のデザイン」をズラす「デザイニング」の過程を経て、新たな意味や価値を「再デザイン」している。

(4)「自律的に」「協働」で新たな意味や価値を創り出す力＝メディアリテラシー育成

　「メディアによって構成的に表現し、コミュニケーションの回路を生み

出していくという、複合的な諸能力」（水越 2002）の獲得過程が見られる。

　学ぶべき語彙・文法項目は想定していないが自身とクラスメートである他者の学習に責任を持ち、学ぶべき項目を見出している。

(5) 評価活動を通して、自己の価値観を捉え直し、他者を理解する力を
　　育成する

　ピア評価からは、文字シフトと文体シフトに加え、色使いや縦書き横書きや、イラストと文章の配置としてのレイアウトなど、マルチモードの工夫を読み取り評価していた。

7. 「自律した」学習者と教師を育てる評価への視点

　結果と考察をもとに、「個人を序列のために点数化すること」を排除するための評価のあり方を考えてきた。はじめに掲げたRQから得た評価の視点を以下にあげる。

RQ1「身近な問題から社会問題を捉え、新たな価値を見出し、社会を組み替えて行く力」を育むための評価のあり方とはどのようなものか

　以下のような評価の視点が得られた。
　　「わかる」：日本語の多様な文字、文字シフト、文体シフトを理解し
　　　　ているか
　　「できる」：商品の価値を創出し伝えているか
　　　　　　　　制作という作品の文脈で運用できているか
　　「つながる」：異文化のクラスメートと協働できているか
　　　　　　　　　他者と社会との繋がりはあるか
　　　　　　　　　言語と文化の繋がりに気づきがあるか
　　　　　　　　　自己と他者の相対化ができているか

RQ2「自律した学習者と教師を育成する」ための評価のあり方とはどのようなものか

　教師は、学ぶべき語彙・文法項目を想定していないが、学習者は、自身と他者の学習に責任を持ち、学ぶべき項目を見出していた。

活動プロセスや試験とレポートから、実践を帰納的に捉え直し、学習者、教師を育てる評価のあり方について

　　1　自律した学習者育成＝（なりたい自分になる）のための（目標達成に向けた）評価のあり方

　　2　自律した教師育成＝1を達成するための（学習環境デザインに向けた）評価のあり方

　を考える上で得られた視点を以下にまとめる。

(1) 自律した学習者育成のための（目標達成に向けた）評価の視点

　　制作のための話し合い

　　　主体的に参加しているか

　　　グループで協働できているか

　　　グループ活動に貢献しているか

　　　グループの学びや他者の能力を引き出しているか

　　発表、試験、レポート、自己評価、ピア評価

　　　制作品とその説明を通して、

　　　　伝えたい価値を伝えているか

　　　　クラスメートに伝わっているか

　　　　新しい価値を創出しているか

　　　　それがクラスメートに伝わっているか

(2) 自律した教師育成（学習を助けるための評価）の視点

　　• 「わかる」「できる」「つながる」の学びのプロセスを支援できているか

　　• 学習者の身近な問題が設定されているか

- 事前学習項目が適切か
- 主体的に活動できる時間と環境が十分確保されているか
- 複数の評価の機会があるか
- 自己評価、ピア評価、グループ評価などの機会が設けられているか

　これらの問いをもとに、学習者と教師が共に相互に自身の価値観を捉え直し、不断に学習者も教師も「なりたい自分」になるための授業デザインとなっているか、について振り返り、次への課題を見出していくことが重要だと考える。

8.　今後の課題——多様な他者との対話を通した　動的な評価を考え続けるために

　今回は、RQをもとに、具体的な評価項目を提示するのではなく、評価のための視点を見出すことを目的とした。
　最後に以下2点の課題をあげておきたい。

(1) 評価項目について

　評価項目は、固定したマニュアル的なものを想定しておらず、学習者同士や学習者と教師の対話を通して、実践ごとに動的に創り出していく柔軟で可変的なものでなければならないと考えている。
　今後は、今回見出せた評価の視点からナズキアン（2000）が授業で行ったような学習者からの評価項目の抽出を試みる必要がある。その際、先述の「評価」と「評点」の違いをよく確認することが重要である。工藤の、「何のために教師が学習者を評価するのか、学習者のアイデンティティーを見出すのを助けるものとなっていたでしょうか。自尊心を育てるという役割を担っていたでしょうか」という素朴な根源的な問いは、心を揺さぶられる。実践を通して、自身の実践を問い続けている姿勢や、牲川（2011）が能力育成ではなく、自律した表現者を育てるためのことばの教育実践に希望を見出し、そのための評価のあり方を探求している姿勢は大

きな力になる。以下の評価活動を通して、学習者が主体的に「なりたい自分」を更新し続け、アイデンティティを不断に更新していくためのドラえもんの「どこでもドア」のような、新しい窓を用意できる授業デザインと評価のあり方を、探求していきたい。

①学習者と教師との協働による評価項目をその都度作成し、評価枠組みを更新していく
②内外の教師との授業連携や授業実践の持ち寄りを通して、協働で評価項目について議論を続けていく

(2) メディアリテラシー・マルチリテラシーズを情報処理やIT能力として捉えられないようにする

以下のような捉え直しを提案したい。

①言語教育において、4技能（読む、聴く、話す、書く）に「見る＝Viewing」を入れた5技能を必須能力としてマルチリテラシーズの教育学の観点から総合的に位置づける。
②「メディアに騙されない」といった受け身の捉え方ではなく、社会問題を理解し（「わかる」）、解決でき（「できる」）、社会との「つながり」を通して社会を組み替えていくためのデザイン能力[14]の観点から、既存の規範に従った能力観ではなく、未来に拓かれたデザイン力として位置づけ直す。

①については、移民およびメディア先進国では既に、言語教育に「見る」が取り入れられ、マルチリテラシーズの育成を進めていることは大変参考になる。

②については、SNAの提唱する「言語」「文化」「グローバル」の3領域を設定している点において、移民先進国によるメディアリテラシー育成と、マルチリテラシーズ育成の実践の積み上げが、変化の激しい「グローバル」社会を組み替えデザインしていく上での助けになると考えている。

指導学生達が卒業後に赴任している海外の大学との共修を進めている中で、実践を積み上げていきたい。

　現在、他大学の競争的資金による国際教育研究プロジェクトに参加している。そこでは、「レジリエンス」を共通のキーワードとすることが決まった。本章でも述べた最近注目されている「非認知能力」「レジリエンス」や、「メタ認知能力」などの概念との関連からも「評価」のあり方を模索している。そこでは、自然界と人間との調和という観点から、ポスト・コロナ時代における新しい世界の見方と学び方を提唱している文献（リチャード 2020）で紹介されている評価のあり方から多くの示唆を得ている。この文献は、2019年10月末に、スコットランドの片田舎に、欧米やアジア諸国から、現在の気候変動をはじめとした地球規模の問題に対し、建築家、環境活動家、農業経営者、医者、国連職員、大学や学校の教師達が、教育のあり方を根本的に変える必要があることについて話し合うために集まり、新たなカリキュラムを作成し、実践をスタートさせたその具体的な内容が書かれている。多くの議論を経て、その実践がようやく始まったところにコロナ禍が到来した。そこで、改めて、withコロナ、ポスト・コロナ時代に対応した教育の新しい見方とあり方への取り組みに挑戦しようとしている。大変興味深いのは、巻末に、新しいカリキュラムや授業実践の提案に対し、Q＆Aが記載されている点だ。細川（2021）が述べていた通り、従来の点数化、序列化のための評価のあり方からぬけ出せない現場の教師から、評価のあり方への疑問が出されている。この点から、何のためにことばを教えるのかという問いとともに、アンラーニングし、自身の価値観を模索し続けていかなければ、そこからの成長はないということがわかる。自身の授業実践と研究との往還、学習者との対話、同僚教師との対話、研究者との対話や共修を継続し、「多様性に弱い」日本社会を多様性に拓かれた「共生社会ニッポン」へと組み替えていくための日本語教育への還元を目指す。また、進行中の日本語推進法における日本語CEFRの評価枠組みの動向をも批判的に注視しながら、多様な観点からの柔軟で動態的なことばの教育の評価のあり方を模索し続けていきたい。

1)「アンラーニング」とは、これまで当然だと思われていたことを疑い、今までと異なるコミュニケーション場面を観察することであり、組織論では「学習棄却」などとも訳されている。一度学んだ知識や価値観を意識的に捨て去り、再び学び直すこと。「学習」と「学習棄却」の相反する2つのアクションを繰り返すことで、自身の価値観を絶えず見直し、人や組織の成長を促進するというのがアンラーニングのメリット。

2)「まなびほぐし」とは、苅宿ら（2012）が「アンラーニング」を教育に落とし込んだもので、これまで当たり前だと思っていたことについて、立ち止まり、新しい発想で学び方を考え直すことを指している。

3) 国連の気候変動に関する政府間パネル（IPCC）が、2021年8月に地球温暖化の科学的根拠をまとめた作業部会の第6次評価報告書∂「BBC NEWS JAPAN」https://www.bbc.com/japanese/58142213（最終閲覧日：2022年2月28日）

4) 義永（2021）は、ウェルフェア・リングイスティクスとしてのことばの教育の可能性に向け、ことばの使用、学習者、教育に関する多様なイデオロギーについて考察しており、他者との対話や日々の実践の中で、実践研究のあり方について考え続けていくことの重要性を指摘している点について筆者は大変共感を覚える。母語話者として無意識に行使していたり、自身がとらわれたりしているイデオロギーについて、実践の中で省察していく姿勢を忘れないでいたい。

5) 文化審議会国語分科会日本語教育小委員会第101回日本語小委員会（R2.6.25）資料2「日本語教育の参照枠一次報告（案）」https://search.e-gov.go.jp/servlet/PcmFileDownload?seqNo=0000203889

6) 細川（2020）は、文化審議会国語分科会日本語教育小委員会（2020）の「日本語教育の参照枠」案は、自己評価の観点が日本語能力参照枠にはぬけおちているという重要な指摘を行っている。なお、この報告案が、提唱しているレベルが「6レベル」であることから、細川も「6段階（6レベル）」の問題点を指摘している。現在は、7レベルとなっている。（鳥海／刈谷／刈谷2019）も参照。

7) OEDCのDeSeCoプロジェクトが国際社会に共通する能力として選択した3つのキー・コンピンシー（ライチェン＆サルガニク2006）。

8) 例えば、岡本（2007, 2013, 2020）。

9) 岡本（2020）での説明を引用し、一部を改訂して説明している。

10) 2011年を境に「フクシマ」と記載することについて、授業では、現地の人々の視点からの批判もある。この批判を紹介し、授業のはじめに伝える「メディアリテラシーの8原則」の第1原則「メディアは構成されている」および第3原則「オーディエンスがメディアを解釈し、意味を創り出す」の実例として説明している。

11) 現在も専門科目「メディアとことば」において改善を模索しつつ継続的に実施している。

12) 本学は、2021年度に医療健康学部が新設され、現在は6学部となっている。

13) 日本語教育の実際の話しことば研究では、「スピーチレベルシフト」といわれるこ

とが多い。

14) SNA の「グローバル社会領域」と重なる。

参考文献

岡本能里子（2004）「ことばの力を育む」小宮山博仁／立田慶裕編『人生を変える生涯学習の力』新評論，pp.95-135.

岡本能里子（2007）「未来を切り拓く社会実践としての日本語教育の可能性——メディアリテラシー育成を通じた学びの実践共同体をデザインする」小川貴士編『日本語教育のフロンティア——学習者主体と協働』くろしお出版，pp.79-110.

岡本能里子（2008）「日本語のビジュアル・グラマーを読み解く——新聞のスポーツ紙面のレイアウト分析を通して」岡本能里子／佐藤彰／竹野谷みゆき編『メディアとことば3』ひつじ書房，pp.26-55.

岡本能里子（2010）「国際理解教育におけることばの力の育成——大学における協働学習を通した日本語教育からの提言」『国際理解教育』16：67-73.

岡本能里子（2013）「コミュニケーション能力を超える『能力』とは——マルチリテラシーズにおけるデザイン概念から考える」片岡邦好／池田佳子編『コミュニケーション能力の諸相——変移・共創・身体化』ひつじ書房，273-297.

岡本能里子（2020）「ビジュアル・リテラシーと日本語能力——マルチリテラシーズの教育学から考える」『日本語学』2020年秋号：68-82.

苅宿俊文／佐伯胖／高木光太郎（2012）『ワークショップと学び3　まなびほぐしのデザイン』東京大学出版会.

工藤節子「ごあいさつ」http://www.gsjal.jp/ikegami/doc_kudou.html.（最終閲覧日：2022年2月28日）

国際フォーラム（2012）『外国語学習のめやす2012』.

鈴木みどり編（1997）『メディアリテラシーを学ぶ人のために』世界思想社.

牲川波都季（2011）「表現することへの希望を育てる——日本語能力教育と表現観教育」『早稲田大学日本語教育学』9：73-78.

當作靖彦（2013）『NIPPON 3.0の処方箋』講談社.

鳥海玖美子／刈谷夏子／刈谷剛彦（2019）『ことばの教育を問いなおす』筑摩書房.

ナズキアン（2010）「ピアラーニングとアセスメント」佐藤慎司／熊谷由理編『アセスメントと日本語教育』ひつじ書房，pp.69-96.

ボーク重子（2018）『「非認知能力」の育て方』小学館.

細川英雄（2007）「新しい言語教育を目指して——母語・第二言語の連携から言語教育実践研究へ」小川貴士編『日本語教育のフロンティア——学習者主体と協働』くろしお出版，pp.1-20.

細川英雄（2020）「6段階とはダイナミックなものである——能力記述文に関連して」ネット配信『週刊　ルビュ言語文化教育』第758号〜第760号，言語文化教育研究所.

細川英雄（2021a）「『評点のない社会へ』——評価と評点」ネット配信『週刊　ルビュ言語文化教育』第 788 号，言語文化教育研究所．

細川英雄（2021b）「正解のない活動への質問——理想のない現実論の不毛」ネット配『週刊　ルビュ言語文化教育』第 816 号〜 817 号，言語文化教育研究所．

山西優二（2014）他「多言語多文化教材研究」http://www.waseda.jp/prj-tagengo2013/blog/html/pages/kaihatsukyouzai.html（最終閲覧 2022.1.31.）

義永美央子（2021）「第二言語の使用・学習・教育とイデオロギー——モノリンガルバイアス、母語話者主義、新自由主義」尾辻恵美・熊谷由理・佐藤慎司編『ともに生きるために——ウェルフェア・リングイスティクスと生態学の視点からみることばの教育』春風社，pp.135-163.

ライチェン，D・S＆サルガニク，L・H編著（立田慶裕監訳）（2006）「コンピテンシーの定義と選択」『キー・コンピテンシー——国際標準の学力をめざして』明石書店.

リチャード，ダン（2020）永田佳之監修・監訳『ハーモニーの教育』山川出版社.

Kress, G.（2000）"Multimodality." In Cope, B. & Kalantzis, M.（eds.）*Multiliteracies: Literacy Learnng and the Design of Social Futures*, Routledge. 182-202

Kress, Gunther（2003）*Literacy in the New Media Age*, Routledge.

The New London Group（2000）A Pedagogy of Multiliteracies designing social futures. In Cope, B. & Kalantzis, M.（eds.）*Multiliteracies: Literacy Learnng and the Design of Social Futures*, Routledge. 9-37

座談会

稲垣みどり・細川英雄・金泰明・杉本篤史

（稲垣）それではこれから編者の４名が、本書の各論考を踏まえて、本書のコンセプトである「共生社会のためのことばの教育」とはどうあるべきか、座談会を行いたいと思います。

日本における言語教育の何が問題で何をめざすべきか

（金）基本的に細川さんの論稿をメインに、私たちがそれぞれ感じいった、大事なところを取り出しながら、重なっているところとそうでないところを、座談会の趣旨や言語教育をめぐる大きな問題点とは何かについて、それぞれの論拠を出しあいながら、それぞれの論稿や他の先生の論稿も紹介したりしながら、話を進めるのがいいのではないかと思います。60年以降の日本における言語教育の何が問題で何を目指すべきかが非常によく出ている細川さんの論稿がおそらくメインなので、その辺りを細川さんに最初話していただいて、それに対して、それぞれ３人が自分の意見を出しながら、２つ３つ論点をあげて進めたらどうでしょうか。

（細川）まず共生社会という問題が明確に議論されるようになるのは、やはり90年代に入ってからだと思うんですね。もちろん多文化共生とかいう用語はもう少し前からありますけれども、言語教育の中で、あるいはもう少し広い文脈でも、共生社会であるべきだということをいろんな人が言い出すのは90年代ではないか、特に後半ですね。

　それはなぜかというと、大きくは移民問題だろうと思うんですね。人の移動が激しくなることで、一時的な滞在者としてではなく、生活者としていろいろなところで、さまざまな境界を越えて生活する人が多くなった。そのために言語や文化の問題を考えることが必然的になったと思うんですね。だからそこから共生社会とは何かということを私たちが考えなければならない状況が生まれてきたということだと思います。今回、金さんや杉本さんも問題にされている哲学的かつ法学的な問題をはじめ、さまざまな問題が発生してきたと考えることができると思います。

今回はことばの教育との関係で考えると、この共生社会における「共生」（共に生きる）という課題に対して、ことばの教育はどのような貢献をしてきたのかということが重要だろうし、これからどのような貢献をしていかなければならないのかということが必要だろうと思うんですね。この本はそういう問題意識で生まれているのではないかと私は考えています。

　ところが、ことばの教育では、ある意味では、この共生社会というものと、むしろ逆行するような動きがあるのではないか、しかも、そのことについてあまり自覚的になっていない、ということが一つの問題なのではないかとぼくは思います。おそらくは大きな課題として、ことばは何のためにあるのか、人はことばによって何をしようとするのか、何ができるのかというようなことをほとんど考えずに、その言語の構造や形式を一方的に教え込むというようなことがずっと行われてきています。その言語の構造や形式をどれだけ効率的に教えるかということが至上目的化してしまって、しかも、それが言語習得なのだという何かとても大きな思い込みの中に落とし込まれてしまったのではないか。そういう印象をぼくは持ってるんですね。

　話は大きくなってしまいますけれども、共生社会、つまり共に生きていくためには、私たちは、支配する支配されるという関係からまず自由にならなければならないというのがまず前提だろうと思います。この支配する支配される、つまり支配・被支配という関係ですけれども、これは言い換えれば管理・被管理ということとほとんど同じだとぼくは思っています。管理・被管理というものは究極的には戦争に結びつくわけですね、最近のウクライナ状況なんかを見ているとまさにそこが非常に大きな問題だろうと思うんです。でも、その戦争という大きな問題に行くだけではなく、むしろ日常の生活の中で、私たちは、誰かが管理し誰かに管理されるという管理・被管理の関係の中で生きようとしている、それを効率的に行うことがよい社会だというように一見思われている。しかし、共生社会というのはそれとは違うということが重要だと思うのですね、つまり管理・被管理の関係から自由になり人と人とが対等な関係で共に生きるということが、共生の本来の意味ではないか、と考えるわけです。そうすると、ことばの

教育、言語教育というものが、ある知識を持った人が知識のない人に教える、あるいは知っている人が知らない人に教えるという、その関係それ自体が私は管理・被管理の関係を作っているのではないか。ここから自由になることが、共生社会への道筋ではないかというように思うわけですね。だから、そういう意味で、日本語教育もそうだし日本での場合で言えば英語教育も、それから教育全体、とくに公教育全体を考えた場合に、どうしてもそういう管理・被管理というところから抜け出すことができないというジレンマに陥っているのではないか、これをいかにして回復し、そこから自由になるかということ、このことを考えることがとても重要な課題ではないか。

　これはことばの教育に限りませんけれども、ことばの教育を例にとって考えると、管理・被管理を超えるという射程を持たずに、目の前の目的を、言語を習得させたり上達させたりすることだというような支配的な発想から抜け出すことができていない。だから、あえてことばの教育の目的とは何かという問いを発したときに、ことばの教育はこの問いに答えることができないというのが現状だろうと思います。

　ですから、この本では、哲学、法学、その他さまざまな分野との連携によって、そうしたしがらみからどのように自由になることができるのかを考えてみようというわけですね。それが共生社会をつくっていくための第一歩かなと考えています。かなり雑駁ですけど、いま思いついたままを話してみました。

(稲垣) 支配・被支配、イコール管理・被管理、管理すること／されること、という関係で考えると、言語教育も学校教育も一つのパースペクティブのもとに非常にクリアに見えてくるなと思ってお話をうかがいました。日本語教育の現状を見てみても、本当におっしゃる通りだと思います。スキル重視で効率的に何か目標とするターゲットのレベルにあわせて日本語教育を行う。それがどのレベルであれ、どれだけうまく言葉を話せるようになるのか、その効率ばかりが重視されるのは、どの日本語教育の現場でも言えると思います。いま細川さんがおっしゃったことをまとめると、

「自由になるためのことばの教育」と置き換えられると思います。

（細川）そうですね。

（稲垣）そうですよね。人が自由になるためのことばの教育。それを細川さんはWell-beingと書かれていますけれども、自由になること、それは、一人一人がよく生きること、つまり個人の「自由な」生き方がまずあって、そのうえに共生社会の像がこうあるっていう感じかと私は理解しました。そんな感じでしょうか。

（細川）はい。ありがとうございます。

（金）細川さんのいう「管理・被管理から自由」を聞いて、たぶんこの話は今日の座談会の中の大きなテーマの一つになるんじゃないかと感じました。「自由とは、自分自身の主人になること」というルソーの言葉を思い起こしました。ルソーは圧倒的多数の不自由な人々の犠牲のうえに支配者が自由を謳歌する、そんなフランス社会を壊そうとした。ルソーは『社会契約論』でこんな風に述べています。「〈各人が、すべての人々と結びつきながら、しかも自分自身にしか服従せず、以前と同じように自由であること〉、これこそ根本問題であり、社会契約がそれに解決を与える」[1]。互いの約束によって市民としての自由が実現される、そのような社会をルソーは目指した。細川さんの話を聞いてルソーの「約束の自由」の感じと合わせて、ヘーゲルの自由の相互承認の原理もイメージしました。これに関しては、苫野一徳[2]さんがとてもわかりやすく、教育の基本は自由の感度を育てることにある、そのためには自由の相互承認の原理が大事だ、といっています。

　また、管理・被管理でないような自由な個人あるいは市民を育てるということを、名嶋さんが論稿の中で「学習の主体化」といわれています。「学習の社会化」というのは社会に従属する国家の一員となるということだけれど、「学習の主体化」というのは、それぞれの〈私〉が主で社会が

従であると。それがシティズンシップ教育のゴールであるという、名嶋さんが見事にそういうことをおっしゃっていて、いま細川さんのお話を聞いていてピンと、名嶋さんのそのことばがちょっと響きました。

（稲垣） ありがとうございます。

Well-beingという主題を基にした変奏曲

（杉本） では僕からも。まさに日本の教育そのものが管理・被管理の構造で戦後もずっと続いてきたと思いますし、そういう中で単一民族神話[3)]というのも広がった。単一民族に含まれない人は排除、無視、もしくは同化という方法で、存在しなかったことにするということが進められてきて、僕も他の先生の論稿を引用すると、森さんがそのことをよく指摘されていて、僕は、日本の言語教育は「日本語・英語の2大言語主義」だと書いたんですけど、森さんは同じことを「二重の単一言語主義」と書いておられるんですね。森さんは、日本には日本語母語話者を学習者として当然視した言語教育の仕組みだけがあって、そうではない、母語が日本語ではない人や子どもたちのための仕組みの設計がないということを非常に強く指摘されています。それと「共生の歴史」についても、森さんの論稿の冒頭で書かれていますが、生物学的な共生概念から、段々と、いわゆる国際的な教育の中で多文化共生という文脈が出てくるまでを追っている。そして実は多文化共生の手前のところで障害者との共生という文脈で共生ということばが使われていて、だから僕の論稿はこの部分で森さんの論稿と接続すると思いました。僕は、共生社会のためのことばの教育というのも、全く新しい問題でも何でもなくて、例えばろう者の手話による教育や、在日コリアンの民族語教育というような古い問題を、実は日本語教育というフィールドが掘り起こしてくれていると、僕はそういうふうに見ていて、これは日本語を母語とする人が圧倒的多数派として住んでいるこの日本社会において、日本語を教える必要が指摘された、特にインドシナ難民を受け入れて以降、学習者の規模も拡大し、態様も様々に広がって、例えば非

312

漢字圏からの学習者も増えて、そういう中で日本語の先生は現場に放り込まれるから、管理・被管理の構造に守られない。これが英語教育だと管理・非管理の構造が浸透しているので、ひどい言い方ですが、管理しきれない子は排除すればいい。でもまさに日本で生きていかなければならない人を対象にことばを教えるとなると、例えばN1[4]が取れても、実際の生活に必要なことばを知らなかったらダメだというのが如実にわかる。ことばの教育は何のためにあるんだろうということを考えざるを得ない、というのが、実は日本語教育というフィールドだなと僕は思っていて、でも日本語教育の人にそういうと、みんな「イヤイヤイヤイヤ！　そんなことはない。みんな管理教育しています」というのだけど、そういった自分の教育姿勢をメタで見られるフィールドが僕は日本語教育だと思います。で、これはやはりすごく大事なフィールドで、ここから逆に英語教育や国語教育にフィードバックしていく、あるいは教育言語として無視されているいろいろな国内の少数言語はどうするのかという問題にフィードバックするという意味では、すごく大事なフィールドだと僕は思います。僕自身も、日本語教育の岡本能里子さんが同僚なので、岡本さんと出会って、多文化共生とか、いわゆる言語道具論[5]（language instrumentalism）的に「語学」と思っていたものが、実は全然そうではなくて、人間が生きるために必要な「ことば」の教育という考え方を理解できた。あるいはその人の言語観で市民性がわかる、変な話、日本語非母語話者に日本語話者たる日本人と同じようになれという言語観をもつか、そうではなくて、ことばとはこういうものなんだということをきちんと理解しているか。それは先ほど金さんがいわれたような、名嶋さんのいう市民性と接続するというか、市民性そのものだと思うので、そういう意味では、この座談会の前に論点整理のためにやり取りしたメールでも書きましたが、今回、集まってこの本を書かれているみなさんの論稿は、細川さんが述べられたWell-beingという主題を基にした変奏曲だと僕は思っています。おそらくみなさん同じような問題関心を持っておられるからこそ、いろいろな立場からの変奏曲でこの本は構成されているなと。なんだか散漫ですみません。

（稲垣）たしかに日本語教育は、他の外国語教育と較べて、社会との関係等をメタ的に捉えられる面があると思うんですけど、私、海外でずっと日本語を教えていて、日本に戻って来てからは日本国内で日本語教育をしているのですが、やはり大きな違いは、日本国内で日本語教育をやってる方の中には一度も海外に行って暮らしたことがない方とか、非日本語話者として違う言語の中で暮らした経験がない方も多くいらっしゃるし、そういう面ではすごく日本語教育ならではの管理的な一面も出てきていると思うんですね。母語話者としての日本語話者が母語話者でない人に対して日本国内で日本語教育をやるという面で、マジョリティの日本語話者からマイノリティの非日本語話者という構図があって、それが管理、正しい日本語、ちょっとでも間違えると駄目だとか、ちょっとでも日本語が片言だともう子ども扱いしてしまう面があると思います。それは、オーリ・リチャさんの論稿を読んでいるとすごくよくわかるんですが、日本国内で日本語を学んでいくとどういうことが起こるのか、すごく委縮してしまうって書いてありますよね。もう、間違っているかどうかが心配で、日本語を自分の言葉として話せなかった時期が長かったって書いていらっしゃいますよね。正しい日本語としてそれを正されたりすることが多かったと書いていらっしゃる。だからオーリ・リチャさんは自分の英語教育の中では、間違えてもいい空間を作ってるし、その授業を受けた学生から、先生は一度も私が間違った英語を喋っても馬鹿にしなかったというふうなコメントがあったって書いていらして、まったく本当にそうだなと思ったんですね。だから日本国内の日本語教育というのは、細川さんがおっしゃったように自由を抑圧するような、自分の言いたいことが言えない被管理的な空間で、教室に行くとさらに言えない、テストとかそういうもので評価されてがんじがらめになっていて、もう本当に常に緊張して委縮してしまう、そういう空間がともすれば出てきてしまうなと私は現場にいて強く感じます。で、さらに、日本語教師の側にはパターナリズム[6]というべき態度があって、日本に来たんだから日本人と同じように喋れるようになりなさい、それがあなたのためです、という教え方に対して、自覚的な反省の感度は全然ないケースが多いと思います。こうした方がいいよ、こういうふうな表現を

使った方がいいよ、ビジネスの場ではこうやった方がいいよとか、非常に
パターナリスティックな、でもそれはやっぱり管理教育なんですよね。こ
とばを管理している。そういう教育があるのが国内の日本語教育の現実だ
と私は感じています。ですから、こういう中で、やっぱり共生社会という
感度を、一人一人の教員、また一つ一つの日本語教育機関が、本当に内面
化して保ち続けることは非常に難しいと日々感じてます。いかがでしょう
か。

〈外なる共生〉と〈内なる共生〉

（金）細川さんの発言の最初のところでおそらく90年代以降に共生という
概念が出てきて、それが言語や文化の面で、共生というのが非常に必要な
社会になったとありました。ふり返ってみると、「共生」ということばが、
パソコンやワープロで変換できるようになったのが90年代になってから
なんですね。それ以前は「きょうせい」と打つと「強制」とか「矯正」と
しか変換されなかったんです。「共生」という概念が一般化されていな
かった。90年代以降、日本社会の少子高齢化とグローバル化がどんどん
進んだ。減り続ける日本の労働力人口を外国人労働者で穴埋めしなければ
やっていけないと。経済を立て直し維持するためにどうしても外国人労働
者を入れなくちゃならない（、となった）。やっぱり共生の問題は、きっか
けとしては、外からやってくる「異質な人々」との共生ですよね。〈外な
る共生〉。

　ところがよく考えてみると、共生にもうひとつ〈内なる共生〉の問題が
ある。杉本さんが言語権の問題で明瞭にいわれているのは、〈内なる共生〉
の話ですよね。いわゆる非音声言語の人たちが差別され、ないがしろにさ
れている。この人たちが不自由に生きている。だから自由を求めるのは、
マイノリティの中には「内なるマイノリティ」と「外なるマイノリティ」
がいる。それを思うと、一つは、母語の教育がとても重要である。これに
関しては本書の論稿で私の考えを詳しく述べました。ところが、日本では
母語イコール国家語、国語が母語になっているけれど、こういう幻想をど

う打ち壊すのか。もう一つは、私たちが考える市民とは「公共性の担い手」という意味合いですが、日本ではそういう意味での市民性がほとんど欠如している。市民教育する以前に市民という自覚、いや概念がほとんどない。大学のゼミで学生たちに「市民とは何か」と尋ねたら、「大阪市民」とか「八尾市民」というんですよ。3年前に国際シンポの準備のために中国の蘭州大学に行ったときにも同じようなことを感じました。市民というのは蘭州市民なんです。中国では市民というのは地方のローカルな人間で、国民は公民。つまり、公共性の担い手としての市民の概念がないんです。ないどころか中国では、当局が厳しく管理していて「市民」ということばがタブーになっている。「あぁ、中国も日本も一緒だ」と。だから市民意識を、市民とはなんなのかという自覚から、やっぱり作らなければならない。細川さんのおっしゃるシティズンシップ、市民教育を、公共性の担い手としての市民をどのように言語教育で育てていくのかということが、目標であり出口である。だから、私は母語の教育と、この市民性の育成の教育、このことを、やはり細川さんの論稿の中で必要だなと痛感したんですね。

（稲垣） 森さんが共生社会の感度を育てるには、二つのやり方があると書いていらっしゃいます。一つは学校教育の中で多文化共生を扱う教材をもっと国語教育の中に入れていくという案と、あと一つは教員養成の場面でもっと共生社会論の授業などをやるべきだってことを書いていらして、私はそこに非常に共感しました。

（金） なるほど。教材の意味で見てね、私が危惧するのは、私が小さい頃は小中で明治の文学、それこそ夏目とか芥川とか、森鴎外の作品を読んで本当に楽しかった思い出があるんですね。そういうのが最近、小学校の国語の中からだんだん放逐されていってる現状があって道徳教育の方が主になっている。小中の中で情感教育、情動性を養う教育がどんどん細くなっている。そういう意味で母語の教育というのは非常に大事かと思うんですね。今日本の小中における母語教育というのはどんな感じになっているん

でしょうか。

（**稲垣**）国語教育のことですか。

（**金**）そう国語教育ですね。教材が道徳教育とかが中心になって教材に何かそういう文学作品とか、やはり排除されていくような傾向があって、他方では論理的思考を育てる。論理が先だというのがね…

（**稲垣**）森さんが、たくさん書いていらっしゃいますよね。分析も丁寧にされていて。論説文などいろいろ昔からある教材も入っているんですけど。教材については細川さんどう感じられますか。

（**細川**）どうでしょうか。私は国語教育の現場そのものに関わっていないので、最近の事情はよくわからないのですが、たしかにおっしゃるように論理国語と文学国語に文科省が分けましたね。そして論理国語の方に重点が置かれつつあるという現状はあります。教科書から文学作品の数が減っているということもあるようですね。国語教育から文学作品が減っているというのは、文学鑑賞的な側面が強かった国語教育への反動というか批判から来ているのかもしれませんね。もちろんおっしゃるように別に文学が悪いわけではなくて、感性を育てる、文学作品を読んでいく、心を育てることは当然重要だと思います。それがいわゆる言語教育とどうリンクするのかが、国語教育の中で見えていないのではないかと思います。ことばである限り、すべてある論理を持っているわけです、その論理によってさまざまな感覚や感情を語る、あるいは記述するということも当然行われているわけですから、それはきわめて総合的なものだとぼくは思います。文学の言語、論理の言語というように分けたところで問題は解決しないでしょうね。

　たとえば、近年、小学校はずいぶん総合活動を重視するようになってきていて、生活と学習を結ぶみたいな努力は随分いろいろなところでされていると聞きますが、中学・高校がやっぱり教科の縦割りが強くて連携がな

いですよね。だから総合的な学習の時間というのも、せっかく設けられているのにほとんど使われていない、というか、週1回形式的にあるだけで、それが教科の連携につながっていないという点がぼくは非常に残念だと思っています。たとえば、苫野一徳さんがいうように[7]、プロジェクト学習を中心に据えて、いろいろな教科の先生がそれに関わって、子どもたちが自分たちで提案するテーマをみんなで考えていく、探究していくというような教科のあり方、一種の総合・合科学習だと思うんですけど、そういうものが本来求められているのだと思います。しかし、現場はそうじゃなくて、学校経営という学校管理的な発想で考えている。それは教育委員会や校長たち管理職の管理的な発想が支配的なんですね。しかもそれを学校管理ともいわずに、学校経営ということばですり替えているんですよね。そこにぼくは問題があるのではないかとも思いますね。

何を教えるかの「何を」の部分を変えていく可能性

(稲垣) 管理教育って、細川さんがこないだレビュ（注：メールマガジン「ルビュ言語文化教育研究」第823号、2022年2月11日配信）のなかでお書きになっていたみたいに、出口に大学受験というものがあるので、中学・高校になってくると、本当に受験勉強のため、大学にどれだけ合格者を出すかが学習目標みたいな面が強くなると思います。私も昔、中学・高校で国語の教員をやっていたんですね。そこが出発点になっているんですごくわかるんですけれども、一つやっぱり、システム全体を根こそぎ変えるのは非常に難しいと思うので、教材の中身を変えるということにすごく可能性があるなと森さんの論稿を読んで思いました。例えば受験の小論文の内容でも、例えば（2022年度の）麻布中学で出たような試験の内容[8]でも、多文化共生の話とか、外国から来た、外国につながる子どもが主人公になっている物語とか、そういうのを読むだけで、感度というか、そういうところはすごく育っていく可能性があると思います。子どもの頃にそういう文章に触れたか触れないかってことは非常に大きなことだと思います。自分も中高の国語教員をやっていた頃は、授業のために教材研究をしなければ

いけないから、教科書に載っている文章は一生懸命読むし、背景も調べるし、関連した文献もたくさん読む。一つの素材の教材の中からどんどん教員自身の世界が拡がっていく。若い教員なんか特にそうですよね。だから、何を教えるかの「何を」の部分を変えていくのが一つの大きな可能性じゃないかと私は思いますね。やっぱりことばの教育って、「何を」の部分、細川さんも書いていらっしゃいますけど、「いかに」というスキルよりも、何をしゃべるか、何を読むか、何を語るか、「何を」のところがすごく大事なので、その内容を変えていくのが重要ではないかと思います。苫野一徳さんもおっしゃるような自由の感度とか、共生社会とはどういう社会なのか、目指すべき社会の在り方というような内容がもっとことばの教育の中に入ってくることが、大きな可能性じゃないかなというふうには感じてますね。

（金）私も稲垣さんがおっしゃったことに同感です。私は大学のゼミでこの15年間ずっと筑摩書房から出ている『高校生のための批評入門』[9]という、世界中の名作のさわりが52本入っているものをテキストにしています。ゼミでは、いろんな立場の違う人の名作を学生たちが順番に音読する。日本語の「ことば」の響きを味わいながら、名作のそれぞれの主張なり、価値観の違いを評価しあうという授業をずっとやってきているんですけど、さっきの文学国語と論理国語ですか、文学国語は、私は別に文学作品に絞らなくてもいいと思うんですね。世界中で名作といわれるような味わい深いものを、できれば小学校で音読をして、そして味わっていくと。わたし、今回自分の論稿の中で、在日コリアンを代表する詩人、金時鐘さんのことを書きましたが、彼は朝鮮生まれなのに母語は日本語だと思っていて、非常に自分自身が、ひょっとしたら皇国、天皇の赤子になるのを目指して、植民地のそういう歪んだ精神構造に悩んでいる方なんですけれども、彼は小学校、中学校で、日本語で世界文学全集とか、日本の詩とか短歌とか、そういったものを読破するんですね。で、音読するんですね。そのことによって、彼は人間性を取り戻していくんですよね。彼はこう書いています。日本語としてのことばは、情感に働きかける響き、もう一つは

理性を含む意味、母語というのは響きと意味が大事であると。そのことによって自分は詩人になったと言っているんですね。まさに彼は植民地の母語の日本語を母語として詩人となったので、それなくして彼は詩人にならなかったと思うんですね。だから母語教育というのは非常に、そういった意味では音韻性というのか、響きのことばと、理性を育む、いわゆる論理ですね。これを分けずに一緒にやっていく、そういう教材がたくさんあればいいと思うんですけど。

現実の日本語教育のあり方と共生社会とのギャップ

（細川）杉本さんに質問なんですけど、さきほど、ご自分は日本語教育のフィールドじゃないから、日本語教育を外から見ていると、日本語教育にはさまざまな可能性があるとおっしゃってたんですね。それはそれでわかるのですけれども、逆にいうとその期待というか可能性に日本語教育はほとんど応えていないんじゃないかなとぼくは思うのですよ。だから、杉本さんの持たれている期待と、現実の日本語教育のあり方には、すごく大きなギャップがある気がぼくはするんですけど、その点はいかがですか。

（杉本）実際、それはおっしゃる通りで、僕は細川さんとSNSで繋がっているんですが、細川さんのSNSでの発信に対する、おそらく日本語教育に関わっているであろう人々のコメントを見ていると、やはり細川さんがいわんとされていることがわかってないなぁと思ってみているのも確かです。ようするに、ハウツー的に細川さん教えてください、という反応がすごく多いなと。でも、それでもこの本で執筆いただいている日本語教育関係者の方々は、細川さんのおっしゃることがわかる。そして、僕に学会などで声をかけてくださる日本語教育の先生というのは、そういう先生ばかりなので、当初は勘違いしていたんです僕も。日本語教育の人たちってこんなに尖ってるんだと。でも先に言ったように、そのすべての人たちが、そんなことないですよっていうんです。日本語教育の中で、私は少数派ですよと。でも少数派とはいえ、これだけ発言して発信できるというのは、

日本の他のことばの教育分野ではあまり見ない気がします。怒られるかもしれないけど、典型的な対比は英語教育です。まさに、常にいかに教室空間を管理するかということが中心ですよね。そうすると何のために英語を学ぶのか、それと…これは後で議論したいのですが…母語、僕は第一言語といっているんですが、第一言語が日本語ではない子が、しかもいろいろな言語である子たちが、同じ空間にいて、日本語で書かれた英語の教科書で授業を受けうるというのはどういうことなのか、というような問いかけは、孤軍奮闘して批判的に研究している英語教育の人を何人か知っていますが、英語教育界全体では黙殺されているようなムードがあって、これとは、日本語教育分野は一線を画しているかなと思います。それともう一つ、僕は法律分野なので、日本語教育推進法のことをいいたいです。同法は2019年6月に施行されましたが、この法律によってさらにことばの教育のあり方について議論を深める可能性も用意されたというところが、日本語教育の大きな特徴ではないかと。もちろん、同法は管理教育を推進していく根拠にもなりうる諸刃の剣ですが、他方で、ことばとはこういうものだから、こういう学習体制を敷かなければならないという方向にも進む可能性はあります。今のところ僕は、こちら側、つまり管理ではない方向に日本語教育の構想を推進できそうな芽もあるなと思っています。それは何かというと、まず重要なのは、これは公教育としての英語教育の仕組みにはないことなのですが、学習者の意見を聞く場を設けなければいけないということを法律自体が認めていることです。これはすごく大事なことだと思います。まさに、学習者主体の学習環境、教育環境をつくるために、日本語教育推進法のアウトプットをどう評価するかということを学習者から聴取しなければならない。これは日本のことばの教育では非常に目新しいというか、いままでなかった仕組みだと僕は思います。学習者の意見を聴取して学習指導要領が作られたということは寡聞にして聞いたことがないので、そういう意味では非常に重要な違いだと思っています。

　細川さん、引き続いて母語のことについて話してもいいでしょうか。

（細川） はい。どうぞ。

母語とアイデンティティ——母語は複数あっていい

（杉本） 金さんが母語を非常に重要視されていて…あ、その前に１つ、母語ともかかわるんですが、さっきのいわゆる文学国語の問題で、僕が思い出したのが、数年前の芥川賞の候補者になった台湾にルーツのある作家で温又柔さんがいらっしゃいますね。で、彼女の作品が候補になったときに、審査員の一人、宮本輝さんが、温さんの小説の内容が非常に退屈だったと、日本人である私にとっては、対岸の火事のような内容で退屈だったと評しました[10]。これに対して温さんがSNSで、日本語文学は日本人のための文学なのかと批判しています[11]。先ほどの金さんの大学のゼミ活動を伺っていいなぁと思いましたが、いまはもう教室空間にいろいろな母語を背景に持った子どもたちが集まっていて、日本人の作家が書いた、読者も日本人であるということを暗黙の前提にした文学作品だけを扱っていていいんだろうか、という疑問が僕の中にはあります。そういう意味では、例えば在日コリアンの文学やアイヌの文学もそうだし、そういったものをどんどん取り入れて、それらを日本語に翻訳するのはいいと思うのですが、そういった様々な内容のものが取り上げられていかなければならないと思うのです。そして、実は僕の担当の章では母語ではなく、第一言語という用語にしました。これは言語学的に「自然習得」する言語のこと、という意味に限定して僕は使っています。金さんが紹介された詩人の金時鐘は、そうではなくて、自分のアイデンティティの拠り所としてのことばのことを母語というふうに、自分が使える、話せる、それでコミュニケーションできる以上に、自分のアイデンティティの拠り所という意味を持って母語ということばを使っておられるので、これはアイヌの人びととポジションが似ているなと思いました。つまり、第一言語としては日本語で生まれ育って、親も日本語で生活しているという環境で育って、だけど自分の中のアイデンティティとして、アイヌ語という母語をあとから学ぶわけです。すごく似てますよね、そういう意味では。だから、僕が自分の章では母語ということばを敢えて使わなかったのは、そういうアイデンティティの拠り所ということは、民族継承語として分けて考えたかった、というのが

あったんです。完全に切り分けられるのかというとちょっと悩ましいのですが、アイデンティティとしてのことばというのもすごく大事な訳です。そのことと、ともかく第一言語を習得する権利、言語剥奪されない権利というのは少し違うのではないかと思うのです。

（金）　私が母語ということばを使ったのは、ちょっと独特の意味があって、杉本さんがおっしゃるように第一言語でもいいし、たとえば養育者の言語でもいいんですね。そういった意味では。ただそういうものによってそぎ落とされる何かがあって、私はあえて母語ということばを使わせてもらったんですね。なぜかというと、母語というのは、養育者との、生まれた人との養育関係の中でね、おっぱいを飲んだり、ご飯を食べたり、痛いとか笑ったりする、そういった触れあいの中で言語というものが習得されていく。そういう触れあいの中で、他者とか世界存在を感じて、世界を感受する中で習得されていくのが、いわゆる第一言語、母語だと思うんですよ。母親であってもなくてもいいんです。でも単なる順番の第一言語ではなくて、最初に触れた、最初に育てる、最初の関係の中で、関係性を生み出しつなぎ、関係性を了解して表現するようなものとしての最初のことばが母語である、だから単なるコミュニケーションではないんですね。世界を感じて、美しい、汚い、良しあし、美醜、そういうものを全て感じ取る、つまり「世界の感受」。人間が、「人間として」「人間らしく」生きていくための感度の基底にあるのが、「世界感受」。そういったものを創り出し育むものが、母語、最初の第一言語の意味だと思うんです。

（杉本）　うんうん、そうですね。

（金）　先に述べたことのくり返しになりますが、母語によって世界感受をするという意味で、私の論稿で論じた在日朝鮮人の詩人・金時鐘さんの「母語の復権」のことです。植民地支配下の朝鮮・済州島で生まれ育った金時鐘さんは熱烈な皇国少年で、朝鮮語の使用が禁止された国民学校で強制的に日本語を学ばされただけではなく、自ら進んで日本文学や世界文学、

あるいは童謡や唱歌などの歌、詩や短歌などどんどん吸収した。日本語で世界感受したんですよね。金時鐘さんは、むさぼり読んだ近代抒情詩のリズムが沁み入るように体に居ついたといって、こんな風にいっています。「言葉は情感に働きかける音韻性（つまり響き性）と、理性を育む意味性とで成り立っている」と。単なる論理言語ではなくて、母語は論理より先に情感性でもって世界を感受する、そういった意味では単なるアイデンティティではなくて、日本人としてのアイデンティティとか、韓国人としてのアイデンティティとかではなくて、まさに、人間らしく生きるために、母語というものはその根本の、基本の関係のツールとしての言語を生み出す、そういうふうに私は考えているんです。

（稲垣）　その母語っていうのが、でも現実には複数あるっていう人もたくさんいるんですよね。金さんもそうかもしれないですけど。

（金）　複数あってもいいですよね。

（稲垣）　うちなんて英語と日本語のミックスでいわゆる「バイリンガル」なんですけど、いまや日本でもそういう家庭がたくさんあると思います。アイデンティティというのは、べつに一つの言語に限らないんですね。自分の子どもを見ていて本当にわかるのですが、母語って何？って訊いたら答えられない子どもって結構いると思うんですね。それがもう日本の現実になっているんですよ。だから、山川さんが複言語主義について本書でも書かれていらっしゃいますが、複言語主義もヨーロッパ全体がそういう地域だから出てきた発想ですよね。いろいろな言語が家庭の中にあって、母語が複数あって、その中で育ってきた。その中で一人一人がことばを通じてアイデンティティを形成している。そういうあり方が、日本に外国人の方が増えていくと、日本の中にも出現してくる。なので、細川さんや山川さん、オーリ・リチャさんも複言語主義について書いていらっしゃいますけど、やはりそういった複言語教育の感度が日本語教育の中にもすごく必要になってくると思うんです。だからどのことばも対等で尊重されるべき

324

だということになる。ことばの中に優劣なんか別にない訳で。うちの子ど
もだって英語と日本語のどっちが母語だなんて、どっちも母語といえば母
語だから、そういうグラデーションなんてほとんどない。等しくどちらも、
対等なことばを時と場合に応じて使い分けて、社会と関わっていく。ヨー
ロッパにあった複言語主義の状態が、もう日本の中にも出現し始めている
と思います。

(**杉本**) 複言語状態は事実としては日本にもありますよね。

(**稲垣**) 日本の中にもありますよね。そういう環境の中で生活している方
が日本の中にもたくさんいらっしゃるので、そういうことを考えると、も
うそろそろ、日本語の母語教育、第一言語教育と言っても、国語教育だっ
て変わっていかなきゃいけないと思います。だってそういう子どもたちが
たくさん学校教育の中に入ってきているわけなので。たとえば、最近出た
中学校の数学の教科書 12) を見たら、私が子どもの頃の数学の教科書なん
て日本人の子どもしか想定されてなかったんですけど、その教科書は、例
えばカルロス君がとかいって、イラストなんかも外国人の子どもを想定し
ているような肌の色が違う生徒が出てきます。国語とか、理科とか数学と
か、そういう教科書に外国につながる子どもたちが登場するようになって
きているんですね。そういう変化が、複文化・複言語というものへのシフ
トチェンジではないかと思うし、これから必要に迫られて起こってくるの
ではないかと私は考えています。細川さんいかがでしょうか。

(**細川**) あ、何か金さんいいたいことがあるのでは。

(**金**) 稲垣さんがおっしゃるように、私も論稿のなかで、金時鐘さんも朝
鮮語と日本語の複数母語の話者だと、いうような結論になったんですね。
で、第一言語という表現をする場合には、私は観点によって、例えば、市
民教育をするために共通語が必要だとすれば、第一言語として共通語、例
えば日本語とするかどうかとか言えばいいわけで、一、二、三というのは

おそらく観点によって違う訳で、母語の問題は観点ではなくて、基本的な
ベースのものとして、2つでも3つでも母語という……一番ではなくてね。
いま、国際社会が進む中で、稲垣さんの家庭のように、簡単に言えば母語
は2つでも3つでもいいわけですよね。稲垣さんの「複言語育児」の概念
は、単なる頭で考えたんではなくて、生活の中から出てきているような、
非常に痛切な概念だと思うんです。

（細川）稲垣さんがおっしゃる通りだと思いますよ。ヨーロッパだけでな
はなくて、たとえばフィリピンなんかでも、そういう状況は随分前から起
こっていて、まさに時と場合によって言語を使い分けるという状況が生ま
れているんですね[13]。日本社会の枠組みの中では、どうしても日本語と
いうものを第一に据えて、そこから発想するっていう習慣が非常に強いで
すよね。それがもういろいろな所から綻びが見えていて崩れ始めていると
いう感じはしますね、日本語教育の現場にいてもね。そしてさらに、トラ
ンスランゲージングなどの立場も考慮していくと、言語というのが、いわ
ゆる言語学で規定された言語を超えて考える必要があるということになる
でしょうね。たとえば、東京アクセントと関西アクセントの両親がいたと
きに、子どもはどういうふうにアクセントを身につけていくのかというよ
うな問題、要するにそこで一種のピジン、クレーオール現象が起こるわけ
ですよね。

　このように考えると、日本語は決して1つではないし、突き詰めれば一
人一人の個人語という話になっていく。意味が通じるか、やり取りができ
るかどうかというところで、関係性の高い言語とそうでない言語との距離
みたいなものは問題になりますけれども、でもそれだって時間の経過に
よって、あるいはコミュニケーションの密度によって、いかようにでも調
整されていくだろうと思うんですね、その人の生活の中でね。だから言語
教育という形で一斉に100時間教えたらこれだけ学ぶとか1000時間教え
たらこれだけ学べるとかというような発想自体がきわめて管理的だと思う
んですね。ただ、まぁそうしないと一斉システムが動きにくいという問題
がある。

でも、活動自体は本当は動いているのに、そのような形式をつくることがシステムだと思い込まれているところに、まさに管理的な言語教育の問題点があると思うんですね。

言語に線を引く境界や枠組みから自由になる方向をめざす「ことばの教育」

(稲垣) システムの点でいえば、やはり単一国家、牲川波都季さんが日本語ナショナリズム [14] という言い方をされていましたけど、国、というか日本の政府が単一言語主義をやっぱり目指そうとしているのが日本の中にはあると思うんですね。だからそこの、一番上がたぶんそういうことを目指しているんだろうなと、教材とか教科書等について感じることが多いです。ただ、細川さんがおっしゃったように、まじりあったことばの状態というか……。この本の出版社（明石書店）の社長さんに最初にこの本のコンセプトをお話した時に、最初に社長さんに、結局言葉って何ですかって言われて、言葉ってどういうものを考えてるんですかって言われました。そのことに（社長さんが）結構こだわっていたんで、この本なりに、この「言葉って何なんだ」ってことに対する一つの回答を出さなきゃいけないかなっていう気がします。私たちは、「共生社会のための日本語教育」と一番初めにパネル発表しましたけど、この本を作る時には、「日本語」を外して「ことば」ってひらがなにしましたよね。そこにはやっぱり意図があったと思うんですが、いわゆる日本語じゃなくて「ことば」、にしたのは私の意図としては、例えば言葉を今までみたいに日本語、国語、英語といった言語に線を引く境界から一度外して、メトロリンガルズム等の考え方に近い、もっと混じり合った、もっと自由な、もっとそういう枠組みから自由になる方向を目指そうという意図がありました。

　文字言語とか表記された言語とか、そういうものを超えたコミュニケーション手段としての言葉っていうのを想定していて。だから手話言語も含みますよね。「ことば」ってひらがなで書いたら、だからそういうものを包摂するものとして、私はこの本のタイトルは敢えて「日本語」じゃなく

て「ことば」にしたいという思いがありました。ですから手話言語にも関心の深い杉本さんや、英語教育のオーリ・リチャさんや、複言語主義を研究されていてドイツ語を教えていらっしゃる山川さんとか、いろんな意味で言葉の教育に携わっている方々に執筆をしていただいたっていう経緯があります。その辺のその言葉、あえて言葉って何だろうってことに関して、ちょっとやっぱり一言いただこうかと。

（細川）　そうですね。だからさっき金さんが母語に関しておっしゃってましたけど、そこでのことばというのは、身体の感覚と精神の感情それから論理ですよね。こうしたものを全て含んだものとして捉えようと考えるわけですね。そこにはもちろん日本語とか英語とかドイツ語とか、そういう言語学的な言語の敷居というか境界は一つの考え方としてはあるけれども、それにもこだわらない、むしろそれを超えていくということが必要だと思うんですね。

（杉本）　あの、言語権も実はちょっと揺れ動いています。僕も論稿の中で書きましたけど、障害者権利条約がやはりすごく大きなインパクトがあって、どちらかというと言語に対する権利というよりは、情報保障に対する権利という考え方の方が強くなっている感じなんです。情報保障という考え方で、障害者権利条約は、言語的あるいは非言語的なあらゆる手段を用いて情報を得て、自らも発信する手段を提供される権利というふうにしているんですね。だから情報の媒介として、例えば他者が通訳として入ることもあり得るし、いま稲垣さんがこの座談会の文字起こしに使用しているアプリも含まれるし、あるいは例えば、聴覚障害のある人にとっては聴導犬も情報保障手段の１つです。字幕や手話による電話リレーサービス 15)やマス・メディアでの手話通訳の普及などもあります。もう一つはろう者の先生や、聴者でも手話で教育ができる先生を育てることも含めて、情報保障を受ける権利という形に進化しつつあります。でも情報保障の中にはやはり「ことば」というのがあって、だから稲垣さんがおっしゃった、ひらがなの「ことば」というのは、まさに情報保障されている状態だろうと

僕は思います。それは情報を受け取るだけではなくて発信することも、両方に対しての保障です。少し話題を自分の関心に引き寄せてしまいましたが、こんな状況があって、また先ほど話題になった、母語が複数あるということも分かるので、その母語が複数あるということを否定してしまう、つまりその中から１つ選べみたいな、言葉の序列化を作ってしまうような場というのは、子どもにとっては、残念ながら教室空間が一番大きいのかなと思います。

　なので、そこをやはりことばの教育としては注意しなければいけないことなのかな、と先ほど少し思いました。

（金）母語や複言語、あるいは多言語でいえば、やっぱり日本社会には日本人以外のいろんな文化的アイデンティティが違う人たちがそれぞれの母語を持って暮らしている。今では169ヶ国から290万近い外国人が日本に来ている。全部母語を保障しろというのは無理なんですけれども、どこまで多言語や複言語を認めていけるかという「言語の多言語化・複言語化」の問題が一つ。もう一つ杉本さんがいわれる言語権の問題がある。すなわち身振り手振りなどの非音声言語の普及、「言語の多元化」の問題がある。言語の多言語・複言語教育と、もう一方の多元的な言語教育が、どこまで保障されていくのか。そういう意味では杉本さんは、実際に手話とかいろいろされていますが、現実の民間や公教育の中でどのように保障されているのか、その非音声言語の教育の現状というのについて簡単に教えていただけませんか。

（杉本）手話は言語学的にはもう言語だと認められているので、「ことば」とひらがなで書かなくても「言語」でも、手話は含まれます。Japanese Sign Language（JSL）ですね。日本では、手話で教科教育をしている小学校が２ヶ所あります。１つは北海道にある札幌聾学校で、もう１つは、東京都品川区にある私立の明晴学園です。明晴学園は教育特区で作られた学校です。明晴学園と札幌聾学校は小学部と中学部で、手話で教科教育をしています。札幌聾学校は公立ですから聴覚口話法とか日本語対応手話を使

うクラスもありますが、明晴学園はすべて日本手話で教科教育をしてる唯一の学校です。実は今、これが「2ヶ所あった」と過去形になりそうなんです。というのは、この札幌聾学校で、どうも日本手話で教えられる先生が引退されたあとに手話のできる先生を補充しないという問題があって、学校長が口話主義教育[16]にシフトしているようで、引退される先生や保護者のみなさんが反対運動をされているんです。僕もいろいろ働きかけられないかと模索しています。もちろん関東でも埼玉県の大宮ろう学園にはろうの先生がいますし、同じく埼玉県の坂戸ろう学園には「聴の先生」——僕は「健聴」という言い方はしないのですが——でも、日本手話を勉強している先生がいます。大阪の聴覚支援学校にはCODA（Children of Deaf Adults：ろう親から生まれた聴児）の先生もいます。そういう形で何とか第一言語である日本手話による初等教育が行われていますが、教科教育をすべて手話で行うのは本当に難しいですし、学習指導要領は逆に、子どもの残存聴力を活用して日本語を習得できるようにすることを重視しています。日本語の発話トレーニングに力を入れると、その分、教科教育の学習が遅れがちになります。もし日本手話で学習することができれば、すぐに様々な概念を、日常のことばで理解することができる。これは変な喩えですが、稲垣さんのお子さんは英語を話されますから、例えばお子さんが学校では教科教育をスロベニア語で教わっているとします。スロベニア語をできるようになりなさいといきなり教室に放り込まれる。家では日本語や英語で話しているのに。それで例えば小学校低学年の授業を学習できるのか、という問題が、ろう児には現実の問題としてある訳です。

（金）なるほどね。多言語とか複数言語といっても、私が大学生の頃、1970年代のはじめですが、朝鮮語勉強しようとしたらテキストや辞書がほとんどなくて非常に苦労した。テキストは「朝鮮語四週間」だけで辞書も「朝鮮語辞典」しかなかった。今では全国のたくさんの高校や大学で朝鮮語・韓国語を選択できる。多言語化という面では、日本はこの40、50年間、かなり進展があった気がするんです。でも、言語の多元化ではどうでしょうか。杉本さんの話では、今、逆に教育の現場で衰退していく方向

にある。これはどうしてなんでしょうか。これは全人口の中で障碍者の人数は割合が低いからなのか。でも日本社会で外国人は今約300万人ですから総人口の2%ですか。

(杉本) 外国人に比べたら、例えば日本手話を第一言語にしているろう者の方はもっと少ないと思います。実際にきちんと調査されたことがないのですが6万人ぐらいではないかと。日本政府の、少数派のニーズをきちんと調査しないという形で問題を見なかったことにする対応はやめてほしいですね。例えば、国勢調査で日常使うことばはどれですかと、複数選んでもいいのでやってほしいのですが、そういう調査はしないですよね。それがこの問題の根っこにあると思うんです。そして人数が少ないから教えなくていいというのは、僕としては絶対に受け入れられない考え方で、なら人権保障ではないという話になりますよね。少数者の権利を守ることが、立憲主義的な市民社会の前提条件だと思うんです。そういう意味でも、少数言語政策は不十分だし、やはり日本語・英語の二大言語主義があって、日本はコミュニティ言語を日本語に収れんさせようという教育方針だと僕は思っています。そういう意味では日本語教育という分野は、それに対する抵抗の橋頭堡になるのか、逆にそれを促進するマシーンになるのかというのは常に課題としてあるだろうなと思います。というのは、国際法上の言語権は、どちらかというと、自分の第一言語と社会のコミュニティ言語、通用語が違うときには、通訳や翻訳を受ける権利が重視されているのですが、日本は、通用語である日本語の教育機会を提供することが中心になっていて、それによって通訳・翻訳を受ける権利を代替しようとする考え方が怖いんです。国際社会が求めている言語権の実現のあり方と、日本社会の中の問題はそういう意味でもズレています。このことは論稿では書いていないんですが（苦笑）。

日本の中にある単一言語主義とは何か、
その背景と理由

（稲垣） この日本の中に特に強く残る単一言語主義[17]って何なんでしょうかね。私は不思議というか…

（杉本） 僕は小熊英二[18]さんの「単一民族神話」がすごく説得力があると思います。戦後、占領されギュッと縮まった国土の中で、明治初期と同じように、対外的な防衛としての民族の一体性というのがすごく強調されましたよね。

（稲垣） 細川さん、日本語教育の中に根強くありますよね（単一言語主義が）。

（細川） はい、ありますね。

（稲垣） もう本当にあれが崩し難いっていうか結局それ（単一言語主義）なのかな、っていう気がするんですが…

（細川） そうですね。さっき杉本さんの話にありましたけど、だからそれを複言語的に開いていこうとか、あるいは母語は一つでなくてもいいという考え方とか立場とか、ありますよね。そういう立場を取ってる人は多分、日本語教育の中で統計をとったわけじゃありませんけど、日本語教育の中で一割ぐらいだと僕は思いますよ。

（杉本） でも１割もいるってすごいことですよね。他の言語教育分野から見ると。

（細川） いや、その１割というのも、杉本さんが問題にしているボランティアの人も母数に含めていくと、全体では、大変な数になりますからね。

そうすると、もう 0.1 割ですね。ほとんどの日本語教育従事者と言ったらいいのかな、日本語教育に関わってる人たちは、まさに日本人らしく、日本人のように日本語を話すことが重要だと考えている。「日本ではそういう言い方はしません」とか「日本語にはそういう言い方はありません」というような言説が教室に蔓延していると考えていいですね。

(稲垣) 細川さんの文化事情の問題意識って、多分そこからですよね。始まったのは。

(細川) そうですね。

(稲垣)（日本語教育の現場でも）日本人のように振る舞うこととか、日本人の言葉を話すことが、それが「しつけ」というか、それがもうやっぱりそのカルチャルアビリティーの一つの項目だというふうにおっしゃる先生がいて、それで評価の基準にしてしまうとかあります。それが実態というか現場の状況です。

(杉本) でも実際には、無限にうまく使えるようにはならないですよね。常にダメ出しされ続ける存在に学習者を置いて、そして周縁化する。

(稲垣) 悪いと思っていないですよ。パターナリズムで。

(杉本) 存在しない中心を目指させてずっと中心に向かわせて、想像上の存在、フィクションでしかない中心に向かって走らせようとする。これ英語教育がそうではないですか。やはり先ほど、海外に出て非日本語圏で暮らしたことのない人は、要するに英語教育を受けた経験しか第二言語学習体験がないわけですよね。拠り所が。個人で努力をしている人もいるとは思いますが、日本の英語教育の中心は「正しさ」じゃないですか。「正しさ」は、誰と何を話すかではなくて、あなたの英語の運用が正しいか正しくないかという視点で評価されて、そうなるとことばの教育は「正しさ」

の問題だと思われてしまいますね。たぶんボランティアの場であればあるほどそうではないかと。日本語教育のメソッドや教育論を十分に学んでない、教壇経験もない、しかし良心的でボランタリーに日本語教育に携わる人たちが、自分の第二言語学習の拠り所である英語学習を前提にやるしかないでしょうね。そして善意で学習者を周縁化してしまう。

対話とおしゃべり――本質観取の活動へ

(杉本) 僕は細川さんのご論稿の中で、ちょっと絞ってお尋ねしたいことがありまして。「おしゃべり」と「対話」ですね。これはすごく大事なことだと思うんです。揚げ足をとるわけではないんですが、モノローグというのは実はことばの学習においても結構大事な意味を持つし、それはそれで細川さんも否定されているわけではないと思うんです。だけど、それにさらに一つ上の、この他者との対話、市民として他者と対話するということの、その対話の中身について、こういう意味で使っておられるというのをちょっと教えていただけると嬉しいです。

(細川) はい。コミュニケーションというか、人とのやりとりっていうのは全て対話と僕は思ってるんですね、基本的には。他者性、つまり自分と他者とのやりとりがコミュニケーションであり、同時に対話でありダイアローグかな。モノローグというのは、もう一人の自分、つまり自己内他者との対話であると考えています。ただ、自分以外の他者と、自分の中にある他者性としてのもう１人の自分の間の境界はそんなに明確ではないと思います。そうした他者性と対話していくということがすなわち他の他者に対しての課題になったり疑問になったりして表面に出ていくわけですね。ですから、そこは全部連関していると思います。おしゃべりというのは、そうしたことに無自覚な状態、つまり一種の幻想なんだと僕は解釈しています（笑）。人と対話をしているつもりで、実は対話にならない。そういう状況が、僕は「おしゃべり」だというように思います。つまり、自分はこう考えているとか、こう感じてるとか、こんないいことがあるよとかと、

相手に喋っているように聞こえるけれど、実際は答えを求めてもいないわけですよ、それが悪いとかいけないというわけではないけれども。

　しかし、それでとどまってしまうと、社会性というか、その他者との関係っていうのは生まれないと思うのですね。だから対話に必要なことは、なぜ私はそのことをこの相手に話そうとするのかということに自覚的になる必要があることなんですね。それが無自覚なまま延々と続く、そういうおしゃべり、それが社会における緊張感を失わせていると思うんですね。もちろん常に緊張して張り詰めた関係だけで人間関係をつくり上げていくわけではないし、もっとゆるやかなものが必要で、その一つの緩衝材みたいな形でおしゃべりが入ってくるということは当然あるわけですね。でも、何かおしゃべりをすれば対話が成立するみたいになってしまうのは問題だろうと思います。そういう意味で、おしゃべりと対話をいちおう分けてみた、ということですかね。

（稲垣）とても共感します。私も対話の実践、「本質観取」の実践とその実践を支える哲学原理のことを（本書に）書いたんですが、細川さんが書いていらっしゃる「対話」の内容と大変重なります。「対話」というのは、私の理解では、やっぱり自分のことば、自分の中を内省して、自分は何を言いたいんだろう、自分の経験からどんなこと考えてるんだろうと一回自分の中に戻って考えたうえで他者と本当の意味で関わることであると考えています。お互い、みんな違う人間でみんな違う考え方をしてるんで、違う考え方の人間と、時にコンフリクト、対立したりしながら、でも違いを認めた上で、なんとかうまくやってくっていうところに行くと思うんですが、やはり、本当に他者とちゃんと渡り合うというか、関わり合おうと思ったら、1回自分に返って自分の考えを内省して取り出して、それをちゃんと納得できるような形で取り出して、それをみんなで、これは自分にとっても妥当だろうかと考えて、検証していくわけで、そういう「対話」の試みを、日本語教育の中でやろうと思っています。だからその例えば「おしゃべり」は、教育の中でやらなくてもみんな勝手にしますよね。でも「対話」っていうのは、ある程度、言葉の教育や学校教育の中でやら

ないと（生徒や学生は）真剣に向かい合う機会があまりなかったりする。

　だから、細川さんがおっしゃるように、「対話」の活動というのが、特に言葉の教育の中では非常に必要になってくると思うんですね。そして、それをやることによって結局学生は何を学ぶのかっていったら、まずは自分自身を内省することですよね。それが一つ。自分を言語化すること。それが細川さんの「自分のことば」を作るということだと思います。まず自分の言葉を作る、そしてそれを他者の言葉と照らし合わせる。そして他者の言葉と自分の言葉を合わせて、一体どこが共通しているのか、確かめ合う、それによってあなたにも私にも納得できるルールなり社会なりを作りましょうって初めてそこのスタートラインに立てる。それがつまり共生社会をつくるっていうことで、だからそれが細川さんの言い方でいうと「ことばの市民になる」っていうことですよね。それがつまり、「共生社会のためのことばの教育」のほんとにスタートラインになると私は考えてます。だから、細川さんの対話の活動と私の「本質観取」の活動は、まさにイコールなんです。

（杉本） 実は、細川さんのいまのお話をうかがって連想したのが、まさに稲垣さんの本質観取の授業だったんです。なるほど僕の中でもとてもよく結びつきました。本当にそういう意味ではみなさん、変奏曲というか、細川さんが主題、稲垣さんが第一変奏ですね。

（稲垣） 自分の言葉をつくるっていうのは、エポケーというか、現象学では現象学的還元ってことになるんですけど、いったん自分の中に還ることで世界を捉えなおす、誰から教わったことでもない自分の体験に基づいて自分をもとに考えて、自分は世界をこういうふうに考えている、自分は世界をこう感じてるんだって、それを1回やることで「自分のことば」が生まれて、そこから対話がスタートするってことだと思います。

（金） 稲垣さんの論考、とても今対話の話で大事だと思ったんですね。細川さんのおしゃべりと対話の話、これもとても面白くて、対話、いわゆる

モノローグは、いわゆる日本語で言ったら「内言」、1人で言葉を発せず に、1人で考えてこうでもないああでもないって、まさに私と「もう1人 の私」の対話です。私の場合、一番「内言」している時はいつなのかとい えば、ウォーキングしている時で、ほかには寝ている時、脳が活動してい る時に、いろんな発想が生まれるんですね。すなわち内言している時に、 いろんな意見が出てくる、まさに自分との対話、これは非常に大事と思い ますね。

　もう一ついわゆる自他の対話に関しては稲垣さんが論考に書かれた本質 観取の方法とあとヘーゲルに由来する相互承認ですね。これもとても大切 で、私の感じでは「本質観取」の意味は、自分のなかで思いや考えを深め て「コツンと当たる」ところにたどり着く。その思考の底板が、自分の 「確信」である。自分が確かだと思う、自分の意見を確信を持って、自分 がこうだと思えること、多分そういうことを本質観取で取りだそうとして いるのではないか。それぞれの〈私〉が「こうとしか言えない」という意 見を出し合う中で対話が進んでいく。そういう実験というかそういう作業 を大学でされていて、こういう授業が増えると、みんな自分の考えをちゃ んと相手に表明して相手の意見を聞くというような、そういう人が確実に 増えていくような。大学教育はそういうことをやる場だと、稲垣さんの論 考を読んで思いました。特に対話で大事なのは、私と同じようなことを 言っていることと同時に、私とどうしても違う、文化が違えば感じ方も違 うので、それぞれの違いを発見する、相手の考えは私と違うと同時に、共 通するところもあるという考えの相互理解だと思うのです。それ以上に大 事なのは、細川さんが書いていらっしゃるように、「共に生きようとする 意志」を確認するということ。文化や感じ方が違っても、同じ空間で生き ていくんだと、名嶋さんがそういうことをおっしゃってるんですね。共生 というのは、共に生きること、我々のこの場所でともに生きているという こと。その「共に」の中にいろんなアイデンティティとか、あるいは非音 声言語でしか自分を表現できない人も共に生きる、そういう人間である、 というように感じることができるかどうか、そこに教育の一つの役割があ るんじゃないかと思うんですね。そういった意味では稲垣さんは、いろん

な外国から来た学生たちと一緒に、なんか「恋」がどうとか、面白いんですよね、やってることがね。そしてそのことを通して何かわかりあっていくという感じが出ていて、非常に対話というのは概念だけじゃなくて、対話の作法が大事だなというふうに感じました。

　私は今までの話は、細川さんのご論考の論点を踏まえて十分重要なことが話ができたと思います。特に母語の問題中心に言語権の問題を通して話すことができました。もう一つは、私自身は出口としてね、シティズンシップ、市民性の育成ということについて、言語教育というのはそれにどのように関係するのかという、そこが一つの大きな論点ではないかと。

（稲垣） 対話について、細川さんから何か。

（細川） 市民性形成の方に話が移ってきましたね。結局、対話っていうのは何のためにするのかというと、その一人ひとりが市民になるためということになるだろうと思うんですね。

　ちょっと余談になりますけど、「本質観取」という概念にまともに出会ったのは、熊本で苫野一徳さんを交えたワークショップをやった時でした [19]。苫野一徳さんが「本質観取」という哲学の方法があるというので、別にそれは哲学の問題じゃないだろうと反論しました。むしろ哲学の何か特別な方法みたいに言うのは一種の茶番でしょうというやりとりだったんですね（笑）。で、実際には「本質観取」の活動そのものはやらなかったんですけど、その本質観取というのは、すなわち人間が社会の中で生きていくためには不可欠な言語の活動だということはそこで一応了解しあったんですね。

　その後、竹田（青嗣）さんとの対談 [20] もあって、その本質観取というものは、究極の哲学実践であるし、哲学実践ということは、ことばによる人間実践みたいなこと、人間の活動のあり方を考えていく活動だというように、かなり共通した認識に至ったんですね。だから、先ほどのおしゃべりと対話との関係で振り返ってみると、言語教育の中で、いわゆる会話教育みたいな言い方をするんですよ。で、何をやるかというと、挨拶の仕方

とか、買い物場面でのやりとりの仕方とかですね、いろんな場面を想定してそこで練習をするという発想があるんですね。それこそが、あの管理主義の管理・被管理の中に人間を閉じ込めて、個人の自由な思考を停止させる活動だと思っています。それがことばの教育の用語として大手を振って使われているということ自体が本当におかしいと思うんですね。

　まあそういう批判はいくらしてもしきれないほどたくさんありますが、そういう形で批判してもあまり意味はないんですね（笑）、あとはめざすところ、どこをめざして何をするのかというところをもっと明確にして、0.1％の人間がそこをめざしていくことかな。

　それが結局は、共生社会をつくるということ、共に生きる一人ひとりが市民になるということと繋がっているかなと思うんですね。

実践研究の意味

(稲垣) 最後に言いたいことは、「実践研究」ということですね。（細川さんが）この（本の）中にもお書きになっていますが。

　私もこの本に書いた文章で初めて「本質観取」の活動を論文の形にしたんですね。初めて書いていく中で、わかったことが、「実践研究」の意味です。哲学をちゃんと勉強し始めたのが4〜5年ぐらい前で、その頃までは行き当たりばったりにその状況に合わせて日本語教育なり国語教育をやっていた気がするんですね。自分なりに、教材やカリキュラム、学習者のニーズ、自分のやりたいこと、といったものを鑑みて、どんな実践がよいだろうと考えて。（葛藤が）あったりしても、結局教育機関のニーズが優先されてしまったりしていました。そしてそういう在り方が、言葉の教育のあり方だと思ってたんですね。素朴に。日本語教育ってそういうもんだと。教科書をどううまく教えるかとか。でもやっぱり日本語教育の研究を始めて、細川さんのお考えを聞いたりとか、哲学の勉強をしていくうちに、自分の中にちゃんと腑に落ちたところで固まった考えというか思想があってはじめて言語教育、ことばの教育ってできるもんなんだなという思いに至っています。実際に、勉強して、研究して、自分の考え方がどんど

ん変わるにしたがって、実践も変わっていったんです。それがやっと本書の文章を書いてみて分かりました。細川さんのおっしゃる実践研究って、こういうことなんだなと、腑に落ちました。ですから、やっぱりその繋がって一体なんですよね。実践があって研究があるという。どっちかだけだとだめで。だから実践を作るには自分なりの強固な理念、信念、理論といったものが必要、でそれはちゃんと勉強しないと出てこない。経験だけでも出てこない。文献を読んだりとか、先人の言ってること、先行研究にあたったりとか、そういう経験を重ねてやっと出てくる、その理論と実践がやっと一つに結び付いたな、という実感があったんですね。まあ一言で言えばやっと細川さんがおっしゃっている実践研究っていう意味が、やっと「本質観取」の実践を自分で言葉にして書いてみてわかりましたということです。

（細川）ぼくが御礼を言われるべきなのかよくわかりませんけど（笑）、その研究と実践とは別のものだという、きわめて強い差別感のようなものがありますね。

　それは何なんだろうと考えてみると、一種の科学的分析への盲目的信仰というか、そういう感じがしますね。データを集めて分析してそこにある一つの原理を見出す、その原理があるからその原理を実践に応用してみるという、個人の営みを分断するような発想が根深くあるんですね。何ていうかな、それこそ人間を総合的な一つのものと捉えない発想ですね。だから、そこを乗り越えることが、共に生きること、一つの共生社会への道の一つでもあると思ってます。

（杉本）教育学や、関連して言語教育学でもそうなんですが、これらの分野がすごく軽視されていると思います。学問分野としても。そういう印象が強かったです。だけど、稲垣さんが授業で実践されていることは、僕も授業で応用したいと思いました。僕は大学では国際人権論や言語政策の授業を担当しているのですが、150人前後のクラスサイズですがグループ分けをして、ディスカッションなどを取り入れています。そこでどうやれば

いいのかのヒントを稲垣さんのご論稿からいっぱいもらいました。僕も今の大学に着任して20年目になるんですが、最初の頃は、この法律を教えるという、第何条はこういう解釈ですって話していたら、学生たちが教室の中でバタバタと倒れていくんですよ。僕の催眠音波攻撃で。それが変わっていったきっかけというのは、実は岡本能里子さんとの交流なんです。日本語の授業というのはこういうふうにやられているというのを知って、自分の語学に対する偏見に気づいて、実際、岡本さんは強制するような方ではないので、杉本さんがよければ一緒にゼミをコラボしませんかと誘ってくださり、それまでの僕は、例えば外国人留学生のゼミでの処遇などで悩んでいたわけですが、岡本さんのゼミの留学生はすごく生き生きとしていて、いろいろな活動の中心にいて、ハッとさせられることがいっぱいありました。それからまた岡本さんに誘われて、学生たちと一緒にモンゴルにフィールドスタディにいって、経験を積むべきだとやさしく言われて。モンゴルですか？　僕はフランス憲法の研究者なのに、と思いながらやや渋々で最初は行ったのです。結果として、おそらく学生たちよりも僕の方が学ぶことが多くて、ショックを抱えて帰ってきて、というように、ある意味、偉大なる隣人の岡本さんとの対話や協働を通じて、僕の授業のやり方はものすごく変わりました。またここで、細川さんや稲垣さんのご論稿を通じて、もう一段上に行けるかなと自分でも思っています。大学の社会科学系の教員は、教員免許を持っていない人が多いんですね。研究者として大学に来ているので教育はド素人なんですよ。そういう人たちが、学生たちに市民性教育ができるのかは疑問も残ります。ただ、日本では公共という教科はできましたけど、小中高校で、名嶋さんが書かれているような意味での市民性教育というのは行われていない、そういう発想が学習指導要領にはないので、そうであれば大学が引き受けなければならないことがたくさんあるんですが、では引き受けた側の大学に市民性教育ができるのかというと、おそらくかなり難しいのではないかと。そして、実際にできているところは、やはり僕は日本語教育が頑張っているところだと思います。たとえば明治大学がそうですよね。国際理解教育と日本語教育がコラボして市民性教育を実践している。そういう意味でも、大学教育を変える

0.1％の人たちが、いろいろな場所でゲリラ的な市民性教育活動をなさって、大学教育を変えていく力になっているのではないかなとも思うんです。期待半分なんですよ。

（細川）これからそういう可能性は当然出てこなければならないし、出てくるだろうと思うんですね。僕も日本研究と日本語教育の関係についてかなり長いこと考えてきたんですけど、やっぱり日本研究の人たちは、まず日本語を勉強してから来てくださいという発想なんですよ。だから自分のクラスや活動の中に日本語ができない学生がいるということ自体を受け入れないんですよね。日本語ができるようになってから来て下さいと。だから、留学生センターとか日本語センターというようなところに放り込んで、1年か2年かして入ってきてほしいみたいな。でもそうすると結局は何もわからないんですよね。なぜ日本研究するのかというモチベーションのところから始めなければいけないのに、その一番最初の大事なところを全部他の人にお任せしてしまう。また任されたところが今度は、○○時間でこれだけの情報と知識を入れましたという機械的な機関になっていますから、両方で問題が起こっているわけです。そこで、たとえば日本研究の人がそれを全部抱え込んで、いい意味で抱え込んでやっていく度量をつけるならば、僕はとても有効だろうと思うんですよね。まあそうするといわゆる機械的な日本語教育は必要なくなる、逆にそれを恐れる、今度は制度側の問題が起こってきて、またそこのコンフリクトがあるんですね。

（稲垣）細川さんがさっきおっしゃった、その実証主義的な知見、科学的な知見を活かすこと自体は別に構わないと思うんですけど。

（細川）そうですね。それはまったく否定してないです。ぼくは。

（稲垣）スキル重視のスキルを伸ばすことも、まあ一つの、「ことばの市民」になるため、自分のことばをうまく言い表すための一つの能力であることには違いなので、その科学的な知見をもとにやるってことは別にいい

と思うんですけど、でもやはり大事なのは、教育の「何を目指すか」という意味とか価値の設定は、実証的な、数字を積み上げるところからは出てこない。それはやっぱり自分の内面を考えるとか、そういう哲学的な思考からしか出てこない。

　（スキル重視、部分的能力を伸ばすという考え方を重視する人には）だからそこがよく理解されていないところがある気がします。細川さんがおっしゃった人間（の能力を）部分的に（分けて）、「読み」とか「書き」とか、そういう風に捉えるとするならば、そういう考え方になるんでしょうけどね。それによって改善するっていうところもあるんでしょうけれども、それでも最終的には、じゃあ、どういう人間になるべきなのかというという問いは、また違うアプローチからしかできない。理想的には二つのアプローチがうまく混じり合って、統合的に組み立てられた言葉の教育っていうのが理想的なんだろうと私は思ってますけども、まあ今、偏ってますよね。部分的スキル重視に。

(細川) 要するに非常に役割分担主義になってしまっていて、その役割間の連携がないということなんですね。でもその連携はつくろうと思えばいくらでもつくれるはずなんです。だから、最初から何度も言ってますけど、管理・被管理の発想からはそうした連携というか協働は生まれないんですね。役割間の連携は、共に生きることですから、一緒にやろうという意識がまず前提としてないと、そういう社会にならない、そういうコミュニティが生まれないということだと思うんですね。そこがとても重要かなと思います。そういう意味では言語教育はその共生社会からとても遠いところにある。むしろ共に生きることを強く阻んでいると感じられてなりません。杉本さんの期待にはなかなか応えられていないとぼくが思う理由です。

(稲垣) 私もそう感じてるんです。基本的に。やっぱり現場にいる者として。だからこの本を出したかったし、だからこそ日本語教育学会でお声がけしたパネルもやりたかったんです。だって、そうなっていれば誰もこんなこと言う必要ないし、こんな本を出す必要もない。それが出発点です。

（金）何か今の話ですけどね。その日本語教育、なんというか私は日本語が大好きだし、金詩鐘さんが日本語で語りあい日本語で書かれた読み物を通して、まさに日本語を母語として人間的な情感を豊かにしていったことをみて、私は人間を作るという点では日本語それ自体がすごくいい言葉だと感じてます。しかし、問題なのは日本語だけしか教えない、日本語を教えて、日本語と異なる母語の人たちを中途半端な人間としてみてしまう風潮がある。何かそこら辺をどう感じていらっしゃいますか。なんか日本語教育、日本語しか教えないということが問題なら、今、日本の教育自体が非常に共生の感度がないとか、あるいはそもそも日本でなぜ市民という言葉が形骸化しているのか。これは日本語教育と関係あるのか、と。関係あるとしたらどう関係あるのか、と。日本語教育を通して市民性を育成するということと、そこがどうつながっているのか、つながっていないのかということの問題を、もうちょっと認識しないと。日本語教育をちゃんとやることが、市民性の育成につながるかどうかということとは別なのかあるいはどこかでつながっているのか。

（細川）だからそれは、日本語だけを教える、すなわち日本語の構造や形式だけを切り取って教えるという発想から離れて、ことばの教育として考える必要がある。ことばというのはホリスティックな人間のアイデンティティをつくるもの、人間の、その人の生き方を作るものとしてのことばですよね。その意味でのことばの教育として、日本語教育や英語教育を捉え直す必要があるだろうと思います。

（金）なるほど。

経験とトレーニング

（細川）どんな言語でも、もちろん日本語でも英語でもドイツ語でもフランス語でも、それなりにその言語が成り立つためには、身体感覚と精神感情と思考の論理とそういうものが一つになって、総合的に機能、している

わけですからそれは逆にバラバラにして考えることはできないと思います。一体化したものとして考えるというか。で、たまたま日本語であったり、英語であったりドイツ語であったり、韓国語であったりするわけですね。でそこでまさに人間としてそのことばをどう使うかという、その経験をどうつくっていくかということが、市民になる、つまり「ことばの市民」になるっていうことだと思います。

　だから、その「市民」としての経験がとても重要だし必要だと思うんですね。ところが、たとえば日本語教育とか英語教育とか、いわゆる日本の言語教育での教育実践は、経験じゃなくて訓練、トレーニングなんですよ。トレーニングそのものが悪いとは言わないけれども、とにかく何か成果を出すためのトレーニングというふうになってしまっている。

(金) 今細川さんがおっしゃった経験じゃなくて訓練だということについて。私なりにちょっと思ったのは、私も実は大学のゼミで 50 何本の名作を音読して、どう感じるか、それを自分で例えばいいとか感動したとか言うだけじゃなくて、どこがどう感動したのか自分で経験したことを自分の言葉にしなさい、と（やっています）。訓練の場合は、誰かの言葉を身に着けることだけど、経験の場合は自分の経験を言語化すること、そういう意味の違い（がある）、と解釈すればよろしいでしょうかね。どうでしょう。

(細川) 訓練とかトレーニングとかいうことは、必ず正解があるわけですよね。こういうふうにやればいい、あるいは数値をこれだけあげればいいっていう、その正解が用意されてるわけです。でも経験には正解はないんですね。一人ひとりの「市民」としての経験とその蓄積であるだけです。

(金) なるほど。そういう意味で、稲垣さんのやられている「本質観取」に基づく、いわゆる教室での言語ゲームというのか、対話というかなんですけど、いろんな言語文化が違う学生たちが、ある共通のテーマで、意見出し合って、なんか自分がこうだと、「恋」とは何かということ、「恋」の本質を直観した場合に、それぞれの人間がそれぞれの言語で考えていきな

がら共通性をまとめていくのが「本質観取」のゲームだと思うんですけど、その中でね、一方では違いを、そのプロセスを通して、一致させるのと同時に、違いも認めているのは、そういう感度を育てていく感じがあるのかどうか、ちょっとそのことを聞きたいと思いますがどうでしょう。単に違いをそぎ落として、違いを無視して一致するものだけを目指す、というのは、なんだか「本質観取」ではないような気がするんですが、そこらへん、稲垣さん、実際に「本質観取」やられてみてどうでしょう。

（稲垣）それは、違いをそぎ落としていくことにはならないですね。実際に「本質観取」をやってみると、学生たちは、論稿の中でも出しているようにいろんな言語でやってるんですよ。東京国際大学は英語学位プログラムなので、英語使ったり他の言語を使ったり、あと辞書、リソース、いろんなものを使ったりしながらやっていって、お互いの違いも浮かび上がってきて、いいところは、その違いも楽しみながらやっていました。たとえば、「家族」とは何かと問うた場合、「家族」の在り方は文化的にいろいろ違いますし。どっからどこまで家族なのか、私の国ではこうで、アメリカではこうで、日本ではこうで、とか、そういう違いが出てくるところが面白いです。だからそれが本当に多文化共生の授業にもなるんですね。その違いを認めて、違いを楽しんだり違いを認めたりしながら、「対話」を進めていく。細川さんが「正解はない」っておっしゃったこと、これは人文科学ってみんなそうだと思うんですけど、やっぱりそのみんなが妥当だなって思える地点、それはやはりあると思うんです。みんながなるほどこれは妥当だ、これが一応納得できるかなって、そこを作り出すことめがけてやる活動なんです。「本質観取」って。だからたとえば共生社会のルールとか法をつくるためには必要な「対話」だと思います。今学校で学生（生徒）主体でルールを作る「ルールメイキング」の活動が拡がりつつありますが、そこにつながります。ルール作りって、ともに生きる上で一番不可欠なもので、「ともに生きるための社会」って、いかにみんなが納得できるルールをみんなで創り出すか、その作り出す能力、「力能」を育てる前提になるのが「自由の相互承認」という態度だ、と苫野さんもそれを

教育の主眼においてますよね。私も、みんなが納得できるような、これこそが妥当だと思えるようなルールを創るための、そういう対話の活動として、この「本質観取」の「対話」の活動を授業で実践しています。

(細川) ルールというのは、あらかじめ用意されたものでは決してないということですよ。管理・被管理の世界では、つねにあらかじめ用意された正解が準備されていますね。それをめざしてコミュニティなり社会なりが動くという構造が生まれている。それと逆に、それを崩していく必要がある。そのためには、一人一人の経験が大事だし、そしてそこで「対話」によって、今言ったような、話し合いによってルールを創っていく、で、しかもそれは簡単には予想できない。誰にも予想できない、誰にも準備できないものだということなんですね。そのような活動そのものが必要だし、まさにそれは人間的な活動だと思うし、そこに、共生社会が生まれるって思うんですね。

(稲垣) 人から与えられたルールのままに生きていたら、永遠に自由はないですよね。そこからの解放はない。管理されたままだったら。

(杉本) 人権論ってまさにそうですよね。いくら民主的な社会であっても、多数派が多数決で作ったルールが少数派の権利を侵害する可能性はあるわけです。そして、その時に少数派の権利を守るためには、多数派の意思は間違えうるということを承認しなくてはいけなくて、ある意味で多数派によって決められたルールが間違ってるって言えないといけないんですよ。間違っているっていう発言ができる場がちゃんと用意されなくてはならない。でも今はあまりそういう教育が、僕は学校教育の中ではされてないと思うんです。どちらかというと、決められたルールを守りましょうという。いま、いろいろな地域で校則を学生たちが自分で作ろうという教育実践が行われつつあって、それはすごくいいことだと思うんです。与えられたルールに従順であることと、与えられたルールが正義にかなっているかどうかを考えることができる力があるというのは、別のことで、その考える

力が育ってない社会では、すごく人権の主張に対して冷たいんです。既存のルールに楯突きやがってというような攻撃をくらうので。だからことばの教育における市民性教育とのつながりは、僕はすごく大事なことだと思っているんです。

（稲垣）細川さんが、「共生社会のためのことばの教育」を「自由になるための教育」とおっしゃっていて、それが本当に核になるところで、じゃあ自由になってどうするのか。それはやっぱり、みんなでルールを創る力を、その自由になって得る。だからルールを守る力じゃなくて、ルールを変える力、社会を変える力を獲得するのが、それがやっぱり市民性形成だし、その力をつけることは、やっぱり言葉によってルールを創るわけだから、ことばによってそれを変えなきゃいけない。そのための活動が、細川さんの対話の活動だと思うし、私のやっている対話の活動だと思っています。言葉で対話する力を得るってことは、この社会を、自分たちの力で変える力を得ることだと思うんです。だから、それこそが「共生社会のためのことばの教育」になり得るんだ、ということを、私はこの本の中で主張したいことなんです。

（金）稲垣さんの「本質観取」の授業の話をきいて面白いと言うか、羨ましいと思いました。そのゲームのプロセスを通して、いろんな国から来た学生たちが、「違い」を楽しむと。「違い」は日本ではなかなか楽しめない。違ったらいじめられるものね。小さい頃から。で、違いを楽しむ、そういう感じが出てくると、とてもハッピーだと。それだけじゃなくて、違いだけじゃなくて、これは同じように感じるんだという思い。どこかに真理があるとか、どこかにある正しいものや正解を探し出すのではなくて、議論や対話をとおして「共通了解」に達する。共通了解が、その対話の場における約束、つまりルールになると。そういう違いを認めながらルールづくりをするという経験はとても大事で、それが市民の前提条件だと思うんですね。日本で、なぜ市民という言葉が根付かないのか。市民は「公民」が正しい表現だと思うのですが、市民というのは「公共性の担い手」である。

公共性とはいいかえれば、「みなにとっての利益」、「共通の利益」である。公共性の担い手という意味では「公民」が正しいはずだけど、日本では公民の「公」というのは、なにか国家権力、あるいは公家の力、「お上」というイメージがあるんですね。超越的な権力者が「公」であって、公共性というのは、国に任せて、〈私〉には関係ないという。だから市民という意味が公共性につながりにくい面があると思うんですね。それが稲垣さんがいう対話とか本質観取ゲームによって、たとえ狭い空間や小さな人数でも、それをベースに市民が育っていくという感じが、今の話を聞いていて腑に落ちたんですね。

（細川）おっしゃるとおりだと思います。だから、「共生社会をめざすことばの教育」というものは、今金さんがおっしゃったような、「市民性形成」につながっていく、もちろん公共性の概念も不可欠の課題でもありますね。

「生きた思想」としての人権

（金）あと一つ、さっき杉本さんがおっしゃった人権、基本的人権とかそういうものはほぼ絶対ではないですか。時々「人権」をふりかざして、あれはだめだこれはだめだというのは教育者だけではなく、人権活動家もそういう「私は正しい」という態度に出る時があるんですね。あんたの言ってることは自分ではそう思ってなくても人権侵害だ差別にあたる、と言われたら、自分はそのつもりではないのに「当事者」や「権威のある人」に差別だ人権侵害だと指摘されたら、なかなか抗うことはできない。それを私は、人権の「死んだ思想」といっています。すなわち、自分の言動の意味が自分で決められず、他人や「外」の権威によって決められてしまう。はじめから答えが決まっているのです。そういう事柄に関して、人は深く考える動機をもたない。それを私は「死んだ思想」といっているのです。そういう形になってはならない。人権というのは味わうもので、なぜ自分が差別をしてしまったのか。差別じゃないかどうかを反省して議論して、その中で、いや、自分はそういう意図がなくても君の言葉によって人は苦

しんでるんだよって。あ、そうか、だったらこれは差別語として使っては
ならないとかいうことが、自分の言動の意味を、経験をちゃんと反芻する
ことによって「意味」として納得し、自分の思想となる。これを私は人権
の「生きた思想」と呼んでいます。そういう形にならないとだめだと思う
んですね。基本的人権というものは自分がつくったものじゃないんだけれ
どやっぱり正しいわけで、その正しさを自分の経験を反芻してその意味を
吟味して自分の思想として手に入れる。そういった意味での「本質観取」
ゲームっていうのは、本当に面白いと思うんですね。

(杉本) そうですね。金さんがおっしゃった生きた実践というのが、まさ
に「対話」ですよね。細川さんのおっしゃる「対話」によって、まさに
「人権」が生かされる、という側面もあると思います。最近、テレビや
SNSで、差別的な発言をしてしまった特に若者が、例えばEスポーツの選
手がスポンサー登録を解消されるなどということがあって、僕はすごく不
安なのが、こういう差別的な発言をすると、すごく強いサンクション、制
裁を与えられているけれども、そうではなくて、いま金さんがおっしゃっ
た、何が問題なのかということを学ぶチャンスにしないとだめなのだと思
います。言葉だけになってしまう、死んだ人権になってしまうので。僕が
評価しているのは、テレビ番組でアイヌに対する差別発言をしたコメディ
アンが、ものすごく反省して、「勉強します」といっていたことが、まさ
にこれ、差別を解消する第一歩だと思うんです。そういう人たちが、逆に
自分の中にある差別を乗り越える先人として、あとに続く人のモデルにも
なっていくわけで、こういうことが日本ではあまり起こらないのはなぜか
というと、やはり「対話」がないからなんだと思うんです。人権とはどう
いうものかということに対する対話、あるいは差別とはどういうことかと
いう対話、あるいは本質観取の活動がないと、やはり広がっていかない。
干からびた人権のミイラのようなものが、列をなしているという状態に
なってしまいます。

(稲垣) みなさま、ありがとうございました。「共生社会のためのことばの

教育」をタイトルとした本書のコンセプトについて、いろいろ話し合うことができたかと思います。「共生社会の実現のためにどんな『ことばの教育』があり得るか」という問いについて、市民性形成、公共性、人権、複言語複文化主義、手話などの非音声言語、といった「ことばと社会」をめぐる観点から話が出ました。一言でいえばさまざまな「多様性」を承認し、包摂するための「ことばの教育」ということになるかと思います。そして一人一人の人間が自由に、幸せに生きられるための「ことばの教育」、言い換えるなら「自由になるためのことばの教育」が「共生社会のためのことばの教育」なのだ、ということが、話し合う中ではっきりしてきたかと思います。「対話」の活動の目指すべきところも、そこですね。この本をお読みになる方々も、座談会に参加されている気持ちになって、ご自分の考えを確かめながらこの章を読んでいただけたら幸いです。

注

1) ルソー（桑原武夫／前川貞次郎訳）（1954）『社会契約論』岩波文庫，p.29

2) 教育哲学者。現象学などの哲学原理に依拠する教育哲学を展開している。代表作に『どのような教育がよい教育か』（2011 講談社選書メチエ）、『学問としての教育学』（2022 日本評論社）等。

3) 日本は日本民族あるいは大和民族によってのみ構成されるあるいは構成されるべきとする考え方。そこでは日本国＝日本人＝日本語という等式が成り立つ。もちろん非現実的な空想の産物である。詳しくは後掲注 18 を参照のこと。

4) （独法）国際交流基金と（公財）日本国際教育支援協会が実施する日本能力試験（JLPT）の最上位レベル。認定の目安は「幅広い場面で使われる日本語を理解することができる」とされている。

5) 言語の思考やコミュニケーションの手段としての側面を強調する立場。「言語の乗り換えは可能である（すべきだ）」「新しい言語を創造し広めてもよい（すべきだ）」といった少数派の言語権を侵害する言説と親和性が高い。

6) パターナリズム（paternalism）という語は、英語のfatherを意味するラテン語Paterに由来する概念であり、日本語では家父長制温情主義，父権的干渉主義などと訳されることもある。「あなたのためを思って」という言説のもと、干渉されるその人のためにという理由で干渉する、個人の自由に対する介入・干渉原理の一つ。

7) 苫野一徳（2019）『教育の力』（講談社現代新書）、苫野一徳（2019）『「学校」をつくり直す』（河出新書）

8) 私立麻布中学校の 2022 年度の社会科の入学試験問題。日本国内の外国人受け入れ問題、難民受け入れの課題等に関する出題がされた。

9) 梅田卓夫他編（2014）『高校生のための批評入門』（筑摩書房）

10) 第 157 回芥川賞選評の概要（https://prizesworld.com/akutagawa/senpyo/senpyo157.htm）

11) 「文学作品の構成と『対岸の火事』──宮本輝の温又柔『真ん中の子どもたち』評をめぐって」（https://togetter.com/li/1141191）

12) 『数学の世界 1』大日本図書（令和 3 年 2 月）

13) 山本冴里編著（2022）『複数の言語で生きて死ぬ』（くろしお出版）

14) 牲川波都季（2012）『戦後日本語教育学とナショナリズム──「思考様式言説」に見る包摂と差異化の論理』（くろしお出版）

15) 「聴覚障害者等による電話の利用の円滑化に関する法律」（2020 年 12 月 1 日施行）に基づく公共サービスだが、「本人確認ができない」などの理由で相手方から利用を断られるケースがあるなど課題が多い。

16) ろう児の残存聴力を活用して、発音・発語の指導を通じて日本語の発話訓練を行い、日本語で教育を行うべきとする立場。補助的に手話が用いられることもあるが、それは日本語を手話に置き換えた日本語対応手話であり、日本語による教育であることにかわりはない。

17) 一つの言語のみを使用すること。モノリンガリズム。稲垣はここでは、日本国内で日本語のみを使用して学校教育や日本語教育を行い、日本語以外の言語の使用を原則的に認めないような状態を想定してこの語を使用している。多言語主義や複言語主義とは対置的な概念。

18) 小熊英二（1995）『単一民族神話の起源──〈日本人〉の自画像の系譜』新曜社

19) 言語文化教育研究学会第 4 回研究集会「クリティカルとは何か」（2017 年 12 月 9、10 日、ホテル熊本テレサ）

20) 言語文化教育研究学会特別企画「竹田青嗣『欲望論』をめぐって」講演とパネルディスカッション：「『普遍暴力』の原理に対抗する『原理』の創出のための言語ゲーム」（2018 年 1 月 30 日、早稲田大学）、講演の記録は竹田青嗣、細川英雄、西口光一（2018）「【講演記録】竹田青嗣『欲望論をめぐる講演とパネルディスカッション　言語ゲームと暴力原理──『欲望論』の展望』」（『言語文化教育研究』16）

共に生きる社会をつくるためのことばの教育へ
あとがきにかえて
——————————細川英雄

　本書の大きな論点は、共生社会とことばの教育である。

　この二つの論点は、互いにどのようにかかわるのだろうか。

　まず共生社会とは何か。

　共生社会とは、一言で言えば、「共に生きる社会」だろう。

　この「共に生きる」主体は、いうまでもなく、その「社会」に生きる人々であるが、多くの人々が「社会」に生きるかたちと内実は、きわめてさまざまであるから、「共に生きる」ためには、そのすべてが満たされなければならない。

　たとえば、ことばの活動の点から言えば、母語、第二言語、外国語等の別を超えて考える必要があるだろう。また、さらにそうした言語は決して一つではないので、複数の諸言語を含みつつ、すべての人の言語活動において「共に生きる」社会でなければ意味を持たない。

　さらに、一見言語とは見做されないものとして扱われてきた手話の存在も、この中に含まれることは当然だろう。身体的な意味での健常者、障害者というような区別も超えて、すべての人が「共に生きる」ことができる社会、これが共生社会である。

　このように考えると、自己や他者の存在を尊重し、異なる言語や文化に対して開かれた寛容の精神を保つことが、この社会には必要であることを改めて認識しなければならない。

　そうした精神を有することを市民性と呼ぶならば、その市民性の形成こそ、この共生社会において第一義的な目的として優先されなければならな

いことだろう。

　それは言語的弱者だけでなく、この社会のすべての構成員に関わることであり、すべてのメンバーがそのような市民性を備えるという意味で、ことばの教育は貢献できるのである。

　では、その「共に生きる」社会でのことばの教育の貢献とは何か。

　このことについて考えるならば、ことばの教育の目的とは、「言語を教える／教えられる」だけでは決してないことが明確になってくるだろう。

　教育の原義として、本来のeducationには、「育てる」ということであるとされるが、その対象は、モノではなく、人間であることは言うまでもない。その人としての個人をつくるのは何のためかと問うならば、それは、個が生きる「社会」をつくることだということになる。その意味で、個と社会の循環こそ、教育の重要な課題であることが浮上する。

　この意味において、教育とは、個人と社会をつくることであるといえよう。

　本来、教育学は、何かを教えるための学問分野ではなく、人としての個の形成にかかわる研究領域であることを鑑みれば、ことばの教育の対象は、言語そのものではなく、ことばを使う人間なのだという原理をもう一度思い起こす必要があるだろう。

　では、どのような個と社会をつくるのか。

　共に生きる社会というとき、私たちは、自由な個人、自由な社会というイメージを持つことができる。

　自由の概念こそ、私たちがまず第一に持たなければならない価値である。

　すなわち、自由な社会のもとで、自律かつ共生することが、これからの共に生きる社会のあり方だといえるだろう。

　では、ことばのその活動によって、どのような個人と社会をつくることができるのか。

　だれかが決めた方向にただ従うのではなく、自らの理想としての個と社会のあり方を表明すること、むしろさまざまな対話と協働によって新しい

社会を共につくるという思想がそれぞれの個人にとって不可欠なのではないか。

　ことばの教育というと、ことばを教えることだという強い思い込みに支配され、正解をふりかざして「正しい」ことばの使用をめざすという教師のあり方そのものを振り返る必要があるだろう。

　たとえば、学生に対して「○○させないといけない」というような管理主義的な現場の言説は、しばしば「○○できないとかわいそう」というパターナリズムと表裏一体である。こうした正解と教育の矛盾を抱え込んだ発想こそをどのようにして乗り越えるかが共生社会において問われていると言えるだろう。

　「おっしゃることは理想ですけど、実際の現場はそんなに甘くない」という「理想と現実」論からは、「私たちは何をめざすのか」という道筋が見えてこない。理想のない現実はすなわち現状追従にほかならないからだ。理想を持たずに管理される社会にはその先がない。先の見えないなかで、子どももや学生たちはどのような夢を、ともに働く同僚たちは、どこに仕事の生きがいを見出すことができるのだろうか。

　これからの共生社会のなかで、自律かつ共生することのできる自由な個人こそ、一人の市民として、共に生きる社会を構想できるにちがいない。その市民の生き方をこそ、私はWell-beingと呼びたい。そうしたWell-beingとしての生き方を選択する市民を育成し形成することが、今日の共生社会におけることばの教育の課題であり、ことばの教育が担うべき使命であろう。

　賢明なる読者は、日本語教育学会パネルディスカッション、言語文化教育研究学会特別例会でのさまざまな議論に参加した9名の論者が、それぞれの視点から縦横無尽に筆を振るうさまをどのように思われただろうか。

　この自由で闊達な対話の場から、自律と共生のための新しい展望の拓かれることを期待するものである。

編著者紹介 [執筆順、◎は編者]

稲垣みどり（いながき　みどり）◎

早稲田大学大学院日本語教育研究科博士課程修了（博士（日本語教育学））。教育学修士（早稲田大学大学院教育学研究科国語教育専攻）。早稲田大学国際教養学部助手（英語教育）、東京国際大学日本語専任講師を経て、現在、山梨学院大学国際リベラルアーツ学部特任講師および早稲田大学地域・地域間研究機構（ORIS）アイルランド研究所招聘研究員。専門は、日本語教育学、複言語複文化教育、現象学。

［主な著書・論文］

「『継承日本語教育』における『パターナリズム』——在アイルランドの在留邦人の親に対するインタビュー事例から」（『早稲田日本語教育学』19 号、2015 年）

「『移動する女性』の『複言語育児』——在アイルランドの在留邦人の母親達のライフストーリーより」（『リテラシーズ』19 号、くろしお出版、2015 年）

「日本語教育学の本質的展開——質的研究の見地から」（『本質学研究』9 号、2021 年）

『現象学的日本語教育の可能性——アイルランドで複言語育児を実践する親たちの事例』（ココ出版、2022 年）

細川英雄（ほそかわ　ひでお）◎

早稲田大学大学院文学研究科課程修了（博士（教育学））。信州大学、金沢大学等を経て、早稲田大学大学院日本語教育研究科教授、2013 年退職。現在、早稲田大学名誉教授、言語文化教育研究所八ヶ岳アカデメイア主宰。専門は、言語文化教育学、日本語教育。

［主な著書］

『日本語教育と日本事情——異文化を超えて』（明石書店、1999 年）

『日本語教育は何をめざすか——言語文化活動の理論と実践』（明石書店、2002 年）

『「ことばの市民」になる——言語文化教育学の思想と実践』（ココ出版、2012 年）

『対話をデザインする——伝わるとはどういうことか』（ちくま新書、2019 年）

『自分の〈ことば〉をつくる——あなたにしか語れないことを表現する技術』（ディスカヴァー 21、2021 年）

『「活動型」日本語クラスの実践——教える・教わる関係からの解放』（監修・共著、スリーエーネットワーク、2022 年）

金泰明（キム・テミョン）◎

1952 年大阪生まれの在日韓国人二世。大阪市在住。明治学院大学大学院国際学研究科
修了（博士（国際学））。大阪経済法科大学法学部教授（2022 年 3 月定年退職）を経て、
現在、大阪公立大学人権問題研究センター特別研究員。専門は人権と共生の哲学原理。
［主な著書・論文］

『マイノリティの権利と普遍的人勧概念の研究——多文化的市民権と在日コリアン』（ト
　ランスビュー、2004 年）

『共生社会のための二つの人権論』（トランスビュー、2006 年）

『欲望としての他者救済』（NHK ブックス、2008 年）

『人権は二つの顔をもつ』（トランスビュー、2014 年）

「試論『普遍共生の原理的考察』——認知症との共生を考える」（『大阪経済法科大学法
　学論集』85 号、2021 年）

杉本篤史（すぎもと　あつぶみ）◎

早稲田大学大学院政治学研究科博士後期課程単位取得満期退学。日本学術振興会特別研
究員（PD）等を経て、現在、東京国際大学国際関係学部教授。専門は、憲法学、言語
法学、言語権論。
［主な著書・論文］

「日本における言語権の法制化をめぐる諸問題の考察——憲法学的な見地から」（『手話
　学研究』23 号、2014 年）

Progress and Problems in the Campaign for Sign Language Recognition in Japan. (Co-
　author: Soya Mori) In De Meulder, J. J. Murray, R. L. McKee (eds.), *The Legal Rec-
　ognition of Sign Languages, Multilingual Matters*. Multilingual Matters, 2019

「日本における言語法／言語権」（『比較法研究』82 号、2021 年）

「日本における手話の公用語化に向けての課題」（庄司博史・編著『世界の公用語事典』
　丸善出版、2022 年）

森篤嗣（もり　あつし）

大阪外国語大学大学院言語社会研究科修了（博士（言語分科学））。国立国語研究所准教
授等を経て、現在、京都外国語大学外国語学部教授。専門は、日本語学、日本語教育学、
国語教育学。
［主な著書・論文］

『授業を変えるコトバとワザ（新時代教育のツボ選書 3）』（くろしお出版、2013 年）

『日本語教育への応用（コーパスで学ぶ日本語学）』（編著、朝倉書店、2018 年）

『超基礎・日本語教育』（編著、くろしお出版、2019 年）

『日本語の乱れか変化か——これまでの日本語、これからの日本語』（金澤裕之・川端元
　子と共編著、ひつじ書房、2021 年）

山川智子（やまかわ　ともこ）

東京大学大学院総合文化研究科博士課程単位取得満期退学（修士（文学・早稲田大学）、修士（学術・東京大学））。現在、文教大学文学部外国語学科教授。専門は、言語社会学、複言語・複文化教育、ドイツ・ヨーロッパ研究。

［主な著書・論文］

「欧州評議会・言語政策部門の活動成果と今後の課題——plurilingualism概念のもつ可能性」（東京大学ドイツ・ヨーロッパ研究センター『ヨーロッパ研究』第7号、2008年）

「『ヨーロッパ教育』における『複言語主義』および『複文化主義』の役割——近隣諸国との関係構築という視点から」（細川英雄・西山教行編『複言語・複文化主義とは何か——ヨーロッパの理念・状況から日本における受容・文脈化へ』くろしお出版、2010年）

「ヨーロッパに見る英語とのつきあい方」（山本忠行・江田優子ペギー編『英語デトックス——世界は英語だけじゃない』くろしお出版、2016年）

「『複言語・複文化主義』がもたらす知識の有機的つながり——多様性と豊かさを認識し、相互理解につなげるために」（杉原俊子監修・野沢恵美子・田中富士美編著『「つながる」ための言語教育——アフターコロナのことばと社会』明石書店、2021年）

「（再録）多言語共生社会における言語教育——多様な言語への気づきをきっかけに」「（付記）欧州評議会の『複言語・複文化主義』に学ぶ持続可能な生き方」（大津由紀雄・亘理陽一編著『どうする、小学校英語？——狂騒曲のあとさき』慶應義塾大学出版会、2021年）

名嶋義直（なじま　よしなお）

名古屋大学大学院国際言語文化研究科単位取得満期退学（博士（文学））。東北大学大学院文学研究科教授を経て、現在、琉球大学グローバル教育支援機構・大学院人文社会科学研究科教授。専門は、研究面では批判的談話研究、教育面では民主的シティズンシップ教育。

［主な著書・論文］

『3.11原発事故後の公共メディアの言説を考える』（神田靖子と共編著、ひつじ書房、2015年）

『批判的談話研究をはじめる』（ひつじ書房、2018年）

『民主的シティズンシップの育て方』（編著、ひつじ書房、2019年）

『右翼ポピュリズムに抗する民主主義教育——ドイツの政治教育に学ぶ』（神田靖子と共編著、明石書店、2020年）

『10代からの批判的思考——社会を変える9つのヒント』（編著、明石書店、2020年）

『リスクコミュニケーション——排除の言説から共生の対話へ』（編著、明石書店、2021年）

オーリ・リチャ（Ohri Richa）

お茶の水女子大学大学院人間文化創成科学研究科修了（博士（言語学））。現在千葉大学特別語学講師。専門は、批判的応用言語学、クリティカルペダゴジー。

［主な著書・論文］

「『共生』を目指す地域の相互学習型活動の批判的再検討――母語話者の『日本人は』のディスコースから」（『日本語教育』126 号、2005 年）

「『○○国』を紹介するという表象行為――そこにある『常識』を問う」（『言語文化教育研究』14 号、2016 年）

Above and Beyond the Single Story. In D. H. Nagatomo, K. A. Brown, and M. L. Cook (eds.), *Foreign female English teachers in Japanese higher education: Narratives from our quarter.* Hong Kong: Candlin & Mynard, 2020

「多様でインクルーシブな日本社会の実現に向けて――New Face of Japan プロジェクトが果たす役割」（『東海大學日本語言文化學多元文化交流』13 號、2021 年）

岡本能里子（おかもと　のりこ）

お茶の水女子大学大学院人文科学研究科修了（修士（教育学））。東京国際大学国際関係学部・大学院国際関係研究科教授。専門は、社会言語学、日本語教育学、異文化間コミュニケーション教育学。

［主な著書・論文］

「オバマ広島訪問におけるメディア報道のマルチモード分析――プラハ演説『核なき世界』との比較を通した記憶の再文脈化」（秦かおり・佐藤彰・岡本能里子編著『メディアとことば5　特集：政治とメディア』ひつじ書房、2020 年）

「LINE スタンプが拓く多言語社会――新たなビジュアルコミュニケーションの可能性」（柿原武史・上村圭介・長谷川由起子編『今そこにある多言語なニッポン』くろしお出版、2020 年）

「ビジュアル・リテラシーと日本語能力――マルチリテラシーズの教育学から考える」（『日本語学』Vol.39-3、2020 年）

「移動する子どもの『語り』から見る受け入れ側の課題――多文化に拓かれた『選ばれる国ニッポン』をめざして」（村田和代編『越境者との共存に向けて』ひつじ書房、2022 年）

共生社会のためのことばの教育
──自由・幸福・対話・市民性

2022 年 10 月 31 日　初版第 1 刷発行

編著者	稲　垣　み　ど　り
	細　川　英　雄
	金　　　泰　明
	杉　本　篤　史
発行者	大　江　道　雅
発行所	株式会社明石書店

〒 101-0021 東京都千代田区外神田 6-9-5
電　話　03 (5818) 1171
ＦＡＸ　03 (5818) 1174
振　替　00100-7-24505
http://www.akashi.co.jp
装丁　　　明石書店デザイン室
印刷・製本　モリモト印刷株式会社

ISBN978-4-7503-5477-4
（定価はカバーに表示してあります）

多言語化する学校と複言語教育

移民の子どものための教育支援を考える

大山万容、清田淳子、西山教行［編著］

◎A5判／並製／184頁　◎2,500円

学校は多言語化にどう対応できるか、個人はどのような言語・文化的経験を持ち、関わりながら生きているか、さらに母語などを取り入れ言語を複数化させることの意義と方策について、複言語教育・複言語主義の理論的枠組みとカナダ、フランス、ニューカレドニアの事例も踏まえて論じる。

●内容構成

〈価格は本体価格です〉

10代からの批判的思考

社会を変える**9**つのヒント

名嶋義直 [編著]

寺川直樹、田中俊亮、竹村修文、後藤玲子、
今村和宏、志田陽子、佐藤友則、古閑涼二 [著]

◎A5判／並製／276頁　◎2,300円

多様化や複雑化が進む現代社会では「生きる力」が求められる。特に批判的思考力は重要である。学校生活から、生涯教育、働き方、メディア、表現の自由、多文化共生、グローバ人材まで、読者と執筆者が一緒になってアクティブに考える、多様な生き方の羅針盤。

《内容構成》────

〈価格は本体価格です〉

〈価格は本体価格です〉